Hierarchie als Chance

Herbert Happel

Hierarchie als Chance

Für erfolgreiche Kommunikation
und Kooperation in Team und
Organisation

 Springer

Herbert Happel
Schonungen, Deutschland

ISBN 978-3-658-15788-3   ISBN 978-3-658-15789-0   (eBook)
DOI 10.1007/978-3-658-15789-0

Die Deutsche Nationalbibliothek verzeichnet diese Publikation in der Deutschen National-
bibliografie; detaillierte bibliografische Daten sind im Internet über http://dnb.d-nb.de abrufbar.

Abbildungen: Grafiken nach Vorgabe erstellt von Niklas Zimmermann, Schweinfurt

Gedruckt auf säurefreiem und chlorfrei gebleichtem Papier

Springer ist Teil von Springer Nature
Die eingetragene Gesellschaft ist Springer Fachmedien Wiesbaden GmbH
Die Anschrift der Gesellschaft ist: Abraham-Lincoln-Str. 46, 65189 Wiesbaden, Germany

Ich widme dieses Buch meinem Vater Karl Happel. Bedanken möchte ich mich herzlich bei meiner Frau Margit für ihre Ermutigung und Geduld.

Vorwort

Überall habe ich nur meine Pflicht getan
Würzburgs SA-Chef Hans Olpp in seinem Gnadengesuch
anlässlich der Strafverfolgung für fünf verdrängte Morde
in Unterfranken
(Fillies und Kohlhepp 2014, S. 34 ff.)

Die Entwicklung von Hierarchien kann in der
Geschichte der Evolution als besonderes Erfolgsmodell
angesehen werden
Heller Hartmut im Vorwort zu „Hierarchie – Evolutive
Voraussetzungen -
Rangskalen in Natur und Kultur – Prozesse der Destabili-
sierung und Neuordnung"
(Heller Hartmut 2003)

Liebe Leserin, lieber Leser,
mit diesem Buch will ich Sie auf die vielfältigen Möglichkeiten der Hierarchie in Organisationen hinweisen, ihre Entstehungsbedingungen klären und Gestaltungsmöglichkeiten aufzeigen. Ich will belegen, dass Hierarchie bei der Organisierung von Arbeit gegeben ist und sachdienlich und menschenfreundlich genutzt werden kann. Der „Hierarchiefaktor" (vgl. Ulsamer 2009) kann zu einem Schlüssel für das Verstehen der Vorgänge in Organisationen werden. Er kann die vorhandenen Potenziale der Einzelnen und Teams multiplizierend zum Gesamt der Organisation zusammenfügen und sehr erfolgreichem Arbeiten dienen.

Ausgehend von den Erfahrungen meiner Supervisions- und Coachingpraxis[1] und ergänzt durch relevante Theoriemodelle will ich das Wesen der Organisation und die Regeln ihrer Wirkmechanismen verdeutlichen. Ich wähle einen durchgängig positiven Zugang zur Hierarchie, nämlich den Blick auf ihren Sinn, ihre Möglichkeiten und ihren Nutzen. Dabei wird es im Wesentlichen um die Verknüpfung der Hierarchie mit der Kommunikation[2] in Teams, in Führungsprozessen und in Organisationen gehen.

Als ich vor einigen Jahren begann (s. Happel 2000, S. 182–194), mich vertiefend mit dem Thema „Hierarchie" zu beschäftigen, schien das unzeitgemäß und gar nicht en vogue. Ein positiver Zugang zu einem möglichen Nutzen von Hierarchie wurde vorsichtig beäugt, eher belächelt und nicht allzu ernst genommen. Ein Loblied auf die Hierarchie zu schreiben, schien Tabus zu brechen, drohte vielen gegen den Strich zu gehen und mich ins Abseits zu stellen.

Viele erlebten in ihrem Leben und erleben in ihrem beruflichen Alltag immer wieder die negativen Seiten der Hierarchie, wenn bösartig Macht missbraucht wird, Hierarchie mit persönlicher Willkür gekoppelt ist, das Individuum einseitig den unverständlichen Zwängen einer Organisation geopfert wird. Es tauchen Bilder in den Köpfen auf von ungerechtfertigten autoritären Handlungen, Reduktion individueller Freiheit und ausbeutender Instrumentalisierung des Menschen für eine nimmersatte Organisation. Das ist der Nährboden, auf dem sich eine automatisierte Abwehr gegen jegliche Form von Hierarchie entwickelt. Besonders in sozialen und pastoralen Berufen in Non-Profit-Organisationen begegnet man diesem Phänomen des „antihierarchischen/antiinstitutionellen Affektes". In diesen Arbeitsbereichen ist ja auch der Wert des Menschen, sein Schutz, seine

---

[1]Ich bin mir bewusst, dass ich als Mann einen geschlechtsspezifisch geprägten Zugang zum Thema Hierarchie habe. Auch dass ich in der zweiten Hälfte meines (Arbeits-)Lebens einen altersspezifisch geprägten eher positiven Blick auf den Bedarf von Ordnungen habe und als Angehöriger der deutschen Gesellschaft kulturell vorgeprägt bin, sei es durch den geschichtlichen Missbrauch von Ordnung und Hierarchie in der Nazizeit, aber auch durch die erfolgreiche Nutzung von Hierarchie, für die „die Deutschen" durch ihre Leistungsfähigkeit in ihren Organisationen bei anderen Nationen bekannt sind. Und: Ich stehe als (katholischer) Christ in der Auseinandersetzung mit den vermeintlich „heiligen" Hierarchien der Kirche(n). Trotz dieser Relativierung biete ich meine Perspektive auch Frauen und Jüngeren und Mitgliedern anderer Kultur- und Konfessionskreise zur aktiven Auseinandersetzung an.

[2]Das schließt die Erfahrung ein, dass wir im kommunikativen Alltag weniger den Menschen an sich mit seinem Charakter, seinen Eigenschaften verändern können, wohl aber die Kommunikation mit ihm anders gestalten, so dass er sich aus sich heraus verändern kann. Diese Position wird durch systemische Ansätze angeregt und unterstrichen.

Entwicklung Auftrag und Leidenschaft. Diesem ethisch untermauerten Auftrag scheint Hierarchie entgegenzuwirken, ja inkompatibel mit ihm zu sein.

Das erklärt, dass das vorherrschende Denken und die Theoriebildung in psychosozialen Einrichtungen häufig von einer Skepsis gegenüber Hierarchie geprägt sind. Propaganda wurde und wird gemacht für Lean-Management, laterales Führen (Kühl und Schnelle 2009, S. 51–60), für angeblich hierarchiefreies Projektarbeiten, bis hin zum ausdrücklichen Kampf gegen Hierarchie und zur Abschaffung von Hierarchien. Allenfalls flache Hierarchien werden als notwendiges Übel geduldet, nach dem Motto: Wenn schon Hierarchie, dann höchstens in der flachen Form, mit wenig Hierarchiestufen, aber immer propagiert mit dem Ziel der „Hierarchieausdünnung" (zum Begriff siehe Möller 2010, S. 9), also der Verringerung von Hierarchie oder gar ihrer Überwindung (exemplarisch sei dazu auf die Beiträge von Haas (2015) sowie Haverbier und Weßels (2015) im Schwerpunktheft „Die neue Beweglichkeit – Hierarchie und Struktur überwinden" der ZOE verwiesen).

Nicht nur in der Praxis, auch in vielen Büchern, Fachaufsätzen, Zeitungsartikeln klingt diese einseitige Aversion unausgesprochen mit, wenn von Organisation gesprochen wird. Suggeriert wird, dass Hierarchie nur in der negativen Form vorkommt und kontraproduktiv wirkt. Als selbstsprechendes Beispiel dieser einseitigen Sicht von Hierarchie und Organisation mag ein blumiger Satz von Sprenger gelten: „Alles beginnt mit Begeisterung und endet in Organisation" (Sprenger 2005, S. 30), so zumindest seine provozierende Feststellung über die – negativ konnotierten – Auswirkungen von Hierarchie und Organisation.

Hilfreich springen dieser Aversion lange Zeit reduzierte Organisationsvorstellungen aus der frühen gruppendynamischen und systemischen Arbeit bei: Eine Zusammenarbeit in Gruppen und Netzen, propagiert als zirkuläre Modelle des gleichberechtigten Zusammenschlusses auf einer Ebene; Vernetzen als legitimes Prinzip des Organisieren, ja als das Allheilmittel, das die Frage der Hierarchie elegant umschifft und euphorisch die Utopie weckt, ohne Hierarchien und ohne ein „Oben" und „Unten" auszukommen. (Eine Ausnahme scheint mir in den früheren Jahren im Kontext des Systems „Familie" die strukturelle Familientherapie von Minucchin gewesen zu sein. Heute freilich warnen Vertreter deutlich vor einer „Personalisierung von Organisationsmängel", siehe dazu z. B.: Zwack und Schweitzer 2009, S. 409).

Natürlich kann Hierarchie auch missbraucht werden. Auf gesellschaftlicher Ebene bietet die deutsche Geschichte genügend (Hinter-)Grund für eine Vorsicht. Der menschenverachtende Missbrauch bei den organisierten Verbrechen der Nazizeit, bei Mord, Gewalt und Terror steht warnend als Schatten über der Beschäftigung mit Hierarchie. Gerade die „Banalität des Bösen" (Hannah Arendt), wie sie

auch in oben stehendem Ausspruch exemplarisch deutlich wird, bestärkt diejenigen, die Hierarchie mit Misstrauen begegnen. Ihre Bedenken sind ernst zu nehmen. Zumal nicht nur die Pervertierung des Menschlichen an sich zu beklagen ist,
sondern auch der Missbrauch von Hierarchie als möglicher produktiver Organisierungsform menschlichen Zusammenwirkens.

Trotz dieses Schattens und gegen diesen Schatten reagiert mein Buch auf die
einseitig negative Sicht und das Übersehen der Hierarchie. In meiner Arbeit deute
ich dieses Ausblenden als „Störung" im Feld organisationaler Arbeit. Ganz im
Sinne der weit bekannten Regel der Themenzentrierten Interaktion (TZI), „dass
Störungen Vorrang haben" (Cohn 1980, S. 122, 185; zum Dreieck: Cohn 1980,
S. 113 f.; zur Balance Cohn 1980, S. 115) will ich auf diesen individuellen und
institutionellen blinden Fleck hinweisen.

Bezeichnenderweise muss dazu aber schon das Dreieck der TZI, das für Grup-
penarbeit entwickelt ist, für den Kontext von Team und Organisation um einen
vierten Punkt zum Viereck erweitert werden, nämlich den Punkt der Bildung
von Strukturen. Dieses Übersehen der organisationalen Wirklichkeit – und jetzt
schwenke ich wieder in die Begrifflichkeit der TZI – wirkt so lange negativ, bis
die Balancierung mit den anderen Eckpunkten wieder hergestellt wird und ein
fruchtbares Weitergehen möglich wird. Ist die organisationale Wirklichkeit genügend berücksichtigt, kann man sich gerne anderen Themen, wie dem der Ziel-
gruppe/Auftrag, der beteiligten Personen, der Gruppe und ihrer Dynamik, oder
dem Kontext zuwenden. Die Organisation mit ihrer Hierarchie kann dann ihre
Aufgabe im Hintergrund leisten und muss nicht weiter thematisiert werden.

Zwischenzeitlich reagieren immer mehr Fachleute auf diese Störung und das
Reden über Hierarchie wird vielfältiger. Die einseitige Ablehnung von Hierarchie wird immer mehr ergänzt, der positive Kern von Hierarchie frei geschält,
sie immer mehr akzeptiert, als funktionales Organisationsprinzip ins rechte Licht
gerückt (z. B. Kühl 2000, S. 44.; Leffers und Weigand 2000, S. 68 f.) und in den
Kontext anderer Organisierungsprinzipien, z. B. des der Vernetzung, gesetzt.
Letztlich haben ja auch flache Hierarchien ein Oben und Unten, und auch aus-
gedünnte Hierarchien enden mit der Ergänzung der horizontalen Ebene durch die
vertikale Ausrichtung. Nicht aus Selbstzweck, sondern um die Sachdienlichkeit
der Organisation und ihre Eigendynamik umzusetzen in die Praxis des beruflichen Alltags. Bis zu einem Erfolgsmodell Hierarchie (vgl. Heller 2005, S. 7)
(s. o.) braucht es eben eine umfangreichere Sicht als nur die einseitige Ablehnung
und subtile Bekämpfung von Hierarchie.

Letztlich ist der „Faktor Hierarchie" in Organisationen nicht wählbar, sondern
ergibt sich als Ordnungsprinzip aus den Selbstorganisationsprozessen älter- und
größer werdender Organisationen. Ich wage also den deutlichen Widerspruch

gegen die einseitige Bekämpfung der Hierarchie, breche das immer noch subtil bestehende Tabu und betone: Ja, es gibt eine Hierarchie in Team und Organisation und: Sie kann eine nützliche Form der Zusammenarbeit sein. Deutlicher noch: Es gibt ein Oben und ein Unten in den Strukturen, die sich nach bestimmten Regeln entwickeln und ihren Sinn haben. Entscheidend für die Bewertung ist, ob diese Hierarchie sachdienlich ist und dem Nutzen für die Aufgaben der Organisation dient. Auch wenn sie immer wieder missbraucht werden kann.

Dieses Buch will mit dem Hierarchiefaktor vertraut machen und in die Dynamik dieser Organisierungsprozesse und Organisationsbildungen einführen. Es will Hierarchie als natürliches, ja notwendiges und nutzbares Prinzip herausfiltern. Ferner will es die Allgegenwärtigkeit von Hierarchie in der Kommunikation von Organisationen unterstreichen und Anregungen für das Funktionieren von Hierarchie im Sinne der Aufgabe der Organisation zur Verfügung stellen.

Am meisten schaue ich dabei auf die mittlere und untere Leitungsebene in Organisationen und hier auf Organisationen im Non-Profit-Bereich. Die dort arbeitenden Mitarbeiter und ihre Teamleitungen werden wohl den größten Gewinn von der Lektüre haben. Sie schlagen sich tagtäglich damit herum, die großen Philosophien der Organisation in den kleinen Alltag ihrer Teamarbeit zu transponieren und, umgekehrt, als Experten für ihre Klienten und Kunden die Alltags-Expertise ihrer Arbeit in die zentralen Entscheidungsprozesse und -ebenen der Organisation zu transportieren. Natürlich bleiben aber auch Transfermöglichkeiten meiner Gedanken und Modelle auf das obere Management, auf Wirtschaft, Verwaltung, Industrie, Schule. Auch hier können die dargestellten Modelle und Gedanken von gutem Gewinn für Ihre Praxis sein.

Mein Buch ist in mehrfacher Hinsicht ein Einsteigerbuch. Es will für eine unvoreingenommene Sicht von Hierarchie werben und einladen, ihre Dynamiken zu verstehen und ihre Vorteile zu nutzen. Es will eine Brücke schlagen zwischen der Praxis des beruflichen Alltags und der hohen Wissenschaft in Büchern, Ausbildungen, Theorien.[3] Beides findet in der alltäglichen Praxis in Organisationen, so scheint mir, nicht recht zusammen. Die einen wissen schon und bleiben im elfenbeinernen Turm, die anderen arbeiten schon längst und verlieren sich in der Praxis. Ich erhebe dabei nicht den Anspruch von (universitärer) Wissenschaftlichkeit, wohl aber den Anspruch, aus Erfahrung und deren Reflexion handlungsrelevante Theorien für diese Praxis zu entwickeln und Wissen zu schaffen. Und, Theorien auf diese Praxis zu beziehen und für sie zu nutzen. Eine Nahtstelle und

---

[3]Deshalb werde ich, auf Kosten mancher wissenschaftlichen Exaktheit, viele Begriffe im laufenden Text erläutern.

Gratwanderung, an der auch meine Profession, die Supervision, ihren Stellenwert und ihre Bedeutung hat.

Dieser Brückenschlag kostet den Leser einen Preis. Nicht alle Kapitel sind für den Praktiker und den Theoretiker gleichermaßen zum Lesen geeignet. Ich empfehle dem Leser deshalb, nach dem Kap 2 jeweils dort einzusteigen, wo ihn die aktuell größte Neugierde hinzieht.

Mein Buch will Verbindungen herstellen zwischen dem oft selbstverständlich praktizierten Umgang mit Hierarchiestrukturen in wirtschaftlichen, industriellen und handwerklichen Kulturen des Profit-Bereichs[4] und dem vorsichtigen Einlassen auf hierarchische Struktur-Gedanken in der Praxis vieler sozialer Berufe im Non-Profit-Sektor.[5] Durch die deutlichere Betonung der finanziellen Grundlagen auch in der psychosozialen Arbeit, ebenso der Entdeckung der weichen Faktoren im Profit-Bereich überschneiden sich die Denkformen beider Kulturen immer mehr und deutlicher.[6]

Als ausgebildeter Supervisor habe ich viele Menschen, Fachkräfte, Leitungskräfte in ihrer Arbeit begleitet, supervidiert und gecoacht.[7] Aus der Reflexion dieser Erfahrungen habe ich viel gelernt. Ich schätze diese Erfahrungen – ganz wie es der Supervision eigen ist – und nehme sie als Grundmaterial für die Auseinandersetzung mit dem Thema, neben den vielen „schlauen" Büchern, die ich gelesen habe. Ich will auch hier eine Brücke schlagen, die sowohl meine langjährige berufliche Erfahrung als auch ausgewähltes theoretisches Wissen für das Verständnis des Geschehens in Organisationen nutzt. Letztlich will ich mit diesem Buch eine erweiterte, verlängerte Form der Supervision, der Selbstsupervision, des Draufblicks auf Ihre Arbeit ermöglichen, Ihre Praxis bestätigen und zu Entwicklungen im Denken, Fühlen, Organisieren und Handeln anregen.

---

[4]In Wirtschaft, Industrie, Handwerk, Verwaltung.

[5]v. a. im Dienstleistungsbereich, also in der (Sozialen) Arbeit mit Menschen, in der die Beziehungsarbeit in hohem Maße zum Erfolg der Arbeit beiträgt und der Gewinn nicht oberstes und alleiniges Ziel der Unternehmung ist.

[6]Eine gute Chance für eine Integration beider Denk- und Kulturformen haben übrigens pädagogische Einrichtungen im Beschäftigungsbereich, z. B. in Werkstätten für Menschen mit Behinderung. Ihr Personal wird aus unterschiedlichen beruflichen Kulturen, wie Handwerk und Pädagogik gewählt, ihre Zielsetzung ist oft dual und die gegenseitige Wertschätzung bietet eine große Chance für die Integration harter und weicher Faktoren.

[7]Bei der Verwendung der Begriffe „Supervision" und „Coaching" gestatte ich mir einen weitgehend identischen Gebrauch und eine begriffliche Unschärfe, wie sie auch in der Praxis anzutreffen ist.

Ich verstehe das Buch als organisationspädagogisches[8] Lesebuch, weil ich meine pädagogischen und helfenden Ambitionen nicht aufgeben will. Ich will zu Organisationsbewusstsein erziehen und zu Organisationskompetenz verhelfen. Ich will anleiten, sich der Wirklichkeit und den Wirkweisen der Organisation im beruflichen Alltag zu stellen, sie zu verstehen, ihre Auswirkungen auf Verhalten, Denken, Fühlen, Kommunizieren zu reflektieren und – ganz supervisorisch und als Unterstützung organisationalen Lernens (vgl. Göhlich 2005, S. 17) – aus den reflektierten Erfahrungen einen Gewinn zu ziehen. Ich hoffe, die Arbeit, die Sie leisten, wird dann zu dem, was sie sein kann: zur individuellen Sinnquelle für Ihr Leben und zu einem Beitrag erfolgreicher gesellschaftlicher und humaner Arbeit in Organisationen im Sinne deren Aufgabenstellung.

Die Beispiele, die ich beschreibe, sind meiner supervisorischen Praxis entnommen. Einzeldaten sind den ursprünglichen Praxisszenen entfremdet, karikiert und idealtypisch zusammengesetzt, um das Geschriebene zu verdeutlichen und gleichzeitig die gebotene Schweigepflicht einzuhalten.

Ich bin mir im Klaren darüber, dass man viele Gedanken weiterdenken kann, dass vieles andernorts schon gedacht und beschrieben wurde, manche meiner Gedanken vielleicht erst Anfänge von Gedankenrichtungen sind. Trotzdem wage ich mich mit meinen Gedanken und Modellen auf den Markt der Öffentlichkeit. Ich lade ein, weiterzudenken, anzuknüpfen, zu bestätigen, Anstoß zu nehmen, sich anstoßen zu lassen…

Schonungen, Deutschland   Herbert Happel

Literatur

Cohn Ruth, C. (1980). *Von der Psychoanalyse zur Themenzentrierten Interaktion. Von der Behandlung einzelner zu einer Pädagogik für alle.* Stuttgart: Klett-Cotta.

Fillies, M., & Kohlhepp, B. (6. Dez 2014). Fünf verdrängte Morde. Kriegsverbrechen. *Main-Post. Wochenendbeilage Geschichte.* Würzburg.

Göhlich, M. (2005). Pädagogische Organisationsforschung – Eine Einführung. In M. Göhlich, C. Hopf, & I. Sausele (Hrsg.), *Pädagogische Organisationsforschung* (S. 9–24). Wiesbaden: VS Verlag.

---

[8]Das Buch beinhaltet die reduzierte, auf die Praxis ausgerichtete Variante einer „geparkten" Promotion im Bereich Organisationspädagogik bei Prof. Michael Göhlich, FB Pädagogik, Universität Erlangen-Nürnberg.

Haas, O. (2015). Wie werden wir morgen organisieren? Editorial. In: Die neue Beweglich-keit – Hierarchie und Struktur überwinden. *OrganisationsEntwicklung – Zeitschrift für Unternehmensentwicklung und Change Management, 1*(1).

Happel, H. (2000). Supervision in der Organisation Kindergarten. In Bayr. Landesverband katholischer Tageseinrichtungen für Kinder e.V. (Hrsg.), *Jahrbuch* (S. 182–194). München.

Haverbier, J., & Weßels, D. (2015). Organisationsform Projekt – Selbststeuerung für (erstarrte) Organisationen? In: Die neue Beweglichkeit – Hierarchie und Struktur über-winden. *OrganisationsEntwicklung – Zeitschrift für Unternehmensentwicklung und Change Management, 1*, 35–42.

Heller, H. (Hrsg.). (2003). *Hierarchie. Evolutive Voraussetzungen – Rangskalen in Natur und Kultur – Prozesse der Destabilisierung und Neuordnung.* Im Auftrag des Matreier Kreises herausgegeben von Hartmut Heller. Otto von König Gesellschaft. Wien: LIT Verlag.

Kühl, S. (2000). *Das Regenmacher-Phänomen. Widersprüche und Aberglaube im Konzept der lernenden Organisation*, (S. 122–131). Frankfurt: Campus.

Kühl, S., & Schnelle, T. (2009). Führen ohne Hierarchie. Macht, Vertrauen und Verstän-digung im Prozess des Lateralen Führens. *OrganisationsEntwicklung – Zeitschrift für Unternehmensentwicklung und Change Management, 2*, 51–60.

Leffers C.-J., & Weigand, W. (2000). Vom Mythos der raschen Veränderung. Fragen an die Organisationsentwickler. *Forum Supervision, 15*, 49–72 (Fachhochschulverlag Frank-furt).

Möller, H. (2010). Beratung in einer ratlosen Arbeitswelt. In H. Möller (Hrsg.). *Entgrenzte Arbeitswelt und ihre Herausforderungen an die Beratungsarbeit* (S. 7–21). Göttingen: Vandenhoeck & Ruprecht.

Sprenger, R. K. (2005). *Aufstand des Individuums – Warum wir Führung komplett neu den-ken müssen* (Sonderausgabe). Frankfurt: Campus.

Ulsamer, B. (2009). *Der Apfel-Faktor. Wie die Familie, aus der wir kommen, beruflichen Erfolg beeinflusst.* München: Kösel.

Zwack, J., & Schweitzer, J. (2009). Bausteine systemischer Führungskräftetrainings. *Orga-nisationsberatung-Supervision-Coaching OSC, 16*, 399–411 (Wiesbaden: VS-Verlag).

Inhaltsverzeichnis

Einführung

1

Zusammenfassung

Dieses Kapitel dient als Hinführung zur Thematik des Buches. Am Beispiel der Revolution in Ägypten im Jahre 2011 wird aufgezeigt, wie verhärtete Machtstrukturen scheitern und wie sich diese Gesetzmäßigkeiten auch auf kleinere Einheiten wie Organisationen übertragen lassen. Abschließend wird die Struktur des Buches eingehend erläutert.

Schlüsselwörter

Thematik und Struktur des Buches · Verhärtete Machtstrukturen · Organisationen als Mittler zwischen Gesellschaft und dem Einzelnen · Organisation als Spiel

Beginnen wir dieses Kapitel mit einem Beispiel aus der jüngeren Vergangenheit, der Revolution in Ägypten während des Arabischen Frühlings am 25. Januar 2011.

Die Main-Post Würzburg berichtet über die zu Ende gehende Ära der Regierungszeit des ägyptischen Präsidenten Mubarak (vgl. Main-Post Würzburg vom 12.02.2011, S. 1 und 3), dass durch Twitter- und Facebook-Netzwerke die Hierarchie des ägyptischen Systems gebrochen wurde. Einige Seiten weiter ist die Klage über die fehlenden Reformen der ägyptischen Regierung in den vergangenen Jahrzehnten dokumentiert (vgl. Main-Post Würzburg vom 12.02.2011, S. 5), die als Motor für die Spannungen galten.

Was hier auf gesellschaftlicher Ebene beschrieben wird, ist die negative, erstarrte Seite von hierarchischen Machtstrukturen, die sich notwendigen Änderungen und Weiterentwicklungen über Jahrzehnte verweigert haben und sklerosiert sind. Diese Macht ist verhärtet, diente dem Ziel privater Bereicherung und

© Springer Fachmedien Wiesbaden GmbH 2017
H. Happel, *Hierarchie als Chance,*
DOI 10.1007/978-3-658-15789-0_1

persönlicher Machtvermehrung und wurde missbraucht gegen die Interessen des
Volkes und zugunsten einer kleinen Oberschicht. Sie lud nicht ein zur Partizipation, teilte sich nicht, blieb nicht in einem lebendigen Prozess der Strukturbildung
und Erneuerung. Sie verliert ihre sachdienliche Funktionalität, sie verliert Maß
und Ziel und überschreitet eine Grenze, bei der Hierarchie zum Selbstzweck wird
und in Gewalt enden kann. Diese Art der Macht muss brechen, weil sie den nötigen Austauschprozessen zwischen Staat und gesellschaftlich notwendiger Entwicklung nicht gerecht wird, positive Möglichkeiten der Machtgestaltung nicht
nutzt und sich ins politische Abseits stellt. Insofern ist der Kampf gegen diese
Form der Hierarchie politischer und demokratischer Auftrag, nicht nur auf gesellschaftlicher Ebene.[1]

Gleichzeitig stellt sich die Frage, was mit dem nun bestehenden Machtvakuum
der Nach-Mubarak-Zeit geschehen soll.[2] Wer übernimmt Verantwortung? Wer
Führung? Wo sind die Gallionsfiguren der erfolgreichen Bewegungen? Wie können Meinungen gebündelt, wieder in Strukturen gegossen werden, in denen sich
die Gesellschaft und ihre Menschen repräsentieren und sich ein Staat bildet? Bald
wird man auf die Chancen von Strukturbildungen auch in Form von Hierarchisie-
rungen zurückgreifen, um handlungsfähig zu werden und zu bleiben. Hierfür
stellt der Faktor Hierarchie ein Erfolgsmodell des Organisierens von Zusammenarbeit dar. Es verlangt nach einer positiven Würdigung der Vorteile der Hierarchie
und deren wohlwollend-kritischem Nutzen für Gestalten von (staats-)tragenden
Strukturen.

Was gerade im Makrokosmos des ägyptischen Volkes und der ägyptischen
Gesellschaft skizzenhaft beschrieben wurde, geschieht mit ähnlichen Gesetzmäßigkeiten im Mikrokosmos von Organisationen.

Organisationen sind Mittler zwischen Gesellschaft und einzelnen Menschen
und Gruppen. Sie erfüllen Aufgaben, die der Einzelne nicht allein und die Gesellschaft nicht als Ganzes erfüllen kann. Aus Gedanken, kreativen Ideen Einzelner
entstehen Initiativen, Bewegungen, Projekte, die auf Bedarfslagen gesellschaftlicher Fragen reagieren, sie aufgreifen und zu erfüllen suchen. Sie erfüllen einen
Zweck, haben Erfolg, werden größer und älter und suchen zu ihrem Überleben

---

[1]Ähnliches gilt in Bezug auf die positiven und negativen Auswirkungen für den vermeintlichen Gegenspieler von Organisation und Hierarchie, nämlich für Netzwerke.
[2]Zwischenzeitlich, 09.02.2016, wurde deutlich, welch schwieriges und gefährliches Unterfangen die Bildung neuer staatlicher Strukturen z. B. in Ägypten ist. Ganz zu schweigen
von den kriminellen Versuchen des islamistischen Terror*netzwerkes* (!) IS, einen „Islami-
schen Staat" (!) zu etablieren.

nach Strukturen, die sie am Leben und am Markt halten. Organisationen bestimmen heute unser Leben, „von der Wiege[3] bis zur Bahre"[4].
Organisationen sind wie Spiele. Man kann *in* ihnen spielen und gewinnen und man kann *mit* ihnen spielen und gewinnen. Was im Umgang mit Organisationen als Ergebnis, sei es eine Dienstleistung oder ein Produkt, heraus kommt, hängt in großem Maße davon ab, ob man die Spielregeln kennt, sich auf sie einlässt, sie – so weit wie möglich – beherrscht und mit ihnen „spielt", oder ob man sie standhaft und dauerhaft ignoriert.

In Kap. 2 will ich klären, was Hierarchie ist, insbesondere formale Hierarchie in Organisationen. Dann werde ich sie vor einen Wertehintergrund stellen, der ihren Sinn betont und den positiven, ethisch vertretbaren Gebrauch sichert.

In den Kräftefeldern zwischen Person und Organisation wirken Hierarchie und Macht (Kap. 3). Einige grundlegende, theoretische Gedanken erläutern das hierarchische Prinzip und die Entstehung von Hierarchie (Kap. 4). Neben einem klassischen Organisationsentwicklungsmodell geben auch die Entwicklung von Frauen-/Pionierprojekten hin zu einer Organisation und die standhafte Vermeidung von Hierarchie in Selbsthilfegruppen einen Erkenntnisgewinn für das Verstehen des „Faktors Hierarchie".

Mit entschleunigender Zeitlupe schaue ich im Kap. 5 auf die Emergenz der Hierarchie. Ihr Entstehen im Übergang von der Gruppe zur Organisation bietet Verstehensmöglichkeiten für die psychischen Abwehrprozesse und Hilfen für die Unterstützung hierarchiebildender Prozesse. Es werden konkrete, auch psychologische Hilfen für das Akzeptieren organisationaler Zusammenhänge gegeben. So schließt „triadische Kommunikation" zwischen zwei Menschen in Organisationen immer das Dritte der Organisationsstruktur/Hierarchie ein. Das „Bild von den Stühlen", mit denen eine Organisation den Menschen einlädt, „Platz zu nehmen" erleichtert das Verständnis. Was das „Oben" und „Unten" in der Hierarchie mit den Beteiligten macht und welche psychischen Fallstricke damit verbunden sind, beschreibt Abschn. 5.3.3. Außerdem kreiert die Hierarchieperspektive eine neue Form der Autorität und gibt wesentliche Anregungen für organisationsbewusstes Führungshandeln.

Der Verknüpfung der hierarchischen Struktur mit der Kommunikation in der Organisation widme ich das Kap. 6. Ein vielfach erprobtes Modell fängt die Besonderheit der „Kommunikation in der Organisation" ein und hilft, kommunikatives Geschehen zu deuten, zu steuern und den rechten Ton für die Zusammenarbeit zu

---

[3]Geburtsklinik.
[4]Bestattungsinstitut.

finden. Es werden kommunikative Missverständnisse aufgeklärt, Hilfen für Entscheidungsprozesse in Teams gegeben und die Auswirkungen der Hierarchie auf
das Wesen anfallender Aufgaben im beruflichen Alltag dargestellt. Delegationen
sind eine Auswirkung und Hilfe für eine transparente und partizipative Kooperation. Die positiven Wirkungen einer geklärten Struktur mit einem verbindlichen
„roten Faden" im Handeln eines Teams werden mit ihrer orientierende Funktion für
Zielgruppe, Klienten und Kunden zum Erfolgsfaktor so mancher Arbeit.

„Hierarchie spezial" (Kap. 7) stellt unter den Prämissen akzeptierter Hierarchie Spezialrollen, besondere Beziehungsformen und Aufgaben vor. Von Koordinatoren, über Stellvertreter und „graue Eminenzen" geht die Themenreise zu
möglichen Ausgängen aus der Verstrickung „stabiler Kampfbeziehungen". Es
wird ermutigt, bei Leitungsübernahme deutlich in die hervorgehobene Chefposi-
tion aufzurücken und sich – dann als Leitung – des emotionalen Verlustes kollegialer Zugehörigkeit bewusst zu bleiben.

Kap. 8 fasst nochmals Chancen, Risiken und Nebenwirkungen von Hierarchie
zusammen. Es lobt die Hierarchie … und formuliert ihre Grenzen und Schmerzen
und einen möglichen Umgang damit.

Das hierarchische Prinzip

2

Zusammenfassung

Was ist Hierarchie, was ist ihr Sinn und wie wirkt sie in der Organisation? Das Kapitel legt die Basis für eine ethisch vertretbare Nutzung von formaler Hierarchie. Gleichzeitig wird vor möglichem Missbrauch gewarnt und es werden Grenzen für ihren Einsatz gezogen. Sachdienlichkeit und Funktionalität legitimieren Hierarchie, die Beziehungsdimension bietet notwendige Ergänzung und Korrektiv. Stellt sich nur noch die Frage nach dem „rechten Maß" der Hierarchie. Das beschriebene Spannungsfeld bietet den Hintergrund, vor dem der Hierarchiefaktor positiv wirken kann.

Schlüsselwörter

Definition Hierarchie · Wertequadrat von Schulz von Thun für Hierarchie · Ethische Orientierung und das rechte Maß für Hierarchie

Einige schlaglichtartige Blicke auf Hierarchie und deren Phänomene können erste Erkenntnisse liefern und den Zugang eröffnen. Ich beziehe mich im Wesentlichen auf die formale Hierarchie in Organisationen.

Was ist denn nun eigentlich Hierarchie und wie wirkt sie?

- Hierarchie ist eine Rangordnung (zwischen Menschen, Positionen, Stellen).
- Sie ist die Beschreibung und Bestimmung einer Verbindung, einer Relation zwischen Menschen und Positionen.
- Hierarchie ist ein inneres Ordnungsbild für eine Zusammenarbeit, also eine Vorstellung darüber, wie eine Zusammenarbeit, eine Organisation funktioniert.

© Springer Fachmedien Wiesbaden GmbH 2017
H. Happel, *Hierarchie als Chance*,
DOI 10.1007/978-3-658-15789-0_2

Im günstigen Fall besteht bei den Zusammenarbeitenden Einvernehmen über das Ordnungsbild.

Ein Bild der Hierarchie in Organisationen kann als Organigramm gezeichnet und dargestellt werden. Es enthält Hinweise auf die Machtbeziehungen der Beteiligten zueinander und ordnet sie. Es hat imperativen Charakter (Hartz 2007, S. 92), d. h. die Strukturen beinhalten Vorstellungen, Erwartungen an die in dem Bild dargestellten Positionen und deren Inhaber.

- Hierarchie ordnet Verantwortlichkeiten und Befugnisse.
- Sie gebiert ein „Oben" und ein „Unten" in einer Zusammenarbeit, bei der „Oben" mehr Macht hat als „Unten", insbesondere mehr Macht über „Unten" als „Unten" über „Oben".
- Das Gleiche gilt für Verantwortung: „Oben" hat eine andere und mehr Verantwortung für das Ganze als „Unten" und hat mehr Verantwortung für „Unten" als „Unten" für „Oben".
- Hierarchie regelt Entscheidungsmöglichkeiten auf verschiedenen Ebenen, sie stellt sie klar, teilt sie zu, reduziert und begrenzt sie aber auch.
- Sie schafft Spielräume, Gestaltungsräume und verknüpft sie miteinander.
- Sie spiegelt zwischen zwei Menschen in einer Organisation ein immer anwesendes Drittes und repräsentiert damit die Organisations(-struktur) in der Beziehung zwischen den Menschen.
- Große Aufgaben (von Organisationen) können mithilfe der Hierarchie klein geschnitten, vernetzt, damit handhabbar und konservierbar gemacht werden.
- Hierarchie wird oft verbunden mit Vorstellungen eines höheren Wertes, je höher man in der Hierarchie steht.
- Hierarchie an sich sieht man nicht. Sie wirkt aber trotzdem und sucht nach Möglichkeiten, sich in Repräsentanzen sichtbar abzubilden.

Ein Ausspruch, der Karl Weick über den Gang in eine Organisation nachgesagt wird, gilt auch für die Hierarchie: „Sieht man sich nach einer Organisation um, wird man diese nicht finden. Sichtbar ist vorerst das Gebäude, in dem die Organisation untergebracht ist. Dieses Gebäude vermittelt den ersten Eindruck von Organisation. Es ist Symbol, durch das sich die Organisation vermittelt. Tritt man in das Gebäude ein und sieht sich nach einer Organisation um, findet man keine. Was man findet, sind miteinander verknüpfte Geschehnisse" (Kasper und Heimerl-Wagner 1993, S. 7).

- Wenn Menschen zusammenarbeiten, gründen sie Organisationen, Vereine, Institutionen, Verbände und nehmen oft nicht wahr, dass sich hinter ihrem Rücken eine hierarchische Struktur der Zusammenarbeit herauskristallisiert,

die wiederum die Zusammenarbeit beeinflusst (Marianne Hege, eine „Mutter"
der Supervision, hat ein schönes Bild dazu kreiert und sagt sinngemäß: „Wir
wenden unser Gesicht den Menschen, den Kunden, der Aufgabe zu und den
Rücken der Organisation". Vgl. Weigand 1990, S. 326).

2.1   Definition von Hierarchie

Was aber ist der „Hierarchie" von der Wortbedeutung her gesehen?

Etymologisch gesehen stammt das Wort aus dem Griechischen, und bedeutet
so viel wie „heilige Ordnung", die „heilige Herrschaft". Wenn ich „heilig" etwas
freier und weniger pathetisch übersetze, könnte man auch von allgemeiner, allgemein gültiger, vielleicht auch – mit positiver Konnotation – von gelungener oder
gelingender Ordnung sprechen, die Positives ermöglicht.

Zusammenfassend könnte man sagen, dass Hierarchie eine Ordnungsmöglichkeit für die Organisation darstellt. Sie stellt Phänomene, Geschehnisse in einen
Zusammenhang, durch den ein abhängiges Gefüge, eine innere Organisation
und Zuordnung zwischen den Teilen eines größeren Ganzen entsteht. Sie stellt
eine Rangordnung her zwischen Menschen und deren Positionen in Bezug auf
bestimmte Rechte und Befugnisse sowie deren Verantwortlichkeiten. Dabei hat
„Oben" andere und mehr Möglichkeiten über „Unten" als umgekehrt.

2.2   Positionierung der Hierarchie nach dem Wertequadrat

Ich möchte die Hierarchie, verstanden als „Organisierung von Zusammenarbeit in einer Rangordnung", deutlicher in einem Wertegefüge positionieren. Was
sind positiv zu wertende Formen von Hierarchie, in welchen Formen schadet sie
Menschen und ihren Aufgaben? Diese Bewertung will ich deshalb beschreiben,
weil viele Menschen gerade in Non-Profit-Organisationen Hierarchie ablehnen,
negativ bewerten, misstrauisch beäugen oder verdammen. Sie geraten dabei oft
aus ideologischen Gründen oder aufgrund von immer wieder erlebten schlechten
Erfahrungen in eine Einseitigkeit und bekämpfen jeden Hauch von Hierarchie mit
Leidenschaft. Andere wieder geraten ins andere Extrem, verkrusten in der Hierarchie, verschanzen sich hinter Prinzipien und den dann starren Ordnungen der
Hierarchie.

So kommt es, dass in der Beschreibung der Arbeit von Sozial- und Helferberufen immer wieder vom „antihierarchischen Affekt" (Buchinger 1997, S. 40) gesprochen wird. Oder dieser schmerzvoll erfahren wird.

Im Gegensatz dazu konstatiert Harald Wirbals beim Gang als Supervisor in Wirtschaftsunternehmen als den wohl prägnantesten Unterschied zwischen Non-Profit- und Profit-Organisationen eine „Tabuisierung des Weichen" in Profitorganisationen (Wirbals 2000, S. 16).

Menschen in Sozialberufen haben in ihren Ausbildungen gelernt, wie wichtig menschliche Beziehungen und Gefühle sind. Sympathie, Liebe und Zuwendung, Spaß und Freude, Ärger, Trauer und Wut werden zur Leitwährung ihres Tuns. Sie haben gelernt, Bedürfnisse wahrzunehmen, sie zu verstehen, sich einzufühlen, mitzufühlen. Eine ehrenwerte Sache, die Zusammenleben und Zusammenhalt fördert, Entwicklungen in Gang setzt und soziale und psychologische Arbeit überhaupt erst ermöglicht.

Unbestritten ist diese Beziehungsarbeit *ein,* wenn nicht sogar *das* Vehikel, wenn sie in ihrem Beruf erziehen, bilden, pflegen, lehren oder beraten. Sie müssen ihre Fähigkeiten, sich in andere einzufühlen, aber auch sich in Resonanz dazu selbst wahrzunehmen, schulen, entwickeln und pflegen. Die erworbene Beziehungsfähigkeit, Emotionalität und Wertentscheidung für das Individuum und seine Entwicklungen bilden das Handwerkszeug in Berufen, in denen gelingende Beziehungen wesentlich für den Erfolg der Arbeit sind.

Viele aber überschätzen diese Fähigkeiten, bzw. sie überschätzen die Bedeutung dieser Fähigkeit. Sie merken nicht, dass das, was sie für die Beziehungen zu ihren Klienten gelernt haben, nicht das rechte Mittel ist, wenn sie ihre Arbeit organisieren müssen. Sie verabsolutieren *ein* Prinzip, *eine* Seite menschlichen Lebens und „überheben" sich mit dieser Einseitigkeit an Stellen des Lebens, wo der Vorrang der Beziehung nicht ausreicht.

Was ihnen fehlt und wogegen sie oft leidenschaftlich und affektiv kämpfen, ist die Wahrnehmung der Struktur, die sich, wie erwähnt, hinter ihrem Rücken bildet, und die Zusammenarbeit ordnet und regelt. Das hierarchische Prinzip hat bei ihnen keine wirklich faire Chance, die Bedeutung einzunehmen, die ihm gebührt. Der Faktor Hierarchie – und damit verbunden, Leitung und Autorität – ist kein gern gesehener Gast, wird negiert und bekämpft, mit allen zur Verfügung stehenden Mitteln.

Natürlich gibt es aber auch das Gegenteil, wenn die Hierarchie als Prinzip überstrapaziert wird, nur noch Fragen der Über- und Unterordnung zählen und Beziehung, Menschlichkeit und Nähe gegen Null gehen; wenn Struktur einseitig

Abb. 2.1 Hierarchie im Spannungsfeld mit dem Ergänzungswert

propagiert wird, verabsolutiert wird, verhärtet, bis hin zur Sklerose oder gar im Fundamentalismus endet.

Auch dabei geraten die Menschen in eine Einseitigkeit, die der Vielfalt menschlichen Lebens und insbesondere der Vielfalt menschlichen Lebens und Arbeitens in einer Organisation nicht gerecht wird. Dann wird Zusammenarbeiten starr, ungemütlich, lieblos, kalt und unmenschlich; und unproduktiv in den Ergebnissen dazu.

Der Psychologe Schulz von Thun hat ein Modell (Schulz von Thun 1993, S. 38–55) – das sogenannte „Wertequadrat" – entwickelt, mit dem ich diesen Sachverhalt noch einmal verdeutlichen und entfalten will.

Seine Grundgedanken und Thesen besagen, dass jeder Wert und jedes Prinzip[1] im richtigen Maße angewandt werden müssen, damit sie gut und nützlich sind. Gleichzeitig meint er, dass jeder Wert einen Ergänzungswert benötigt, um ausgewogen zu bleiben und in guter Balance zu sein. Das mache ich auch für das hierarchische Prinzip geltend.

Als Ergänzungswert zum Prinzip der Hierarchie/Struktur sehe ich die Werte der Beziehung, der Sympathie, vielleicht des Vertrauens. Ohne diese Ergänzungswerte kommt das hierarchische Prinzip nicht aus. Es muss in dieser Spannung bleiben. Sobald es dieses Spannungsfeld verlässt oder von Menschen unzulässig vereinfacht wird, wird es gefährlich. Dann treten seine negativen Seiten in den Vordergrund.

Grafisch kann diese positive Dimension der Werte wie in Abb. 2.1 dargestellt werden.

---

[1]Ich erweitere den Begriff „Wert" auf ein Kräftefeld, ein Prinzip und nutze es für das Ordnungsprinzip „Hierarchie".

Das Modell des Wertequadrates besagt aber auch, dass es ein „Zuviel des Guten" gibt. Das passiert nämlich dann, wenn ein Prinzip verabsolutiert, in eine Einseitigkeit gesetzt und überzogen wird, wenn es zu mehr als 100 % praktiziert und damit (über-)strapaziert und der Ergänzungswert vergessen wird. Der Wert bekommt sozusagen „Schlagseite" und kippt ins Negative.

Im Falle der Überbetonung der Hierarchie bedeutet das, dass es dann kalt wird in der Zusammenarbeit, es zählen nur noch Sachlichkeit und Funktionalität, das Menschliche verschwindet.

Natürlich gibt es aber auch vom Ergänzungswert ein „Zuviel des Guten". Wenn man in Organisationen einseitig nur Beziehungen pflegt, die Organisation nach den Prinzipien der Beziehung, der Freundschaft organisiert, Personalentscheidungen nach Sympathie und Antipathie trifft, kommt es zu Einseitigkeiten, Bevorzugungen, zu Benachteiligungen, Verletzungen und Kränkungen. Verantwortlichkeiten werden nicht strukturell und transparent über Positionen, Stellenbeschreibungen geregelt, Sachlichkeit und Fachlichkeit kommen zu kurz. Dies ist ein schmerzlicher und oft praktizierter Nährboden für Mobbing und Burn-out, wie wir noch sehen werden. Die untere Ebene im Quadrat wird zur schmerzlichen Erfahrung, wie Abb. 2.2 zeigt.

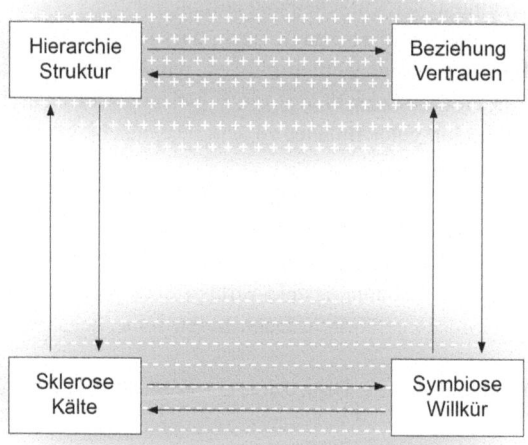

Abb. 2.2 Hierarchie im Wertequadrat

Zu diesem Modell gehört aber auch, dass zwischen allen vier Eckpunkten ein Kräftefeld entsteht, in dem sich Personen, Gruppen, Teilgruppen, Teilorganisationen und ganze Organisationen untereinander verschieden positionieren können (siehe Abb. 2.3). Kommt es zu Auseinandersetzungen in Arbeitsteams, in Organisationen oder zwischen verschiedenen Denkrichtungen und wissenschaftlichen Positionen, so positionieren sich die Vertreter der jeweiligen Tugenden auf ihrer positiven Ebene, sehen sich ganz und gar positiv und dann natürlich im Recht. Von der einen Seite (A) bekämpfen sie die Gegenseite (B), allerdings nicht auf der positiven Ebene, sondern in der negativen Version. Den positiven Teil des Ergänzungswertes, des Gegenübers sieht man dann nicht und erst recht nicht die eigene Ergänzungsbedürftigkeit. Das führt zu massiven Polarisierungen mit den heftigsten Streit-Eskalationen, Aufspaltungen, Vernichtungsfeldzügen gegen andere und für die eigene reine Wahrheit. So lässt sich auch der „antihierarchische Affekt" interpretieren und besser verstehen.

Natürlich kann man das hierarchische Prinzip in der negativen Variante bekämpfen, wenn man es einseitig als kalt und lieblos erfahren hat. Zu Recht hat man in dieser Einseitigkeit Angst vor Hierarchie, vor Über-/Unterordnung und

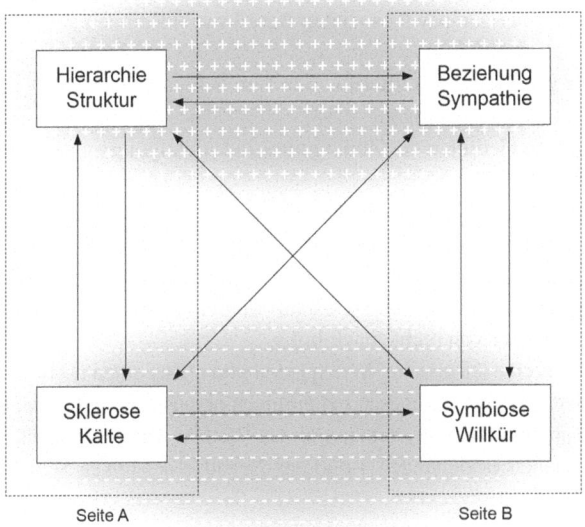

Abb. 2.3 Kräftefeld der Hierarchie

versucht, diese zu vermeiden. Aber damit wird man der positiven Gestaltungs-möglichkeit und der Ausgewogenheit des Wertepaares auf der oberen, positiven Ebene mit dem Ergänzungswert nicht gerecht.

Auch der Ergänzungswert „Beziehung" weckt sicher in der negativen und überzogenen Ausführung starke Ängste. Die gehen dann in Richtung der Ängste, in Beziehungen vereinnahmt, verschlungen zu werden, seine Identität zu verlieren, persönlicher Willkür ausgesetzt zu werden.

Ganz schlimm wird es übrigens, wenn die negative Version der Hierarchie auf der unteren, negativen Ebene mit dem Ergänzungs-Un-Wert von Beziehung verbunden wird. Dann beherrscht lieblose Willkür, kaltschnäuzige Macht das Geschehen. Dann wird die Arbeit zur Hölle.

An dieser Stelle will ich *meinen* Kontext nochmals erwähnen und meine Schreibrichtung klarstellen: Meine Erfahrungen aus der Begleitung von Arbeits-prozessen sind die eines Supervisors/Coaches. Oft wird meine Profession in Krisen und bei Entwicklungsbedarf angefragt, also dann, wenn eine Zusammenarbeit in Unordnung geraten ist, im Wertequadrat (siehe Abb. 2.3) auf die untere, negative Ebene geraten ist. Von daher arbeite und schreibe ich auch hier grundsätzlich für eine Entwicklungsrichtung von unten nach oben.

Gleichzeitig begleite ich überwiegend Menschen und Teams aus dem Non-Profit-Bereich mit den Tätigkeiten von Erziehung, Therapie, Begleitung und Pflege. Was in den einschlägigen psychosozialen Berufssozialisationen gelernt wurde:

- Einräumen von Freiheit, Initiierung von Entwicklungsprozessen,
- Bevorzugen von Beziehungen,
- Bedeutung von Gefühlen der Zuneigung (und Abneigung)

wird verabsolutiert. Und hier erlebe ich häufig die negative Seite der Beziehungs-dimension, also die rechte untere Seite im Quadrat. Themen der Struktur und Hierarchie (linke Seite im Quadrat) haben hier in der Regel weniger Bedeutung und werden geflissentlich übersehen.[2] Deshalb schreibe ich als Antwort auf diese reduzierte Praxis eher von rechts nach links.

Insgesamt schreibe ich also im Wertequadrat von rechts unten nach links oben und bin mir bewusst, dass ich aus diesen Erfahrungen heraus auch gefährdet bin, in meiner Beschreibung einseitig zu werden und das Positive der rechten Seite – die Qualität von gelungenen Beziehungen – und das Negative der linken Seite – verhärtete,

---

[2]Gelegentlich begegnet man aber auch in diesen Sparten Menschen mit anderen, z. B. handwerklichen Berufen und Sozialisationen, die eine andere Kultur und einen anderen Umgang miteinander pflegen und von daher klare Strukturen einfordern.

verletzende Strukturen – zu kurz kommen zu lassen. Ich bitte also den Leser, mir gegenüber kritisch zu bleiben, mir diese gelegentlichen „Einseitigkeiten" im Sinne einer Gesamtausbalancierung zu gestatten, bzw. für sich selbst diese Balancierung wiederherzustellen.

2.3 Immer mit Maß und Ziel: zur Funktionalität und Sachdienlichkeit der Hierarchie

Was ich unbedingt deutlich machen will ist, dass Hierarchie in der Organisation nicht zum Selbstzweck existiert und auch nicht zum persönlichen Machterhalt oder zur individuellen Machtbestätigung, obwohl sie leider in der negativen Ausformung auch dazu missbraucht wird. Vielmehr hat Hierarchie in der positiven Variante – ob man will oder nicht – immer eine Aufgabe und sie dient immer einem Ziel, sie ist immer funktional. Das hängt, wie wir noch sehen werden, mit dem Wesen von Organisationen zusammen, in denen sich formale Hierarchie bildet.

Aber zunächst einmal von Anfang an: Wenn Menschen sich zusammentun, um Größeres zu vollbringen, eine Aufgabe zu erledigen, die sie alleine nicht bewerkstelligen können, dann müssen sie ihre Zusammenarbeit organisieren und ordnen. Sie müssen wissen, wer für was zuständig und verantwortlich ist, wer wem zuarbeitet, wer sich wo entspannt zurücklehnen und sich auf die Arbeit der anderen verlassen darf. Sie müssen wissen, wer welche Entscheidung treffen darf und wer wo mit entscheidet oder aber Empfänger von Entscheidungen ist. Und sie dürfen klar machen, wer welche Verantwortung trägt, wo eigene bzw. fremde Verantwortung beginnt und wo sie endet.

Bei dieser Organisierung hilft Hierarchie. Sie hilft den Menschen als Organisationsprinzip dabei, ihre Ziele zu verwirklichen. Sie dient damit dem Organisationsziel, dem sich die Menschen verpflichtet haben, ja für das sie die Organisation ins Leben gerufen haben. Das ist innerer Sinn der Hierarchie, ihre Daseinsberechtigung und ihr Auftrag.

Ziel und Sinn der Hierarchie ist also, Menschen zu helfen, ihre Zusammenarbeit gut zu regeln, ein sachdienliches Gefüge zu erstellen, mit dem sie mehr erreichen können, wie wenn sie alleine arbeiten würden. Dann können sie gut und gerne und mit Erfolg arbeiten, für andere mit ihrem Produkt, mit ihrer Dienstleistung von Nutzen sein und selbst einen Nutzen aus dem Erfolg ihrer Arbeit ziehen.

So gesehen ist Hierarchie von großem Nutzen, wenn man sie – zielgerichtet – einsetzt und an den Zielen der Organisation ausrichtet. Das steuert dann auch das Ausmaß des Einsatzes der Hierarchie, die Anzahl der Hierarchiestufen, die Schaffung neuer oder Abschaffung alter Hierarchieebenen mit den Rückwirkungen auf die in der Organisation handelnden Menschen. Gerade in großen Organisationen ist im Wechsel von Stabilität und Veränderung die sachdienliche Etablierung von Hierarchiestufen oder deren Reduktion von Erfolg sichernder Bedeutung für das Gesamt.

Natürlich gibt es dabei, das habe ich erwähnt, auch ein „Zuviel des Guten". Das rechte Maß an Hierarchie, wie viel von ihr gebraucht wird, wie viele Ebenen nützlicherweise entwickelt werden, wie stark sie sinnvollerweise eingesetzt wird, das hängt von verschiedenen Faktoren ab.

Da ist z. B. die Art der Aufgabenstellung. Geht es darum, Arbeitsabläufe sehr schnell und sicher abzurufen, etwa weil Gefahr in Verzug ist, dann wird eine klare Hierarchie mit deutlicher Macht und Weisungsberechtigung benötigt. Das ist z. B. bei einem Feuerwehreinsatz der Fall oder bei medizinischen Notfällen. Da muss klar geregelt sein, wer welche Anweisungen geben darf, wer was entscheiden darf und wer welche Arbeiten ausführen muss. Es kann nicht darüber diskutiert werden, wer jetzt den Wasserschlauch trägt, wer die Spritze hält und wer das Kommando gibt.

Anders ist das in Arbeitsteams, in denen verschiedene Experten und Fachkräfte zusammenarbeiten. Um sich zu verständigen und ihr Wissen zusammenfließen zu lassen, muss viel miteinander geredet, verstanden und ausgehandelt werden. Sind die Disziplinen gleichwertig zugeordnet, dann brauchen sie wenig, vielleicht keine Hierarchie in ihrer Zusammenarbeit. Das kollegiale Gespräch auf gleicher Ebene, der sachdienliche interdisziplinäre Austausch miteinander, das Ringen um die beste Lösung ist dann zwar aufwendig, aber der Aufwand ist gerechtfertigt, wenn das Wissen und die Erfahrungsbestände aus verschiedenen Disziplinen zur Erledigung einer komplexen Aufgabe benötigt werden. Das ist z. B. in psychosozialen Einrichtungen und Teams der Fall, die in einer „Fallarbeit" verschiedene Wahrnehmungen einer betreuten Person zusammentragen, um dieser Person mit gemeinsamem und vertieftem Verständnis gerecht zu werden. So z. B. in der sozialpsychiatrischen Arbeit, in der eine gleichberechtigte Zusammenschau verschiedener Fachrichtungen ohne Unter- und Überordnung nötig ist, um Facetten von Erkrankungen – „herrschaftsfrei" und im Dialog – zu einem Gesamtbild zusammenzutragen.

Es gilt also auch in Bezug auf Hierarchie die rechte Dosierung zu finden. „Erst die Menge macht das Gift", der alte Weisheitssatz des Mediziners Paracelsus, den ich in der Suchtarbeit kennengelernt habe, unterstreicht die Notwendigkeit des rechten Maßes. Hierarchie im rechten Ausmaß kann Medizin sein, heilsam sein und Nutzen bringen. Wird sie aber in der falschen Dosierung einseitig und überzogen eingesetzt, kann sie zum Gift und damit schädlich werden. In dieser Spannung bewegen wir uns, wenn wir uns auf die Suche nach einer gelungenen

Verwendung von Hierarchie als Chance für die Zusammenarbeit von Menschen begeben.

Literatur

Buchinger, K. (1997). *Supervision in Organisationen. Den Wandel begleiten.* Heidelberg: Carl Auer.

Hartz, S. (2007). Aneignung im Kontext von (Re-)Organisation – Eine erziehungswissenschaftliche Analyse von Modernisierungsprozessen. *Zeitschrift für Erziehungswissenschaft, 10*(1), 90–107.

Kasper, H., & Mayrhofer, W. (Hrsg.). (1993). *Organisation.* Wien: Carl Ueberreuther.

Kasper, H., & Heimerl-Wagner, P. (1993). Organisation. In: H. Kasper & W. Mayrhofer (Hrsg.), *Organisation* (S. 1–157). Wien: Carl Ueberreuther.

Schulz von Thun, F. (1993). *Miteinander reden. Stile, Werte und Persönlichkeitsentwicklung* (Bd. 2). Hamburg: Rowohlt Taschenbuch.

Weigand, W. (1990). Die Analyse des Auftrags in der Teamsupervision und Organisationsberatung. In G. Fatzer & D. E. Claus (Hrsg.), *Supervision und Beratung: Ein Handbuch* (S. 311–326). Köln: Edition Humanistische Psychologie.

Wirbals, H. (2000). Markt. Supervisorische Identität. Kontraktverhandlungen in Wirtschaftsunternehmen. *Forum Supervision, 15,* 5–26.

Die Organisation als „Heimat" der Hierarchie

3

Zusammenfassung

Was ist der Sinn und Zweck von Organisationen und wie ticken sie? Im Organisieren von Zusammenarbeit entsteht als Produkt „Organisation". Sie ist Vorgang und Ergebnis und wird zum Nährboden formaler hierarchischer Strukturen. Der Mensch ist dabei gestaltender Akteur des Organisierens. Gleichzeitig wird er relativiert zum Mitspieler in den entstehenden Spielregeln der Organisation. Im Wechselspiel von Wandel und Stabilität wird Macht gestaltet. Sie spielt eine entscheidende Rolle und darf im Sinne der Aufgabe genutzt werden. Das gilt in Non-Profit-Organisationen genauso wie in der „Organisation" Kirche!

Schlüsselwörter

Organisationswissenschaften · Spielregeln der Organisation · Hierarchie · Dialektik von Mensch und Organisation · Macht · Kirche als Organisation · Spirituelle Dimension der Macht · Subjektwechsel Mensch/Organisation

Um die Funktionsweisen und Funktionalität des hierarchischen Prinzips zu verstehen, braucht es ein Grundverständnis für Sinn und Zweck von Organisationen und für das ablaufende Geschehen in ihnen. Die ablaufenden Prozesse der Hierarchiebildung vollziehen sich nicht im luftleeren Raum und auch nicht im abgeschlossenen Bereich eines Teams, sondern immer auch als Teil der Prozesse in Organisationen. Das zu wissen und zu bedenken, gibt immense Verstehens- und Gestaltungsmöglichkeiten für das Handeln in Organisationen und den Umgang mit dem Hierarchiefaktor.

Ich möchte dazu die Organisationswissenschaften befragen und zu einem Besuch in die Organisationssoziologie einladen. Diese soll auf Grundbotschaften und Grundwissen zum Thema Organisation und Hierarchie abgeklopft werden.

© Springer Fachmedien Wiesbaden GmbH 2017   17
H. Happel, *Hierarchie als Chance*,
DOI 10.1007/978-3-658-15789-0_3

3.1   Organisation aus der Perspektive der Organisationssoziologie

Ich beziehe mich dabei im Wesentlichen auf Aussagen der Organisationssoziologie und folge den Ausführungen von Abraham und Büschges (2004). Dort werden Organisationen einem Alltagsverständnis entsprechend zunächst als Zusammenschlüsse mit folgenden Merkmalen beschrieben (Abraham und Büschges 2004, S. 21):

* Sie werden von Akteuren zu bestimmten Zwecken geschaffen.
* Sie sind arbeitsteilig gegliedert, sodass nicht alle Mitglieder die gleichen Aufgaben haben. Die Erfüllung der verschiedenen Aufgaben dienen aber „zunächst und in erster Linie dem spezifischen Zweck des Zusammenschlusses" (Abraham und Büschges 2004).
* Ein wesentliches Moment jeder Organisation wird hier in verschiedenen Dimensionen und Facetten angesprochen: Es ist die *Funktionalität*, die *Sachdienlichkeit*, der alles Handeln in einer Organisation (letztlich) unterworfen ist. Da die Organisation immer einen bestimmten Zweck hat, einem Ziel verpflichtet ist, nur zu einer bestimmten Aufgabe gegründet wurde, ist diese Zweckerfüllung oberstes und innerstes Ziel. Alle Prozesse dienen diesem Ziel: die Entwicklung, Aufteilung und Gestaltung von Hierarchieebenen genauso wie die Gestaltung von Leitung oder die Beteiligung aller auf das Ziel hin. Die Ausrichtung auf Zweck und Ziel konstituiert Organisation. Ohne Zweck und Ziel gibt es (von Anfang an) keine Organisation und nachfolgend auch keine (sinnvolle) Hierarchie.

Dieses konstituierende Moment der Organisation ist kein normatives Gebot in der Organisation, nach dem Motto: Alles Handeln, Kommunizieren, Koordinieren, Produzieren *muss/soll* auf das Ziel ausgerichtet werden. Vielmehr ist diese Ausrichtung konstituierendes Merkmal und wird zum Paradigma für alle Kommunikation und Kooperation in Organisationen. Ohne diese Ausrichtung auf das Ziel verliert Kommunikation ihre letzte innere Berechtigung in der Organisation, wirkt verwirrend und dysfunktional.

In der klaren Annahme und deutlichen Akzeptanz dieser vorgegebenen und grundlegenden *Priorisierung der Zweckdienlichkeit* der Kommunikation und der Sachdienlichkeit der grundgelegten Strukturen und Hierarchien liegt der Schlüssel zur Lösung vieler Kommunikationsschwierigkeiten in Arbeitsteams. Wenn klar ist, wer als Kollege spricht, wer als Vorgesetzter, wer als Mitarbeiter, dann ist auch der kommunikative Gehalt, die institutionelle Bedeutung der Nachricht klar. Als Chance der Klärung liegt diese strukturelle Kommunikation allen kommunikativen Prozessen in der Organisation zugrunde und ist grundsätzlich immer „nutzbar" für die Lösung diverser Konflikte.

Diese Priorisierung bezieht sich auch auf die Wertstellung *informeller und formaler* Prozesse in Organisationen. Natürlich ergibt sich erfreulicherweise oft ein gesundes Wechselspiel beider Dimensionen, sodass Menschen sinnvoll zu einer Arbeitsaufgabe beitragen und als Gewinn neben dem Honorar auch Beziehung, Menschlichkeit und Bestätigung aus der Arbeit für ihr Leben erhalten.

Häufig genug aber geraten beide Dimensionen der Organisation in Konflikt miteinander. Aus Freunden werden Kollegen, aus Freundinnen Chefin und Mitarbeiterin, aus kollegialen Beziehungen entwickeln sich Freundschaften ja Partnerschaften. Oft führt das zu zunächst nicht lösbaren, leidvollen Beziehungen, Bevorzugungen und Benachteiligungen, wahrnehmbar in Mobbingprozessen und (anschließenden) psychosomatischen Burn-out-Karrieren. Lösungen liegen auch hier in der Akzeptanz der vorrangigen und zugrunde liegenden formalen Struktur in der Organisation. Sie gibt den Inhalten der Gespräche die unterschiedlichen Bedeutungen und kann Verwirrungen klären(siehe Abschn. 6.1: Kommunikationsmodell). Die Priorität in der Organisation ist und bleibt klar: Die entscheidende Ebene ist die durch die Zweckdienlichkeit der Organisation vorgegebene Struktur. Ist diese Priorität akzeptiert, können auch die zwischenmenschlichen Beziehungen am Arbeitsplatz gedeihen.

Ein weiteres Moment macht die Organisationssoziologie deutlich: Es gibt in einer ganz speziellen Weise Gleichheit *und* Verschiedenartigkeit der Menschen und Akteure in der Organisation. Diese Prinzipien müssen immer gestaltet und miteinander verhandelt werden. Die Gleichheit besteht nicht in der Gleichberechtigung aller am Geschehen Beteiligten. Vielmehr liegt die Gleichheit in der Ausrichtung auf die für alle gleiche Aufgabe in der gleichen Organisation: Alle wirken auf die gleiche Aufgabe hin, auf die Erstellung der gleichen Dienstleistung, desselben Produktes. Aber: Sie tun das im Zuge der Arbeitsteilung von unterschiedlichen Positionen aus, in unterschiedlichen Aufgabenzuschnitten, mit unterschiedlichen Professionen, Befugnissen und kollegial oder hierarchisch vernetzten Verantwortlichkeiten.

In vielen Teams wird die Gleichheit der Beteiligten – oft ideologisch begründet – propagiert, die notwendige Unterscheidung nicht geleistet, die Verschiedenartigkeit in Verantwortlichkeit und Machtbefugnissen nicht berücksichtigt. Das aber führt dann zu den angedeuteten schmerzlichen Entwicklungen und leidvollen Organisationserfahrungen, auf die man gerne verzichten würde.

Organisationen sind ferner:

• mit einer Leitung ausgestattet, die die Zusammenarbeit gewährleistet, die Ausrichtung auf den Zweck des Zusammenschlusses verantwortet, die Steuerung
der Kooperation nach innen und die Vertretung der Organisation nach außen
gestaltet.

• Sie verfügen über eine formale und informelle Verfassung, welche die Zweck-
bestimmung bewacht, die hierarchische Ordnung sowie die Rechte und Pflichten bestimmt und die Handlungseinheit gewährleistet (Abraham und Büschges
2004, S. 21 f.).

Zu dieser Unterschiedlichkeit in der Organisation gehört auch die Frage, oder
besser gesagt, die Tatsache der Führung und Leitung in Organisationen. Sie unterscheidet in Führende und Geführte. Oder vielleicht genauer gesagt: über Anteile
der Führung und Anteile des Geführtwerdens jeder Rolle in der Aufgabenstruk-
tur des Alltags. Die Struktur regelt, wer wo führend tätig ist und wer sich wo
führen lassen muss. Das schließt nicht die vielen Zwischenmöglichkeiten und
Mischformen aus, die sich bei grundsätzlich geklärter Struktur ergeben. Aufgrund
verschiedener übereinanderliegender Hierarchieebenen sind dabei die meisten
Führenden zugleich auch (wieder von oben) Geführte, sodass sich das hierarchische Prinzip auf alle Plätze in der Organisation erstreckt und von dort Kommunikation und Kooperation in der Zuteilung von Macht und Befugnissen regelt.

Gelegentlich hilft bei Verwirrungen in der Zusammenarbeit, bei dogmatischem
Insistieren auf die Gleichheit der Beteiligten ein Hinweis auf die unterschiedliche
Verantwortung der Positionen oder letztlich, untrügbar, der Blick auf den Lohn-
zettel. Er weist die Unterschiedlichkeit in Verantwortung und Befugnissen schriftlich aus.

Im Weiteren weisen Abraham/Büschges darauf hin, dass sich in der Organisationssoziologie kein allgemein anerkannter Organisationsbegriff durchsetzen
konnte, jedoch weitgehend zwei Typen von Organisationsbegriffen (nebeneinander) akzeptiert sind (Abraham und Büschges 2004, S. 56):

• ein eher dynamischer Organisationsbegriff, der den Prozess und die Tätigkeit
des Organisierens meint. Hierzu gehören die Herstellung einer Struktur, deren
Weiterentwicklung und Aktualisierung. Umgangssprachlich ist damit „das
Organisieren" gemeint.

• ein eher statischer Organisationsbegriff, der das Ergebnis des Organisierens sieht
und den strukturellen Aspekt der Organisation sieht: die Organisation an sich.

Diese beiden Aspekte des Begriffs Organisation ergänzen sich und bedingen sich
gegenseitig.

Für unser Thema ergibt sich als Input aus der Organisationssoziologie, dass Organisation immer gedacht werden muss in der Spannung von dem *Prozess* des Gestaltens von Struktur und Hierarchie (Organisation als Tätigkeit) und, auf der anderen Seite, von den *Ergebnissen* und *Produkten,* quasi den „geronnenen" Strukturen aus diesen Prozessen, den verfestigten hierarchischen Ordnungen (Organisation als Gebilde mit Strukturen).

▶   Hierarchie, die wir konkret vorfinden, ist also nie nur ein starres Gefüge, sondern immer Endprodukt eines Entstehungsprozesses zu einer bestimmten Zeit der Organisation, mit – hoffentlich hoher – Nützlichkeit in dieser Zeit, aber auch mit dem Anspruch, dass sie wieder verflüssigt, weiterentwickelt, aktualisiert wird, wenn sie im Sinne der aktuellen Sachdienlichkeit neu ausgerichtet und ausgestaltet werden muss.

Aus meiner Praxis kenne ich viel Leiden und Klagen über die Starrheit in den Strukturen von Organisationen. Nichts scheint sich zu bewegen. Immer die gleichen Routinen. Zwischenzeitlich kann und will ich aber – aus eigenen leidvollen Erfahrungen und aus den Erfahrungen meiner Beratungspraxis heraus – den *Wechsel* zwischen Starrheit/Stabilität und Veränderung/Weiterentwicklung bestätigen: Es gibt diesen Wandlungs- und Entwicklungsbedarf in Organisationen und er gehört zum Wesen der Organisation konstitutionell ebenso dazu wie die (vorübergehenden) strukturellen Verfestigungen.

Beruhigend kann und möchte ich also denen, die unter der Starrheit konkreter Strukturen und Stagnationen leiden, meine Erfahrung und zwischenzeitlich meine feste Überzeugung mitgeben, dass Organisationen letztlich keine Chance haben, sich *nicht* zu verändern. Da der Kontext, der Markt, das gesellschaftliche Geschehen sich um die Organisation herum ändern, *müssen* sich auch die Organisation und ihre Struktur verändern. Notwendigkeiten *müssen* (im existenziellen Sinn, nicht normativ zu verstehen) berücksichtigt werden, sonst besteht die Gefahr des Scheiterns und Untergehens der Organisation, was freilich ihrem innersten Wesen und Auftrag widerspricht. Viele Starrheiten und Verkrustungen der Organisation „richtet" also die Zeit. Eine Weisheit, die bei so manchem Leid auch zur Gelassenheit verhelfen kann.

Stabilität und Wandel sind also Grunddimensionen von Organisation und deren Struktur. Hierarchische Strukturen sind immer (zeitweise) stabil und werden zu gegebener Zeit einem Wandlungsbedarf unterworfen sein, um in einer bestimmten Zeit dem sich weiterentwickelnden Organisationsziel und -zweck zu dienen.

Zusammenfassend und um dem Leser einen Geschmack auf die Sprache von Organisationssoziologen zu geben, will ich abschließend den Versuch einer Definition von Organisation der o. g. Autoren zitieren. Überraschend – und meine Erfahrung bestätigend – ist für mich dabei die selbstverständliche Setzung und Benennung von Hierarchie als Organisierungsprinzip in Organisationen. Unter Organisation soll also verstanden werden:

> Von bestimmten Personen gegründetes, zur Verwirklichung spezifischer Zwecke planmäßig geschaffenes, hierarchisch verfasstes, mit Ressourcen ausgestattetes, relativ dauerhaftes und strukturiertes Aggregat ... arbeitsteilig interagierender Personen, das über wenigstens ein Entscheidungs- und Kontrollzentrum verfügt, welches die zur Erreichung des Organisationszweckes notwendige Kooperation zwischen den Akteuren steuert, und dem als Aggregat Aktivitäten oder wenigstens deren Resultate zugerechnet werden können (Abraham und Büschges 2004, S. 58 f.).

Bleibt die Frage, ob es auch Ansammlungen, Gebilde von Menschen gibt, die *keine* Organisationen in diesem Sinne sind. Wenn wir sie kontrastierend kennen, können wir noch einmal deutlicher verstehen, was Organisation ist. Mit einigen Konglomeraten setzen sich auch Abraham und Büschges auseinander, andere kennen wir aus unseren Alltagserfahrungen: Sie sind selbstredend als „Nicht-Organisationen" erkennbar:

- politische Demonstrationen (Abraham und Büschges 2004, S. 59),
- Märkte (Abraham und Büschges 2004, S. 151 f.),
- informelle Gruppen (Abraham und Büschges 2004, S. 149)
- Gesellschaften (Abraham und Büschges 2004, S. 22)
- Netzwerke (Abraham und Büschges 2004, S. 158)
- Spielgruppen,
- Verwandtschaftsbeziehungen
- Nachbarschaften
- Gemeinden
- Schwärme

Deutlich und verständlich wird der Unterschied von Organisation und Nicht-Organisation bei folgendem Gedankenspiel: Stellen Sie sich jeweils 50 Menschen vor, einmal in einer Warteschlange an einem Bus, ein anderes Mal in einem kleinen Betrieb wie in einem Altenheim. Einige wesentliche Unterscheidungsmerkmale sind die fehlende oder existente (Binnen-)Struktur, das Fehlen oder die Existenz einer Leitungsebene, die unterschiedliche Dauer des Zusammenseins, das Vorhandensein oder Fehlen eines Zwecks für andere etc.

3.2   Mensch und Organisation: ein folgenschweres und chancenreiches Wechselspiel

Um die Wirkweisen von Hierarchie zu verstehen, den Hierarchiefaktor anzuerkennen und Organisationsbewusstsein zu entwickeln, braucht es ein Verständnis für die Wechselwirkungen zwischen Person und Organisation. Ein äußerst spannendes und erhellendes Unternehmen, macht man sich einige Grundzüge dieses Zusammenspiels klar. Ich spreche dabei vom „Menschen an sich" und von der „Organisation an sich" und beschreibe anhand dieser Stereotypen die Dynamik zwischen beiden sowie ihre gegenseitigen Beeinflussungen und Abhängigkeiten.

Arbeitsteams sind dabei mehr als eine beliebige Gruppe von Menschen. Und sie sind anderes als eine reine Organisation. Ich verstehe sie als Teile von Organisationen, deren Existenz sowohl durch die Personen und ihr Zusammenwirken als auch durch die Gesetzmäßigkeiten der Organisation beeinflusst wird. Eigentlich – im günstigen Fall – vereinen sie die Vorzüge und Wesensmerkmale von Person/Gruppe und Organisation und werden so zu einem Hybrid-Modell für menschliche Zusammenarbeit (Schattenhofer 1992, S. 57).

Zunächst, wenn man institutionsgeschichtlich an die Fragestellung herangeht, betritt ein Mensch mit einer Gründungsidee die Bühne des Geschehens. Er will etwas bewirken, initiieren, in die Welt setzen. Er merkt bald, dass die Aufgabe über ihn hinaus weist, dass er alleine die Aufgabe nicht schultern kann, dass er andere Personen braucht, Strukturen schaffen muss, um die Arbeit zu erfüllen. Er schart Mitstreiter um sich, ordnet deren Zuständigkeiten und Aufgaben, setzt Regeln und Kooperationsstrukturen, letztendlich gründet er eine Organisation.

Eine Organisation benötigt also, um ins Laufen zu kommen, konstitutiv den Menschen, seine Ideen, seine Experimentierfreude, seinen Willen, seinen Mut. Ohne Mensch keine Organisation. Hier besteht eine erste Abhängigkeit zwischen beiden.

Gleichzeitig benutzt der Mensch die Organisation als „Werkzeug", so auch die griechische ursprüngliche Bedeutung des Begriffes „organon". Er benötigt sie, besonders wenn er über sich hinaus wirken will, als Verlängerung seiner Bemühungen, etwas zu erreichen. Und das in räumlicher Hinsicht, denn mit der Organisation und ihren Strukturen kann er an Stellen, Orten wirken, die er alleine nicht erreichen kann. Aber auch in zeitlicher Hinsicht verlängert die Organisation die Bemühungen der Gründerpersönlichkeiten und wirkt über deren Arbeits- und Lebzeiten hinaus. Der Mensch braucht also notwendigerweise die Organisation zur Verwirklichung seiner Ideen: eine zweite Art der Abhängigkeit, aber jetzt eine Abhängigkeit des Menschen von der Organisation.

Irgendwann muss sich die Organisation ablösen von der Gründerzeit, andere Personen übernehmen die Ausführung der Arbeiten. Die Gründerpersönlichkeiten müssen ihr Werk weitergeben. Sie werden ersetzt, müssen ihre Idee mit der inzwischen entstandenen Struktur loslassen und übergeben. Dann überlebt die Organisation den Gründer, verliert – ganz sachdienlich – zwar die Abhängigkeit von der einzelnen Person, bleibt aber grundsätzlich abhängig von anderen (Nachfolge-)Protagonisten, anderen Menschen, anderen Rollenträgern. Die Abhängigkeit generalisiert sich also vom einzelnen Individuum hin zum generalisierten Mensch, Rollenträger, Mitarbeiter.

Es geschieht dabei ein Wechsel des handelnden Subjektes vom Menschen zur Organisation, ein Wechsel des Machtflusses vom Einzelnen hin zur Organisation. Der Mensch setzt zunächst die Organisation in Gang, nutzt sie für seine Idee. Später freilich instrumentalisiert die Organisation dann den Menschen für ihre Aufgabenstellung. Zusammenfassend könnte man – mit Humor – klagen: „Erst schaffen wir sie (die Organisation) und später schafft (im Sinne von plagen) sie uns".

Diesen Subjektwechsel (vgl. Lapassade 1972, Kap. 6, S. 201–234)[1] zu verstehen, als Wesensmerkmal von Organisation als Prozess und Produkt zu akzeptieren, ist die Voraussetzung, ihn dann auch zu gestalten und mit ihm zu „spielen". Der Mensch kann, wenn er dieses konstituierende Moment im Zusammenspiel von Organisation und Mensch verstanden hat und die vorgegebenen Abhängigkeitsbeziehungen akzeptiert tatsächlich über sich hinaus wirken und größere Ziele als die eines kleinen Menschen in Raum und Zeit verfolgen. Die Organisation wird den Menschen überleben. Das kann so weit gehen, dass Organisationen in der Wirkung auf Menschen zugesprochen wird, dass sie ihn „transzendieren", übersteigen, Ewigkeits- und Größengefühle wecken, die anspornen und motivieren. Freilich liegt darin auch die Gefahr, sich mithilfe der Organisation in unrealistische individuelle Größenvorstellungen zu verlieren.

Dabei benötigt die Organisation nicht den Menschen an sich, sondern sie benötigt ihn und seine Arbeitskraft in bestimmten Professionen, Fähigkeiten, Arbeitstugenden, Handlungen. Sie benötigt ihn – relativ unabhängig von der jeweiligen Person – auf einer konkreten Position, als Rollenträger und Positionsinhaber, der verlässlich bestimmte Handlungen erfüllt, Entscheidungen trifft, Verantwortung trägt, Erwartungen erfüllt, Routinen in Gang hält, Kommunikationen weiterführt.

---

[1] Allerdings sei vor schwieriger soziologisch – philosophischer Sprache gewarnt und auf eine unterschiedliche Begrifflichkeit von Institution und Organisation hingewiesen!

Das beinhaltet für den Menschen ein großes Kränkungspotenzial, insbesondere wenn er den Sinn und die Notwendigkeit dieser Inbesitznahme und Instrumentalisierung nicht versteht und die dadurch gegebene Abhängigkeitsbeziehung nicht akzeptiert. Die Kränkungen werden als Machtmissbrauch empfunden, der in tiefe Ohnmachtsgefühle stürzt. Die Instrumentalisierung wird als Kälte gedeutet und als Missbrauch der eigenen Person beklagt. Das umso mehr, wenn das Geschehen in einer Non-Profit-Organisation geschieht, die sich doch Menschlichkeit und Individualität oder im Falle von kirchlichen Organisationen gar Christlichkeit auf die Fahnen geschrieben hat.

Vonseiten der Organisation her gedacht werden Rollenträger benötigt, die funktional ihre Aufgaben erfüllen. Der Mensch mit seinen Eigenheiten, Beschränkungen wird – einseitig betrachtet – zum „Störfall" der Organisation und ihrer Funktionalität. Störungsfreies Funktionieren freilich kann der Mensch nicht bieten. Er muss sich zwar auf die Erfordernisse von Stellen und Funktionen einlassen, bleibt aber Mensch, mit Bedürfnissen, Grenzen der Leistungsfähigkeit, Eigentümlichkeiten, Verschiedenartigkeiten, Endlichkeiten, sozialem Umfeld. Damit bringt er – im Positiven – einen gewissen Spielraum in die Organisation, die zu Kreativität und Neuerungen anregt, die aber andererseits auch die funktionalen Abläufe des Betriebes irritiert, stört. Vonseiten der Organisation könnte der Mensch besser, reibungsloser instrumentalisiert werden, wenn er keinen Urlaub braucht, keine persönlichen Bedürfnisse hat, nicht krank wird, nicht in Erziehungsurlaub geht, keine Verwandten pflegen muss, keine Freundschaften in der Arbeit schließt etc. Hier deutet sich eine die Funktionalität der Organisation verletzenden Dimension der Beziehung Organisation-Mensch an, die man begrenzen, nicht aber letztlich beseitigen kann.

Die diversen Verknüpfungen und Trennungen von Organisation und Mensch in konkreten Stellenplänen, Erwartungsfeldern, Rollen, Positionen der Hierarchie müssen auf allen Ebenen in der Organisation sachdienlich gestaltet und austariert werden. Sie bringen Gleichheiten durch die Standardisierung in Rollen und Unterschiedlichkeiten durch Verschiedenheiten der Personen in den Rollen.

Dazu ein Blick auf den Führungsprozess im Teamgeschehen: *Dass* ein Vorgesetzter führen muss, hängt mit seiner Rolle und Position zusammen und bleibt unbestritten. *Wie* er aber führt, welchen Führungsstil er entwickelt, welche Werte er verkörpert, in welcher Art und Weise er also seine Aufgabe gestaltet, benötigt Spielraum für persönliche Prägung und ist im Wesentlichen Verantwortung des einzelnen Stelleninhabers. Das Gleiche gilt natürlich für Mitarbeiter und ihre Bereitschaft, sich führen zu lassen. Die Positionen – Vorgesetzter und Mitarbeiter – bleiben in ihrer komplementären Zuordnung bestimmend und bieten die Basis für die individuelle Ausgestaltung der handelnden Subjekte.

Verdeutlichen möchte ich dieses hochsensible und bedeutungsvolle *Passungs-geschehen* zwischen Mensch und Organisation mit einer einfachen Darstellung in Abb. 3.1 (Ähnliches zu Fragen von Führungsprozessen beschreibt Neuberger 2002, S. 35 ff.).

Idealtypisch steht der Mensch der Organisation beim Eintritt gegenüber. Im Daraufzugehen stößt er an die Kanten der Organisation (Abb. 3.2).

Viele seiner Fähigkeiten kann er einbringen und nutzen, um den Platz, den ihm die Organisation bietet, zu füllen. Er wird Teil der Organisation. Das bringt ihm viele Vorteile, wie die Sicherheit einer Arbeitsstelle, ein hoffentlich gutes Gehalt, neue berufliche Beziehungen und ein Stück Selbstverwirklichung in einer sinnvollen Tätigkeit. Es bringt ihm aber auch manche Beschränkung, wie Arbeitszeitvorgaben, Über-, Unterordnungen, Rollen- und Stellenvorgaben. Manche Interessen, Neigungen und Fähigkeiten des Menschen überragen also den vorgesehenen und beschriebenen Platz in der Organisation und passen nicht zu der konkreten Stelle. Er muss sie auf der Strecke lassen, „außen vor" der Organi-sation (Abb. 3.3). Der Bereich y stellt den Bereich dar, den die Person außen vor lassen muss, der Bereich x ist auf der anderen Seite das Defizit, das wohl jeder Stelleninhaber auch gegenüber der Organisation schuldig bleibt und das von sei-ner konkreten Stelle her nicht ausgefüllt wird.

So erinnere ich mich gut an den Verlust, den ich nach Beendigung meiner frei-beruflichen Tätigkeit in einer „Praxis für Supervision *und Fortbildung*" bei der Übernahme einer Vollzeit-Supervisorenstelle als interner Supervisor eines großen

Abb. 3.1 Zusammenspiel
von Mensch und
Organisation

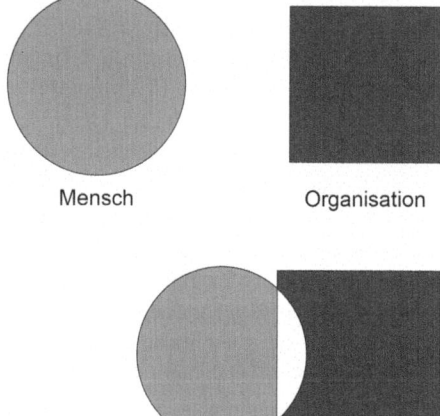

Mensch   Organisation

Abb. 3.2 Mensch beim
Eintritt in die Organisation
(1)

Mensch   Organisation

diakonischen Sozialunternehmens erlebte. Ich musste den Teil meiner *Fortbildungs-tätigkeiten* und -kompetenzen streichen, viele interessante, berufliche Beziehungen aufgeben, was für mich einigen Verlust und Schmerz bedeutete. Die Organisation hatte den Fortbildungsteil anders in einem Fortbildungsinstitut organisiert und die Supervision war ein institutionsgeschichtlich gewachsener eigenständiger Bereich einer Abteilung mit internen Supervisorenstellen. Das machte bei der Annahme der Stelle und Akzeptanz des Stellenzuschnitts die Trennung von dem vorher von mir geleisteten Fortbildungsangeboten nötig und forderte den Verlust von mir.

Von der Stelle her gedacht wird die Organisation natürlich eine möglichst voll-ständige Füllung der vorgegebenen Aufgaben von der Person einfordern. Sie ist ja nicht zuerst geschaffen, um die Wünsche des Individuums zu erfüllen und kann ein Einlassen auf die Stelle erwarten. Das führt zu einem Abschiednehmen von Kompetenzen, die ein Einzelner an genau dieser Stelle nicht benötigt, um seine Rolle zu füllen. Gleichzeitig wird die Organisation auch mit Lücken rechnen müssen, die ein konkreter Stelleninhaber an einer bestimmten Stelle hinterlässt.

Der Organisationszweck, das Überleben und Wachsen der Organisation, das Erfüllen einer Aufgabe ist aus dem Wesen der Organisation heraus vorrangig und im Konfliktfall entscheidend. Ob der Interessent einer Stelle dann auf seine Potenziale verzichten will, ob er mit der Stelle um Kompromisse verhandelt oder diesen Teil seiner Fähigkeiten anderweitig ausüben will, ergibt dann noch mal Spielräume für die individuelle aktuelle Arbeits- und Lebensgestaltung und die berufliche Karriereplanung. Die grundsätzliche Prioritätensetzung durch die Auf-gabenstellung der Organisation, ihrer Ziele, ihrem „Werkzeugcharakter" und die damit einhergehende Beschneidung des Menschen durch die konkrete Stelle einer Organisation muss er akzeptieren.

Abb. 3.3 Mensch beim
Eintritt in die Organisation (2)

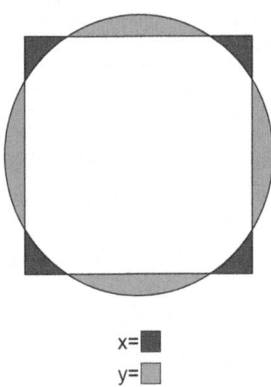

3.2.1 Trübungen und Grenzverwischungen

Dieses einfache Modell ermöglicht aber noch weitere Fragen an das Interaktionsgeschehen von Person und Organisation. Oft erlebe ich in Supervisionen, dass Menschen mit aller Gewalt und Penetranz an Stellen Lösungen suchen, an denen sie keine Lösungen erwarten können. Das wären im o. g. Modell die Bereiche y der Person an Stellen x der Organisation. Sie suchen nach mütterlicher Wärme, finanzieller Rundumversorgung, väterlicher Rückenstärkung. Sie bringen sich durch symbiotische Fantasien und übermächtige Versorgungswünsche in eine kindlich naive Passivität. Das verführt sie zu Opferhaltungen gegenüber der Arbeit und der Organisation. Es schwächt sie und macht sie krank. Oft werden diese Prozesse verstärkt durch ein Verständnis der Organisation als einer Familie mit den entsprechenden infantilen Versorgungsfantasien[2] innerhalb der Organisation, wie sie gerade in Non-Profit-Organisationen gehegt und gepflegt werden. Solche vergebliche Suche bei „Vater Staat" und „Mutter Kirche" endet nicht selten in Endlosschleifen, Burn-out, Mobbing bis hin zu Arbeitsgerichtsprozessen. Gerade bei kirchlichen Arbeitgebern aller Couleur kommen diese Bilder sowohl in den Führungsetagen als auch auf Mitarbeiterseite zum Wirken und enden in lautstarken Klagen, dass die Organisation doch nicht gut versorgt, nicht menschlich genug agiert, ja unchristlich ist. Natürlich muss sich ein kirchlicher Verband – erwachsen betrachtet – die Frage stellen, wie er ethisch vertretbar ein christlicher Arbeitgeber sein will, was es heißt, in diesem ethischen Horizont Aufgaben zu übernehmen und Arbeit anzubieten. Gleichzeitig wird er immer wieder für Klarheit dafür sorgen müssen, dass auch er sich nicht auf Dauer über die Gesetzmäßigkeiten der Organisation hinwegsetzen kann und sich von infantilen Erwartungen an „Vater" und „Mutter" unterscheiden muss.

Bei diesen Verwischungen wird dann von Mitarbeitenden an Stellen gekämpft, wo nichts zu holen ist. Gleichzeitig werden Bereiche, an denen Lösungen zu finden sind, übersehen und übergangen. Wie alte Schallplatten, die einen Sprung haben, werden die alten Melodien wieder gespielt, alte biografisch erlebte Misserfolgserlebnisse re-inszeniert, die alte destruktive Lebens- und Arbeitshaltungen bestätigen. Es wird übersehen, dass sowohl die Organisation „ein Recht hat" auf eine Eigenlogik, wie auch der Mensch, dessen Bedürfnis aber hier im Passungsgeschehen dieser konkreten Stelle der Organisation nicht zu erfüllen ist. Arbeitsbezogen und lösungsorientiert kann Supervision und Coaching hier –

---

[2]Freilich zu unterscheiden von der Fürsorgepflicht einer Organisation und ihrer vorgesetzten Stellen für die Mitarbeitenden.

aufklärerisch – zu kleinen und großen Befreiungen führen und den Blick dorthin lenken, wo es Lösungsmöglichkeiten gibt. Wie ein Schallplattenwechsler kann sie anregen, neue Platten aufzulegen und ermutigen, „neue Lieder zu spielen" und erwachsen Wünsche zu formulieren und Verhandlungen zu wagen.

Gelingt das auf Dauer nicht in zufriedenstellendem Maße, dann muss der Blick geweitet werden über den konkreten Arbeitsplatz, die konkrete Abteilung, die aktuelle Hierarchiestufe, vielleicht über die konkrete Organisation hinaus. Man kann sich der eigenen Sicherheits-, Versorgungs- und v. a. Entwicklungsbedürfnisse auf der einen Seite vergewissern, sie akzeptieren, sie aber in der mentalen Trennung vom konkreten Platz in der Organisation abziehen. Dann wird der Weg frei, an anderen Orten in oder außerhalb der Organisation nach ganz anderen kreativen Lösungsmöglichkeiten zu suchen, die dann den gewünschten Erfolg wahrscheinlicher machen.

Soweit die Darstellung einiger grundsätzlichen Dynamiken zwischen Mensch und Organisation. Nun zu weiteren konkreten Komplikationen im Wechselspiel.

3.2.2 Kränkungsgeschichten zwischen Mensch und Organisation

Dramatisch ist das Zusammenspiel von Mensch und Organisation z. B., wenn der Mensch „überqualifiziert" ist, zu viele Kompetenzen hat, und diese nicht in das Profil seiner aktuellen Stelle einbringen kann (Abb. 3.4).

Oft genug entstehen bei solchen Überqualifizierungen Verschiebungen in den Zuordnungen der Stellen, weil die Überqualifizierung wirkt und sich irgendwo ihren informellen Raum sucht. Sie bleibt bemerkbar und verdrängt – als eine *mögliche* Konsequenz – die Über-, Unterordnung der formalen Hierarchie. Gleichzeitig vertauscht sie diese mit den informellen, gesellschaftlich üblichen Hierarchien beruflicher und fachlicher Werteskalen.

Die Diskrepanz manifestiert sich in beruflichen Konflikten, wenn eine nachrangige Stelle mit mehr weisungs*gebundenen* Anteilen versehen ist, als ein höher qualifizierter Mitarbeiter ausführen will. Oder es werden auf der formal nachrangigen Stelle „niedriger" bewertete Tätigkeiten gefordert, die den Mitarbeiter *unter*fordern. Ihre Ausführung kränken ihn subtil, gibt er doch in seinen Augen durch seine (informelle) Überqualifizierung eh schon ein Plus in die Organisation, das nicht gewürdigt wird. Er sitzt mit seinem Potenzial auf einer Position in der Hierarchie, die seinen Fähigkeiten nicht gerecht wird, seinen differenzierteren Blick nicht zu Geltung kommen lässt, sein Verantwortungs- und Gestaltungspotenzial nicht ins Leben lässt. Beispiele aus der Praxis gibt es viele. Es sind z. B.

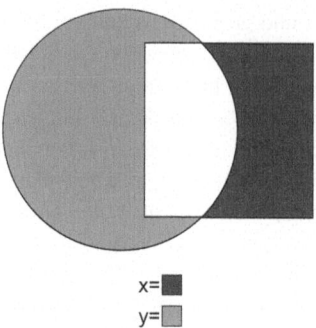

Abb. 3.4 Überqualifikation sucht sich ihren Platz in der Organisation

Erzieherinnen auf den Stühlen von Kinderpflegerinnen, Theologen auf den Positionen von Sozialpädagogen, Psychologen auf der Aufgabe einer nachgeordneten Teamleitung usf.

Viele krisenhafte Vorgänge und Konflikte im Teamalltag sind verdeckt durch solche misslungenen Passungsverhältnisse ausgelöst. Im schlimmsten Fall führen sie zu psychosomatischen Erkrankungen, bösartigen Mobbingprozessen, strukturellen Unklarheiten bis hin zum Arbeitsgericht.

Für Supervision bedeutet das, das Wechselspiel zwischen Individuum und Organisation, zwischen Mensch und konkreter Stelle in der Hierarchie immer wieder auf den Prüfstand zu stellen, ein Stück Karriereberatung zu leisten, die hilft, Abschied zu nehmen von einer zu klein gewordenen Stelle oder von zu großen Erwartungen auf einem bestimmten Platz. Dieses Passungsgeschehen kann also dann gelingen, wenn der Verlust deutlich thematisiert und fachlich begleitet wird.

Eine konkrete Form der Überqualifizierung ist auch gegeben, wenn eine Person aus einer höheren hierarchischen Position zurücktritt auf eine rangniedrigere. Was als „Downsizing"[3] durchaus eine interessante Variante beruflicher Karrieregestaltung[4] sein kann, ist im Vollzug trotz aller Einsicht ein von Verlusten begleiteter Prozess, der nicht einfach durch Willensentscheidung vollzogen werden kann. Er fordert einen bewusst erlebten und gestalteten Abschied von der vermehrten

---

[3]Bewusstes Absteigen in der Hierarchie, z. B. um einer permanenten Überforderung bei zunehmendem Alter und Veränderung der Leistungsfähigkeit Rechnung zu tragen.

[4]Karriere muss nicht immer nach oben, sie kann auch zur Seite oder auch nach innen in Richtung innerer Zufriedenheit und gelungener Work-Life-Balance gehen.

Bedeutung der früheren Stelle, von einer größeren Nähe zu den Leitungsebenen, Abschied von kulturell verankerten Geschwindigkeiten, von Selbstverständlichkeiten in den kommunikativen Abläufen, von der Gewohnheit, fürs Ganze zu denken und sich darauf einzustellen. Und es bedeutet eine meist zunächst schmerzliche Begrenzung auf ein Weniger an Verantwortung, bei dem man sich „nur noch" um Teilaspekte und Teilverantwortlichkeiten kümmern muss.

3.2.3   Lösungen im Organigramm der Hierarchie

Reiht man die Kästchen und Ebenen, die die Organisation symbolisieren, in ein hierarchisches Gefüge, so kommt man zu der Darstellung eines Organigramms (siehe Abb. 3.5). Das Organigramm versucht, Wirklichkeiten in einem Modell darzustellen. Es kann genutzt werden, wie eine Landkarte, die der Wirklichkeit entspricht, aber gleichzeitig nicht die Wirklichkeit ist. Es hat den Vorteil, dass es die handelnden Personen und Beziehungen übersteigt, ihr Handeln objektiviert. Es stellt Verhaltenserwartungen, Verantwortlichkeiten an jede Position in eine hierarchische Ordnung. Hier untermauert und stützt es als Rahmen das Handeln der Individuen. Durch die Hierarchie als Ordnungsmöglichkeit wird die große Aufgabe einer Organisation, eines Teams klein geschnitten in Ebenen und Plätze und gleichzeitig in aller Unterschiedlichkeit wieder zum Gesamt verknüpft. Im Organigramm findet die Ordnung ihre transparente Darstellung.

Man kann mit dem Organigramm vorzüglich den tatsächlichen aktuellen Stand wie auch die Veränderungen im organisationalen Geschehen verdeutlichen. Schwierigkeiten, seinen Platz einzuzeichnen, deuten darauf hin, dass alte Strukturen in Fluss geraten sind und nach einer Fortschreibung im Bild des Organigramms suchen. Insofern ist ein Organigramm nie für die Ewigkeit, hat aber

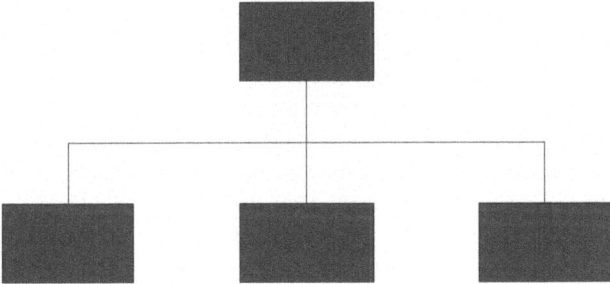

Abb. 3.5 Das Bild eines Organigramms

immer einen aktuellen Aussagewert, der gleichzeitig, wie die Organisation auch, immer auf Veränderungen hin untersucht werden muss. Auch wenn es als Darstellung geronnener Tatsachen eine zeitweilige Gültigkeit hat, bleibt es passager und hinkt meist der Realität hinterher.

In diese im Organigramm dargestellten Positionen der Organisation müssen sich die Menschen also ein- und schließlich darin zurechtfinden (Ich verwende zur Verdeutlichung das Bild von Stühlen, die die Organisation den Menschen bereitstellt, siehe Abschn. 5.3.1). Hier drückt sich das Passungsgeschehen zwischen Mensch und Struktur aus, mit der Prämisse, dass die Struktur vorrangig ist zu persönlichen Beziehungen und Wünschen.

Die Vorteile dieses nüchternen Gebildes liegen in der Versachlichung und Funktionalisierung des Geschehens in der Organisation. Es beinhaltet die horizontale Ebene, die die kollegiale Ebene spiegelt und Gleichheit in Verantwortung und Macht wiedergibt. Auf ihr sind alle handelnden Personen in ihrer Verantwortung und ihren Machtbefugnissen als Kollegen „gleich".

Das Organigramm stellt aber auch eine vertikale Dimension des Oben und Unten als Ordnungsmöglichkeit dar, das unterschiedliche Verantwortungs- und Machtebenen widerspiegelt und die Ebenen einander zuordnet. Oben hat (mehr) Verantwortung für Unten als umgekehrt. Oben liegt die größere Perspektive auf das Geschehen, unten mehr der genaue Blick auf die Details des Alltagsgeschehens.

Die Ebenen sind in „Äquidistanz" einander zugeordnet, d. h. sie drücken eine grundsätzlich gleiche Entfernung z. B. der Leitungsebene zur Mitarbeiterebene aus. Nicht die Sympathie der Beziehung wirkt als Leitwährung, nicht die Nähe zum Chef, nicht die Freundschaft zur Chefin, sondern die formale Zuordnung der Plätze im Organigramm ist das orientierende Maß der Zusammenarbeit.

Viele Konflikte in Arbeitsteams entzünden sich auf der interaktionellen Ebene zwischen den handelnden Personen und werden nur mit der Brille menschlicher Beziehungen gesehen, mit der Elle Sympathie und Antipathie gemessen. Die Auseinandersetzungen laufen auf der Beziehungsebene, die Lösungen werden dort mit aller Gewalt und Macht gesucht. Es geht darum, wer wem was zu sagen hat, welche Idee besser ist, wer mehr Recht bekommt.

Lösungen liegen aber tatsächlich häufig *nicht* in der begrenzten Dynamik der zwischenmenschlichen Ebene der handelnden Personen, sondern auf der Ebene der Rollen und insbesondere der Positionen, die die Organisation vorgibt und auf denen die Person quasi „Platz nimmt". Hier sind Mensch und Organisation verknüpft und „der Mensch" in der Organisation kann nicht von seiner Rolle und Position in „der Organisation" getrennt werden, wenn man sachdienliche, transparente und wirksame Lösungen entwickeln will. Im Blick auf die Ergänzung der zwischenmenschlichen Ebene durch die Beachtung der positionellen Vorgaben

und ihrer Anordnung in dem hierarchischen Ordnungsgefüge und seiner Wie-
dergabe im Organigramm liegen immense Lösungsmöglichkeiten für berufliche
Konflikte. Das später dargestellte Kommunikationsmodell (Siehe Abschn. 6.1)
sowie ein Entscheidungsmodell (Siehe Abschn. 6.4) werden die beiden Ebenen in
Beziehung zueinander bringen und für Klärungen zur Verfügung stehen.

3.3 Dialektik von Person und Organisation

Eine Kurzfassung der Wechselbeziehung von Mensch und Organisation lässt sich
mit dem Begriff der „Dialektik" beschreiben. „Dialektik" enthält aus der griechischen Herkunft die Teilsilbe „Di-". Di bedeutet „zwei". Zwei Teile sind aufeinander bezogen, sie sind abhängig voneinander. Das Wechselspiel zwischen ihnen ist
maßgeblich für das Gesamt.

Leffers und Weigand beschreiben Aspekte der Dialektik der Person in der
Organisation (Leffers und Weigand 2000, S. 65 f.).

In der Organisation sind Person und Struktur der Organisation wechselseitig
aufeinander bezogen. Eine Auflösung hin zu einem Element dieses Bezugssys-
tems ist nicht möglich, ohne die Dialektik, das Aufeinander-Bezogensein, das
gemeinsame Ganze zu zerstören. So kann das Geschehen in Organisationen nicht
einseitig durch Familien- oder Gruppenbilder von Individuen beschrieben werden, die den anderen Part des Spannungsfeldes, das Wesen und die Strukturdyna-
miken der Organisation übersehen.

Gleichzeitig muss die individuelle Dynamik der Person mit ihren emotionalen Empfindungen, mit ihren Bedürfnissen, mit ihrem Anerkennungsbedarf und
ihren Abgrenzungsfragen Beachtung finden ohne die Ablauf- und Organisierungsprozesse der Organisation zu blockieren und das Zusammenspiel dysfunktional
werden zu lassen. So lassen sich einige beachtenswerte Aspekte dieses Zusammenspiels benennen:

- Die Gesetzmäßigkeiten der menschlichen Psyche sind nicht selbstverständlich mit
  den Gesetzmäßigkeiten organisationsdynamischer Strukturbildung kompatibel.
- Die Organisation wird vom Individuum rasch als fremd, ja entfremdend wahr-
  genommen, weil diese nur begrenzt auf die Bedürfnisse des Individuums ein-
  gehen kann.
- Die Organisation ist in der Regel nicht so leicht angreifbar wie das Individuum
  in ihr.
- Die Organisation ist langlebiger als das Individuum.
- Sachaufgaben stehen in der Organisation im Vordergrund, die persönlichen
  Beziehungen sind diesen nachgeordnet.

- Direkte, persönliche Face-to-Face-Beziehungen sind für den Menschen primär, für die Organisation sekundär.
- Organisatorische Entwicklungen brauchen oft mehr Zeit als die Veränderung von Personen.
- Macht und Abhängigkeit werden von beteiligten Personen gegenseitig direkt erlebt, für die Organisation sind sie rein funktional und sachlogisch.

Aus dieser Dialektik und ihrer Unauflöslichkeit ergeben sich für das Handeln in Organisationen Spannungsfelder zwischen Organisation und Mensch. In der Führungsliteratur werden sie als Dilemmata des Führungshandelns beschrieben (siehe z. B. Neuberger 2002, S. 337 ff.). Das konkrete Führungshandeln und seine Dilemmata müssen dieser o. g. Dialektik gerecht werden. Natürlich gilt dieses Dilemma nicht nur für das Führungshandeln, sondern für alle Handlungen in der Organisation.

Auch das Verstehen von konflikthaften Prozessen, Blockaden und Erfolgen unterliegt diesen Dilemmata und kann letztlich nur gelingen, wenn alles Geschehen in der Organisation auf diesem „doppelten" Boden gesehen und gedeutet wird. Eine Lösung kann nur gelingen, wenn man das Dilemma in den Blick nimmt, die Spannung aushält und einen Blick auch von der je anderen Seite riskiert. Bei vielen vermeintlich zwischenmenschlichen Konflikten im Arbeitsleben ist es dann nötig, den Blick auf die strukturellen Vorgaben dazu zu schalten und von dort wieder auf das Wechselspiel zwischen Person und Organisation zu schauen. Dann ergeben sich oft andere psychische, emotionale, gruppendynamische Folgeprozesse, die einer strukturellen und personellen Auflösung zugeführt, oder in verbleibenden persönlichen Themen bearbeitet werden können.

Beispiel aus dem Verwaltungsbereich

Ein Mitarbeiter kommt in die Beratung. Sein Chef schicke ihn in die Supervision. Nachdem er in der Arbeit gegenüber den Kollegen im Sekretariat immer wieder aneckt, alles besser zu wissen vorgibt und auch selbstherrlich Entscheidungen trifft, die sich der Chef selbst vorbehalten will, hat die Konfliktgeschichte schon einen längeren Vorlauf. Auch arbeitsrechtliche Maßnahmen seien schon ergriffen worden, um ihm ein Warnsignal zu geben, dass es so nicht gehe.

Im Gespräch schildert er, dass er als gelernter Bürokaufmann auf der aktuellen Stelle einer Verwaltungskraft seit Jahren unterfordert ist. Er sehe aber nicht ein, dass er sein Wissen, seine Entscheidungsfreudigkeit und seine Kompetenz nicht in die Stelle einbringen solle. Schließlich stelle er damit ja der Stelle sogar ein Mehr an Kompetenz zur Verfügung.

In den Gesprächen arbeiten wir heraus, dass der Stellenzuschnitt seines Arbeitsplatzes wohl mit sehr viel mehr weisungs**gebundenen** Tätigkeiten bedacht ist, als er sich das wünscht. Er sei gewohnt, Dinge selbst in die Hand zu nehmen und zu entscheiden. Er brauche nicht so viele Anweisungen. Damit, so stellt er fest, hebe er sich aber immer wieder von den Kollegen ab, die neidisch werden und sich benachteiligt und zurückgesetzt fühlen. So kommt es immer wieder zu erbitterten Streitigkeiten an der Arbeitsstelle.

In weiteren Gesprächen kommen wir auf seine schulische und berufliche Vorgeschichte zu sprechen. Nach dem Abschluss der Realschule sei er an eine Fachoberschule gegangen, habe diese aber abgebrochen. Er habe keine Lust mehr gehabt, sich anzustrengen, und es habe auch keinerlei Unterstützung durch die Eltern gegeben. So habe er mit mittlerer Reife dann die Berufsausbildung begonnen und diese „mit Links" absolviert. Er habe dann leicht beruflich Fuß fassen können und mit der jetzigen Teilzeitstelle passend zu seiner familiären Situation eine Verdienstmöglichkeit bekommen. Jetzt könne er nicht verstehen, dass er hier nicht in größerem Maße gefordert werde bzw. sein großes Engagement nicht gewürdigt werde.

Erst als er mithilfe der Beratung die persönliche Unterforderung entdeckte und sich daran erinnerte, dass er eigentlich gerne Schule weitermachen wollte und studieren wollte, fand er sichtlich Energie in sich und wurde lebendig. Er erarbeitete, dass die jetzige Arbeitsstelle mit ihrer Verantwortungs- und Befugnisstruktur eigentlich zu klein für ihn sei. Allenfalls sinnvoll wäre sie für ihn, wenn er ihr eine andere Bedeutung geben könne, nämlich die einer Arbeitsstelle, bei der er zwar zuverlässig und gut, aber mit Leichtigkeit, quasi „mit Links" die anfallenden Arbeiten erledigen könne und damit noch Energie für ein mögliches Fachabitur und ein Studium frei werde, das er privat angehen könne.

Hier waren die institutionelle Konfliktgeschichte im Team und die Einordnung der Stelle in die Organisation verwoben mit der persönlichen Bedürfnislage. Erst die Öffnung des Blicks auf **beide** Dimensionen, die der Einordnung in die Enge der Stelle einer Verwaltungskraft **und** die der Entwicklungsbedürfnisse der Person, die Trennung des „doppelten Bodens" und das Wieder-Verknüpfen beider Sichtweisen machten Lösungen möglich.

Das Dilemma von Person und Organisation bietet eine Besonderheit in der Wahrnehmung beruflicher Prozesse. In Kippbildern versucht die Psychologie, Gesetzmäßigkeiten unserer Wahrnehmung zu begreifen. Bekannt ist das Kippbild „Alte Dame/Junge Frau". Je nach Wahrnehmungslage sieht der Beobachter nach den Gesetzmäßigkeiten der Gestaltbildung (oder des Konstruktivismus) entweder die alte oder die junge Frau. Wenn in Rollenspielen in Teams zum Thema Bewerbung dieses Bild als Bewerbungsfoto vorgelegt wird, führt diese doppelte Wahrnehmungsmöglichkeit dieser Person zu herrlichen Verwechslungen und Konflikten bei der Entscheidungsfindung bezüglich einer möglichen Anstellung der Dame im Kippbild (Abb. 3.6).

Abb. 3.6 Das Kippbild „Junge und alte Frau" von E. G. Boring

Der Arbeitsalltag in Organisationen ist voller „Kippbilder". Die grundlegende Spannung von Person und Organisation bietet sich quasi an für solche Kippbilder mit unterschiedlichen Deutungsmöglichkeiten. Immer habe ich die doppelte Blickrichtungsmöglichkeit von Person und Organisation: Sehe ich Problemlagen mit individualisierendem Blick, dann komme ich zu anderen, oder eben oft – keinen – Lösungsmöglichkeiten, weil ich die Prinzipien und Bedarfe der Organisation nicht sehe. Blicke ich aber nur von der Organisation auf ein bestimmtes Geschehen, dann sehe und verstehe ich einseitig nur die strukturelle Organisationsstruktur und werde dem Menschen nicht gerecht. Erst der „multiperspektivische" Blick, das Verständnis der Situation als Kippbild und die Akzeptanz einer doppelten Interpretationsmöglichkeit des Geschehens können zu neuen, adäquaten Perspektiven und Lösungen führen, die dann auch der Dialektik von Person und Organisation gerecht werden.

Das ist übrigens – um wieder ein bisschen Reklame für meine Profession zu machen – eine der konstitutiven Fähigkeiten und es sind die meist geschätzten Ergebnisse der Supervision. Dies wird oft genug mit einem dankbaren „Ah, so kann man das auch sehen" oder „Die Supervision hat mir neue Sichtweisen eröffnet" belohnt.

Für das Thema „Hierarchie" bedeutet das, dass das Geschehen zwischen Menschen in Organisationen nicht nur auf der Ebene der zwischenmenschlichen Beziehungen betrachtet werden kann. Immer gilt es, die strukturelle Dimension mit zu bedenken. Es ergeben sich dann Fragen nach der Rolle und v. a. der Position der Sprechenden im Verantwortungs- und Machtgefüge der Organisation. Denn es macht einen bedeutsamen Unterschied, ob ihre Positionen auf gleicher Ebene angesiedelt sind, oder ob es hintergründig Über-, Unter-Ordnungen gibt, die wirken und für eine adäquate Kommunikation und Arbeitsgestaltung geklärt sein müssen. Welche Auswirkungen das auf die Kommunikation in Organisationen hat und wie sich dieser Fakt in einem Modell für Kommunikation in der Organisation darstellen lässt, beschreibe ich in Abschn. 6.1.

3.4 Die Sache mit der Macht

In Non-Profit-Organisationen von „Macht" zu sprechen, ist immer noch ein gewagtes Unterfangen. Häufig erntet man betretenes Schweigen, Rechtfertigungen für ein machtvolles Vorgehen oder gar eine Leugnung der Machtanteile im eigenen Verhalten. Macht wird dabei in aller Regel negativ assoziiert und verknüpft mit Vorstellungen von Fremdbestimmung, Manipulation, Willkür. Oder sie wird schöngeredet als Verantwortung, die jemand trage und aus der heraus sich die Pflicht des Verantwortungsträgers zu einem bestimmten Verhalten ergibt und für deren machtvolles Durchsetzen er dann keine Verantwortung mehr hat. Dieses verkürzte, negative Verständnis wird freilich nicht dem gerecht, was Macht ist und wie sie genutzt werden kann. In der Hierarchie der Organisation sind Machtphänomene kondensiert, konzentriert und geordnet. Um den Faktor Hierarchie zu verstehen, macht es Sinn, das Phänomen Macht genauer zu beleuchten.

Ich möchte zur Erhellung des Machtbegriffs einige Definitionen und Positionen darstellen. In der pädagogischen Ideengeschichte von „Macht" liegen weit an den Ursprüngen die Ausführungen und Interpretationen von Max Weber, einem Soziologen, der sich mit Herrschaft auseinandergesetzt hat. Bekannt ist in diesem Kontext seine Definition von Macht als „… jede Chance, innerhalb einer sozialen Beziehung den eigenen Willen auch gegen Widerstreben durchzusetzen, gleichviel worauf diese Chance beruht" (Weber in Han Byung-Chul 2005, S. 17). Hier klingt schon deutlich Fremdbestimmung an, die gar in Willkür ausarten kann und dem Mächtigeren die Möglichkeit eröffnet, seine Interessen oder Ansichten einseitig gegen den Machtempfänger durchzusetzen. Macht in dieser Variation wird interpretiert als Zwang. Es ist eine negative Variante von Macht, die mit Sanktionen verknüpft ist.

Allerdings wird eine solche verkürzte Sichtweise m. E. noch nicht einmal der Interpretation des o. g. Weber'schen Machtbegriffs, geschweige denn der Vielfalt möglicher Machtbeziehungen gerecht. Es wird in der Weber'schen Definition nämlich das Wörtchen „auch" übersehen, was – soweit ich sehe – in der Rezeption genauso gängig wie falsch ist. Das „auch" deutet darauf hin, dass Machtausübung „gegen den Willen" nur *eine* Möglichkeit darstellt, die nur *einen* Teil der Möglichkeiten der Machtausübung beschreibt.

Sehr interessante weiterführende Gedanken fand ich in einem kleinen Heft von Byung-Chul Han mit dem Titel: „Was ist Macht?". Er versucht darin, Macht aus einer negativen Einseitigkeit zu befreien und ihr eine größere Bandbreite an Einsatzmöglichkeiten einzuräumen. Er betont, dass Macht nicht notwendigerweise darin bestehen muss, dass Zwang ausgeübt wird, ein Widerstand gebrochen werden muss (Han Byung-Chul 2005, S. 9). Das geschieht nur dann, wenn Macht negativ fixiert wird (Han Byung-Chul 2005, S. 36). Vielmehr weist er darauf hin, dass Macht auch positiv gestaltet werden kann, auch leben lässt, Zeit und Raum geben kann. Gekoppelt mit und vermittelt durch Freiheit kann die positive Form der Macht Spielräume eröffnen. „Die Macht der Macht besteht ja gerade darin, dass sie auch ohne den ausdrücklichen „Befehl" Entscheidungen und Handlungen bewegen kann" (Han Byung-Chul 2005, S. 18). Und schließlich: „Die Macht ist der Freiheit nicht entgegengesetzt, es ist gerade die Freiheit, die die Macht von der Gewalt oder vom Zwang unterscheidet" (Han Byung-Chul 2005).

Han sieht also keine Notwendigkeit für den Hinweis auf eine mögliche negative Sanktion, damit Macht funktioniert. Man muss die Machtfrage nicht ins Negative hinein eskalieren lassen. Vielmehr propagiert er, dass auch unabhängig von dieser negativen Variante der Macht eine positive Option besteht und nennt sie „… die Möglichkeit einer *freien Macht.*" (kursiv im Original). Eher als durch Intensivierung der Macht kann „… die Intensivierung der Beziehung […] durch gegenseitiges Vertrauen oder gegenseitige Anerkennung erreicht" (Han Byung-Chul 2005, S. 24) werden.

Dies gilt auch für den Empfänger der Macht. Er kann sich, in Anerkennung der Machtsituation, aktiv entscheiden, zu gehorchen (vgl. Han Byung-Chul 2005, S. 18), sich führen zu lassen, seinen eigenen Willen punktuell zurückzustellen. Damit realisiert er – erwachsen – die unterschiedliche „Mächtigkeit" der Beziehungspartner. Er kann damit vermeiden, dass Macht in Zwang umschlägt und nur noch direktiv ausgeübt wird. Er nutzt die Freiheit und die Spielräume *vor* einer negativen Machtausübung, verzichtet auf die Wahlmöglichkeit, sich zu widersetzen und Zwang herauszufordern. Dann eröffnet Macht Zeiten und Räume, die positiv genutzt und gestaltet werden können, durch die Macht dezentralisiert und geteilt wird.

Han spricht nicht ausdrücklich von der Wahl- und Entscheidungsmöglichkeit zwischen beiden Varianten der Macht. Diese Wahlmöglichkeit scheint mir ein Schlüssel für den positiven Umgang mit Macht. Jeder Beteiligte hat die Wahlmöglichkeit, zu misstrauen oder Vertrauen zu riskieren. Das wiederum setzt immense Möglichkeiten in Kommunikation und Kooperation frei, im Vorfeld von (negativer) Macht und bei Akzeptanz der Existenz unterschiedlicher „Mächtigkeiten", über deren positive oder negative Ergebnisse frei zu entscheiden.

Bei der Vermittlung der Macht sieht Han viele Möglichkeiten, den anderen zu einer Handlung zu bringen und die Wahrscheinlichkeit der Zustimmung zu erhöhen. Der Machtunterworfene wird dazu gebracht (mit je unterschiedlichem Vermittlungsgrad), die Entscheidungs- und Handlungsselektion des Machthabenden anzunehmen. Die Möglichkeit der Macht und ihrer Beantwortung „… erstreckt sich auf den breiten *Zwischenraum zwischen Jubel und Zwang.*" (Han Byung-Chul 2005, S. 17, kursiv im Original).

Das ist ein Gedanke, den auch der Gruppendynamiker König ausführt. Er spricht von einem Kontinuum zwischen Freiwilligkeit und Zwang, das auch eine Freiwilligkeit der Unterordnung beinhaltet und bei dem Zwang in Freiwilligkeit überführt werden kann. Das kann z. B. in vorauseilendem Gehorsam geschehen, durch Einsicht in Vorgaben gelingen oder durch „bejahte Abhängigkeit" (König 1996, S. 65) gegenüber einer Autoritätsperson, durch die Macht etabliert wird.

Einige praxisrelevante Facetten der Macht möchte ich noch ergänzen:

Die Sorge vieler, dass sie an Macht verlieren, wenn sie Macht teilen, entspricht nicht der Realität. Vielmehr kann durch ein Teilen der Macht, durch Weitergabe von Macht, diese Macht vermehrt werden (Sader 1991, S. 67). Das eröffnet eine Vielfalt an Möglichkeiten der Delegation. Die eigene Macht geht dabei nicht verloren, vielmehr verlängert und vermehrt sie sich und kann durch Kontrolle oder Vertrauen geteilt und verantwortlich weitergegeben werden. In der Praxis kann es sinnvoll sein, sich immer wieder bewusst in seiner eigenen Macht zu begrenzen, innezuhalten und das Teilen und die Weitergabe von Macht konkret ins Auge zu fassen.

Macht tendiert dazu, sich zu verfestigen und zu einer Machtordnung zu werden. Die relativ flüssige Beziehungsmacht gerinnt zu (hierarchischen) Ordnungen, die ihre Darstellung suchen. „Formalisierte Macht ist auf Sichtbarkeit angewiesen, andere Machtformen bauen gerade auf ihre Unsichtbarkeit" (König 1996, S. 35). Dass informelle Macht sich gerne versteckt, nicht thematisiert werden will, im Tabu endet, ist Alltag in Organisationen (siehe auch Crozier und Friedberg 1979, S. 275).

Macht kann auch als Spiel mit gegenseitig eingeräumten Spielräumen und gemeinsamen Spielregeln verstanden werden, nach denen soziale Prozesse gestaltet werden. Jeder besitzt demnach eigene Machtmittel, die er kontrollieren kann und damit das Verhalten der anderen steuern kann. Gleichzeitig ist er abhängig von den Spielräumen, die der Mitspieler einräumt. Akzeptanz der gegenseitigen Abhängigkeit und Vertrauen wird dann zur wesentlichen „Spielregel" (vgl. Crozier und Friedberg 1979, S. 4).

Eine Quintessenz zahlreicher Supervisionserfahrung möchte ich weitergeben: Am meisten Macht hat der Einzelne in einer Organisation noch immer von dem Platz aus, den die Organisation ihm zugedacht hat und an dem ihn die Organisation braucht. Wenn man „übergriffig" ist, für andere Macht ergreift, andere ersetzt, Strukturen übergeht, überheblich (!) „von oben" wertet, wird man in den meisten Fällen verlieren. In Anlehnung an Abel (1999, S. 17) könnte man von „institutionellem Fremdgehen", „institutioneller Unzucht" sprechen, bei der der Einzelne nicht genug bekommen kann, den Platz des anderen besetzen will und für alle Beteiligten verletzend und kränkend wirkt. Wenn aber die Struktur geklärt und der Platz gegenseitig akzeptiert ist, von dem aus Macht ausgeübt wird, können bei geklärter Beziehung die Inhalte und fachlichen Beiträge sachdienlich gehört werden und haben die meiste Reichweite.

- Dann findet auch Expertentum zu einer produktiven Kooperation mit formaler Macht: bei klarer Struktur, beratend, von der Seite, von unten, unterstützend, weiterführend, ergänzend. Nicht aber besserwisserisch, ersetzend, von oben herab, belehrend, gar mit einer verdeckten Anweisung im Ton, der Vorgesetzte zu einer vermeintlich besten Lösung zwingen will, wozu man aufgrund der Strukturdimension der Kommunikation nicht zwingen kann. Beratungs(!)macht, die sich auf ihr Wesen besinnt, kann dann zu einer wichtigen Größe im institutionellen Geschehen werden.

Eine gnadenreiche, paradoxe und sehr starke Wirkung von Macht sei noch erwähnt. Es ist die Möglichkeit des bewusst und frei gewählten, souveränen Machtverzichtes. Ein äußerst macht(!)volles Unternehmen und durchaus kein Zeichen von Schwäche. Der Machtverzicht setzt Machtbesitz und Machtbewusstsein voraus und ist sich der Gefährlichkeit einseitig eskalierender und beziehungsloser Macht bewusst.

Geteilte Macht wird zur Umschaltmöglichkeit für eine andere Art der Kommunikation und Beziehung. Er eröffnet Räume für die wirkungsstarke Dimension des Vertrauens, der Delegation und Partizipation. Er lädt auch ein, umzuschalten vom Gebrauch institutioneller Macht auf die „Beratungsmacht" des Experten. Oft erst *nach* Aufgabe der formalen Macht wird dessen „Rat", werden seine Argumente gehört und können ihre Wirkung entfalten.[5]

Voraussetzung freilich bleibt, dass das Bewusstsein für die eigene positionelle Macht geklärt und akzeptiert ist. Erst dann kann man transparent und autonom auf die Macht verzichten, die man hat.

- Macht und ihr Gebrauch verwandelt die Akteure. Der dauernde Gebrauch der Macht, das Nutzen der formalen Autorisierung, die Notwendigkeit, in Organisationen zu führen und sich oben zu positionieren, prägen die handelnden Personen. Sie gehen anders aus einer „machtvollen" Position heraus, als sie in sie hineingegangen sind. Es benötigt also jeweils eine Eingewöhnungs- und Lernzeit für den Umgang mit Macht und genauso eine Entwöhnungszeit von der Macht, wenn man mächtigere Plätze in der Organisation verlässt. Bei beiden Prozessen kann fachliche Unterstützung von außen hilfreich oder gar notwendig sein.
- Dass Macht durchaus auch spirituell legitimiert sein und genutzt werden kann beschreibe ich in Abschn. 3.5.

3.5   Die Kirche – eine Organisation?

„Wo zwei oder drei in meinem Namen versammelt sind, da … werden sie zur Organisation"[6], so könnte man eine Gründungsprämisse der christlichen Kirchen verfremden. Lassen sich die beschriebenen Gesetzmäßigkeiten der Entwicklung von Organisationen auch auf Kirche übertragen, oder ist Kirche von ihrem Selbstverständnis her den Begriffen der Organisation entzogen?

---

[5]Eine wesentliche Voraussetzung für Beratung in Organisationen, sei es durch Supervision, Coaching, Organisationsberatung.

[6]So eine freie Verwendung und Verfremdung der Zusage Jesu in: „Wo zwei oder drei in meinem Namen versammelt sind, da bin ich mitten unter ihnen." siehe NT, Matthäus 18,20.

Oder anders herum gefragt: die katholische Kirche mit ihrer 2000 Jahre alten Geschichte, die evangelisch-lutherischen Kirchen als große und altgewordene Organisationen, „glaubensbasierte Organisationen" (Collins und Haas 2015): Was kann man von ihnen für Organisationsbildung und Hierarchie lernen?

Im Bereich der Non-Profit-Arbeit spielen die beiden großen christlichen Kirchen in Deutschland eine buchstäblich staatstragende Rolle, indem sie Aufgaben des Staates subsidiär übernehmen und im Horizont ihres eigenen Auftrages in ihren Einrichtungen und Organisationen gestalten (lassen). Als Anstellungsträger für psychosoziale, pädagogische, pflegende, medizinische und pastorale Berufe spielen sie eine Hauptrolle in der beruflichen Welt sozialer Dienstleistungen und prägen die Sozialpolitik der Gesellschaft. Als Tendenzbetriebe geben sie dem staatlichen Auftrag ihre spezifische Färbung und den Philosophien in ihren Organisationen eine eigene Note.

Nach meinen Erfahrungen sowohl mit katholischer als auch evangelischer Kirche, in ihren verfassten Formen aber auch in ihren Wohlfahrtsverbänden und auch als glaubender Christ im Alltagsleiden und Alltagsfreuden des gemeindlichen Alltags war lange Jahre „Fehlanzeige", wollte man die Kirche als Organisation verstehen,[7] in ihren Einrichtungen „Organisationsbewusstsein" entwickeln und daraus abgeleitet, „Organisationskompetenz" formen. Dabei spielt Hierarchie als Organisationsmodell für die Zusammenarbeit und Macht als sozialpsychologisches Geschehen zwischen den Beschäftigten und ihren Vorgesetzten eine schillernde, paradiesvogelhafte Rolle im Alltag der Kirchen und ihren Institutionen.

Den einen ist die Hierarchie in der Kirche selbstverständliche Organisationsform, die es zu verteidigen gilt und die als Großkirche ihren Wert in einer langen, traditionsreichen und erfolgreichen Geschichte der Überlieferung des christlichen Glaubens schon lange bewiesen hat. Hierarchie wird zum „heiligen" Moment der Kirchengeschichte erklärt, einer funktionalen Betrachtungsweise entzogen und nahezu zum Dogma erhoben.

Den anderen erscheint sie – mit gegensätzlicher Bewertung der gleichen Geschichte – grundsätzlich genau als das nicht taugliche Gegenteil für die Versammlung der Gläubigen, das es zu bekämpfen gilt. Zumindest soll man von dieser Position aus der „Hierarchie" und ihren Protagonisten gegenüber grundsätzlich kritisch gegenüberstehen. Ihre Fähigkeit, einen lebendigen Glauben zu ermöglichen, scheint in dieser Perspektive gegen Null zu gehen.

---

[7]Ich will damit theologische Aussagen über das Wesen der Kirche als Heilszeichen und Repräsentanz Gottes nicht infrage stellen, wohl aber notwendig ergänzen.

Dabei sind meiner Beobachtung[8] nach bei den Fragen nach Organisation und Hierarchie bei beiden großen christlichen Konfessionen die Trennlinien nicht zwischen katholisch und evangelisch zu ziehen. Vielmehr lassen sich die beschriebenen Beobachtungen in verschiedenen Variationen innerhalb beider Kirchen in bunten Mischungsverhältnissen wiederfinden.

Auffällig scheint mir in meiner supervisorischen Praxis schon immer – fast als Steigerung des beschriebenen „antiinstitutionellen Affektes in den Sozialberufen" – die Tabuisierung von Macht und Hierarchie in der alltäglichen Praxis des Zusammenarbeitens pastoraler und diakonischer Berufe in den Kirchen. Dass Kirche – auch – als Organisation funktioniert und sich – auch – aus den „niederen" Gesetzmäßigkeiten von Gruppendynamik und Organisationsentwicklung (OE) generiert (denn wo sonst soll Gottes Geist konkret werden, als in diesem Leben und in seinen Ordnungen?) wird gerne überspielt und übersehen.

Das Organisationsbewusstsein in der Kirche und insbesondere in der Zusammenarbeit der in der Kirche Arbeitenden ging lange Zeit gegen Null. So beklagt Gärtner im katholischen Bereich zu Recht ein Organisationsdefizit der Berufschristen (vgl. Gärtner 1996, S. 17) und einen Ausfall theologischer Reflexion der organisationalen Wirklichkeit (vgl. Gärtner 1996, S. 12). Im evangelischen Kontext konstatiert Müller-Weißner seiner Kirche gar eine traditionelle und „spezifisch protestantische Institutionsscheu" (Müller-Weißner 2003, S. 17). Damit einher geht in der Praxis der Kirchen eine Umdefinition und Reduktion von Macht und Leitung als „Dienst",[9] verbunden mit einer unprofessionellen und oft genug bösartig endenden Negierung der Vorgesetztenposition in Ordinariaten, Kirchenverwaltungen, Pfarrteams bis hin zur Leugnung von (formaler) Macht bei vielen Pfarrer und Seelsorgern.

Unzählig sind die Negativbeispiele geleugneter Macht im kirchlichen Kontext.[10] Die Zwickmühlen „atmen den Hauch der Tragödie" (Müller-Weißner 2003, S. 111) derer, die Gutes wollen und doch Böses bewirken. Besonders dramatisch wird das, wenn die Vorgesetztenrolle zugunsten einer vermeintlichen

---

[8]Meine Erfahrungen greifen Supervisionsprozesse auf vielfältigen Ebenen und mit verschiedenen Professionen in der katholischen und evangelisch-lutherischen Kirche und ihren Sozialorganisationen Caritas und Diakonie auf.

[9]Was durchaus dann seine Berechtigung hat, wenn man aus geklärter vor(!)gesetzter, also hierarchisch-positionierter und macht(!)voller Position heraus mit der Leitungsaufgabe der Gesamtaufgabe einer Organisation und ihrem Auftrag dient und damit der Funktionalität der Organisation gerecht wird.

[10]Ähnlich dramatisch ist diese ideologische Leugnung übrigens auch in anderen Tendenzbetrieben vorzufinden, wie z. B. gewerkschaftlich organisierten Verbänden, basisdemokratisch legitimierten Bewegungen, sozialistischen motivierten Sozialunternehmen.

Seelsorgerolle ausgeblendet wird. So z. B. häufig erlebt in Dienstbeziehungen in Kindertageseinrichtungen, in denen Pfarrer in der Cheffunktion sind und sich mit der Seelsorgerolle verheddern.

Ein anderes Beispiel ist das Einfordern einer gemeinsamen geistigen „Communio", wenn und solange unterschiedliche pastorale Vorstellungen und Organisationsverständnisse einer Gemeinsamkeit im Pastoralteam im Wege stehen und diese vor dem Hintergrund geleugneter hierarchischer Machtverhältnisse kurzgeschlossen werden sollen. Oder auch die Verbrämung der Machtdimension in der einseitigen Übersetzung von Macht als „Verantwortung"[11]. Am peinlichsten wird das „Übersehen" der hierarchischen Amtskirche aber, wenn von kirchlichen Würdenträgern aus gesicherten und von „der Hierarchie" gut bezahlten Gehaltspositionen heraus genau gegen diese Amtskirche aus einer eingebauten pauschalisierten Daueropposition heraus gewettert wird, ohne auch das Tragende der „Amtskirche" zu würdigen.

Erst langsam ist in den vergangenen Jahren ein Bewusstsein für diesen blinden Fleck in Bezug auf die Kirche als Organisation gewachsen, der einem steigenden Bewusstsein für die Prämissen der Organisation Platz macht und einer zunehmenden Transparenz von Macht und Hierarchie die Türen öffnet.

Ein bemerkenswert positives Beispiel hierbei ist der Jesuit Stefan Kiechle, der aus ignatianischer Tradition[12] heraus Macht und Spiritualität zusammenbringen will und zu einem positiven, reflektierten Umgang mit Macht aufruft (Kiechle 2005). Er sieht Macht als von Gott gegeben und damit als grundsätzlich gut. Auch wenn sie die Freiheit anderer einschränken muss, so wird das durch den größeren positiven Sinn und das Ziel der Macht gerechtfertigt, für deren Erreichung die Macht das Mittel ist. Macht darf also nicht als Selbstzweck missbraucht werden sondern legitimiert sich aus den ethisch zu verantwortenden Zielen (vgl. Kiechle 2005, S. 10 f.). „Die Ambivalenz der Macht liegt also in ihrem Gebrauch, nicht in ihrer Existenz" (Kiechle 2005, S. 11).

Macht gibt es immer, sie muss deshalb gerecht strukturiert und effizient kontrolliert werden, damit kein Machtvakuum entsteht, denn dann wird sie informell ausgeübt und muss nicht verantwortet werden, ist vielmehr gefährdet, missbraucht zu werden (vgl. Kiechle 2005, S. 19). Daraus ergibt sich, dass „Macht... Aufgabe (ist) mit der Verpflichtung zu gutem Gebrauch ..." (Kiechle 2005, S. 20).

Die Macht gießt sich in Organisationen in Strukturen und bildet dort Hierarchien. In kirchlichen Organisationen konkurrieren auf allen Ebenen, in vielen

---

[11]Wobei natürlich Verantwortung die eine (!) Seite der Medaille „Macht" bleibt. Aber eben nur die eine.

[12]Ignatius von Loyola (1491–1556), Gründer des Jesuitenordens und „Vater" der ignatianischen Spiritualität.

Facetten, zwischen Hauptamtlichen und Laien zwei „Ordnungsbilder" und ihre jeweiligen Anhänger. Die einen verherrlichen die Anfänge der christlichen Gemeinden mit ihren wunderschönen nahen und gelingenden Beziehungen und viel Heiligem und lebendigem Geist. „Brüder und Schwestern im Herrn" als Familienbild ist immer gut zu propagieren und übt eine große Anziehungskraft aus.

Natürlich ist es berechtigt, immer wieder diese Anfänge zu suchen, die Vorteile der Anfänge von Organisierung zu nutzen, um die Gemeinschaft der Kinder Gottes in kleinen Gruppen und Gemeinden zu erfahren und aus dem Glauben zu deuten. In diesen Anfängen weht ja oft der Geist, „wo er will" und weckt Kreativität und Feuer der Glaubenden. Hier mitzugestalten und Verantwortung für die Entwicklung und Steuerung zu übernehmen, ist Aufgabe jedes Christen und entspringt seiner Anteilsanwartschaft an der „Priesterschaft aller". Benannt wird dieses Organisationsbild theologisch als das der Paulusgemeinden (z. B. in Dargel 2010, S. 7), in denen der Apostel Paulus auf seinen Reisen den Beginn von Gemeindebildungen unterstützt.

Daneben steht das Bild der Kirche als feste Organisation mit geronnener, hierarchischer Struktur, als „Fels", auf den Jesus seine Kirche bauen will und wozu er den Apostel Petrus[13] beauftragt hat. Auch hier findet sich ein Anteil am Priestertum aller Christen, auch und gerade, wenn es hier oft genug ja wirklich einseitig felsig und hart geworden ist.

Nutze ich das Organisations*entwicklungs*modell (siehe Abschn. 4.6) von Lievegoed, dann wird verständlich, dass die Kirche immer wieder aus beiden Formen besteht, dass sie immer wieder in kleinen Kreisen, Gruppen und auch Teams mit gemeinsamen Geist Neuanfänge zulassen, ja initiieren muss, dass sie aber immer, wenn auch gelegentlich lästig, neben den Gründerfantasien von Pionieren,[14] wie Ordensgründern, Verbandsvätern, Mutterhausgründerinnen auch die Statik einer Jahrtausende/Jahrhunderte alten Organisation benötigt, um den Glauben in den unterschiedlichen Konfessionen und Zeiten zu überliefern. Grundsätzlich kann beides nicht gegeneinander aufgerechnet werden, sondern es muss vielmehr in der steten (Organisations-)Dynamik von Stabilität und Wandel eine je zeitgemäße Balance gesucht und gefunden, zeitgleich auch nebeneinander etabliert werden. Und, es muss bedacht bleiben, dass auch in den „neuen" Organisierungen die Gerinnung von Macht, Vertrauen, kommunikativen Prozessen in organisationale Strukturen unvermeidlich einsetzen wird.

---

[13]Petrus, „der Fels".

[14]Jesus hatte den Vorzug, „Pionier" in der Kirche zu sein. Möglicherweise eine vergleichsweise einfache Aufgabe im Vergleich zu den Führungsaufgaben in späteren Entwicklungsstadien der Organisation Kirche.

Zwei Begrifflichkeiten aus der inneren Logik und dem Selbstverständnis von „Kirche" faszinieren mich und können auch gut als Beschreibung, ja als generalisierter Anspruch für die Entwicklungen von Organisationen allgemein dienen. Es ist das Wort vom „Aggiornamento" der Kirche im Zweiten Vatikanischen Konzil aus dem Jahre 1965, der Forderung also, den Auftrag der Verkündigung immer wieder „Heutig werden zu lassen", sich der aktuellen Zeit zu stellen und sich von ihr herausfordern zu lassen. Das gilt sicher auch für eine Aktualisierung kirchlicher Organisationsstrukturen.

Ein zweiter Begriff geht in die gleiche Richtung. Es ist der von der „Ecclesia semper reformanda", der Kirche, die immer zu erneuern ist. Ein Begriff, der seinen Niederschlag schon in der „Reformation" der Kirche durch Luther findet (Paul Tillich nennt es „das Protestantische Prinzip" in Müller-Weißner 2003, S. 67) und mit dem in der Kirchenkonstitution der Katholischen Kirche des Zweiten Vatikanischen Konzils das Erneuern zum Programm gemacht wird.

Zwischen Tradition und Stabilität einerseits und diesen beiden Forderungen nach Veränderung verlaufen Geschichte und Praxis in den Kirchen.

Doch weg von der Großorganisation Kirche hin zu ihren Organisationen im Non-Profit-Bereich: Schroer (2004, 2005) kommt in seiner Untersuchung der Wandlungsprozesse in Einrichtungen der Evangelischen Erwachsenenbildung zu der Aufforderung, dass dort eine „Klärung des organisationalen Selbstverständnisses" (Schroer 2004, S. 63) ebenso nötig ist wie die Klärung eines kirchlichen Führungs- und Leitungsverständnisses, das sich in klaren Leitungsstrukturen der Einrichtungen niederschlagen soll. Diese klare Leitungsstruktur in die propagierte „Brüderkultur des Priestertums aller Gläubigen" (Schroer 2004, S. 64) einzuführen, scheint aber den – in diesem Fall protestantischen – Vorstellungen von Kirche bis hinein ins Kirchenrecht zu widersprechen. In allen drei untersuchten Einrichtungen führte das zu einer Vermeidung klarer Über- und Unterordnungsverhältnisse, pseudodemokratischen Verklärungen und propagierten „Primus-inter-pares-Modellen" (Schroer 2004, S. 243),[15] die institutionell entscheidungsunfähig machen und betriebswirtschaftlich gefährlich werden. Für notwendig hält er eine klare Erkennbarkeit von Führungskräften mit positiver Autorität ebenso wie strukturelle Transparenz und Klarheit (vgl. Schroer 2004, S. 214). Eine erfrischende Ermutigung, mit geklärter Hierarchie ans Werk zu gehen.

---

[15]Dieses geflügelte Wort kommt aus dem Lateinischen und meint eine Organisationsform nach dem Muster „Erster unter Gleichen".

Auch in den Bildern der Kirchengemeinden selbst gibt es unterschiedliche Gemeindeverständnisse mit sehr unterschiedlichen Bezügen zur Hierarchie. Ich will kurz darauf eingehen, obwohl es sich bei den Gemeinden nicht um Organisationen im engeren Sinn handelt, wohl aber die Selbstverständnisse von Gemeinden und kirchlichen Organisationen hin- und her pendeln und sich im alltäglichen Vollzug von Kirche in die Quere kommen. Welche Rolle spielt z. B. der Pfarrer, welche die Gemeinde? Welchen Entscheidungsspielraum haben die Laien, sind sie „oben" in der Gemeinde und wählen sogar den Priester[16] oder sind sie eher folgsames Kirchenvolk, das die Arbeit des von oben eingesetzten Pfarrers von unten unterstützt und sich weniger als gestaltendes Subjekt im Geschehen sieht. „Gegenläufige Hierarchievorstellungen" (Witte 2010, S. 28) sind im Untergrund am Wirken, die zu Konflikten führen müssen. *Ein* Gemeindemodell könnte, das sei kurz erwähnt, das einer Parabel[17] sein, bei der das Geschehen von zwei verschiedenen Machtzentren gesteuert wird, die in sich eigenen Organisationsprinzipien folgen und auf gegenseitige Akzeptanz und eine diskursive Konsensbildung angewiesen sind.

Kirchliche Einrichtungen sind also auch als Organisationen zu verstehen. Sie unterliegen genau den gleichen Organisierungsprinzipien wie andere Organisationen auch. Erst durch die Akzeptanz dieser Basics gibt es die Möglichkeit, ethisch begründet die Organisationsprinzipien für die Aufgabengestaltung zu nutzen.

Dass Kirche an sich dabei immer theologisches „Heilszeichen" des Wirken Gottes in der Welt bleibt, ist dabei unbestritten und bleibt Herausforderung für die organisationellen Prozesse.

„Dienen", so die viel propagierte Tätigkeit oder Haltung im christlich-kirchlichen Kontext, kann man dann nicht nur den Zielgruppen, den Mitarbeitenden, der Leitung sondern auch der hinter den Leitungen und Mitarbeitenden entstandenen, verbindenden und verbindlichen (hierarchischen) Struktur und ihrer Platzanweisung für das eigene Handeln. Mit diesem Verständnis kann „Dienen" genauso zum Leiten und Führen verpflichten wie ein Sich-Führen-Lassen einfordern. Gedient wird dann der Aufgabe und ihren Zielsetzungen, indem man sich auf den verschiedenen Positionen mit unterschiedlichen Befugnissen und Verantwortlichkeiten einfindet und seinen Teil zum Ganzen von dort aus beiträgt.

---

[16]Wie ich es in Supervisionskontakten in der evangelisch-reformierten Kirche kennen gelernt habe.

[17]Eine Verräumlichung zweier Mächte, hier der staatlichen und der kirchlichen Macht, kann man eindrucksvoll in der Architektur des Bamberger Domes erfahren.

Literatur

Abel, P. (1999). „…dass es Zank und Streit unter euch gibt!" – Konflikte in der Gemeinde als spirituelle Herausforderung. *meditation. Zeitschrift für christliche Spiritualität und Lebensgestaltung, 3,* 16–24.

Abraham M., & Büschges G. (2004). *Einführung in die Organisationssoziologie* (3. Aufl.). Wiesbaden: VS Verlag.

Collins J., & Haas O. (2015). Worum geht es hier eigentlich? Ein Gespräch mit Jim Collins über Organisationsprinzipien, Führung, Minibusse. *ZOE.* Die neue Beweglichkeit. Hierarchie und Struktur überwinden, *1,* 4–8.

Crozier, M., & Friedberg, E. (1979). *Macht und Organisation. Die Zwänge kollektiven Handelns.* Königstein: Athenäum.

Dargel, M. (2010). Die vier Dimensionen des diakonischen Profils. *Supervision: Mensch-Arbeit-Organisation, 3*(10), 3–8.

Gärtner, H. W. (1996). Die kirchliche Wirklichkeit ist organisational. Plädoyer für eine praktisch-theologische Institutions- und Organisationskunde. In N. Schuster & U. Moser (Hrsg.), *Kirche als Beruf. Neue Wege jenseits falscher Erwartungen* (S. 11–30). Mainz: Matthias-Grünewald-Verlag.

Han, B.-C. (2005). *Was ist Macht?* Stuttgart: Reclam.

Kiechle, S. (2005). *Macht ausüben.* Reihe Ignatianische Impulse (Bd. 13). Würzburg: Echterverlag.

König, O. (1996). *Macht in Gruppen. Gruppendynamische Prozesse und Interventionen.* München: Pfeiffer-Verlag.

Lapassade, G. (1972). *Gruppen Organisationen Institutionen* (Kap. 6, S. 201–234). Stuttgart: Klett.

Leffers, C.-J., & Weigand, W. (2000). Vom Mythos der raschen Veränderung. Fragen an die Organisationsentwickler. *Forum Supervision, 15,* 49–72. Frankfurt: Fachhochschulverlag.

Müller-Weißner, U. (2003). *Chef sein im Haus des Herrn. Führen und Leiten in der Kirche – eine Praxishilfe.* Gütersloh: Gütersloher Verlagshaus.

Neuberger, O. (2002). *Führen und führen lassen. Ansätze, Ergebnisse und Kritik der Führungsforschung.* Stuttgart: Lucius & Lucius.

Sader, M. (1991). *Psychologie der Gruppe.* Weinheim: Juventa.

Schattenhofer, K. (1992). *Selbstorganisation und Gruppe. Entwicklungs- und Steuerungsprozesse in Gruppen.* Opladen: Westdeutscher Verlag.

Schröer, A. (2004). *Change Management pädagogischer Institutionen. Wandlungsprozesse in Einrichtungen der Evangelischen Erwachsenenbildung.* Opladen: Leske und Budrich.

Schröer, A. (2005). Zwischen Kirche, Markt und Bildung – Change Management in Einrichtungen der Evangelischen Erwachsenenbildung. In M. Göhlich, C. Hopf, & I. Sausele (Hrsg.), *Pädagogische Organisationsforschung* (S. 201–216). Wiesbaden: VS Verlag.

Witte, K. (2010). Stolpersteine kirchlicher Strukturen: Wo steht eigentlich der Pastor im Organigramm? *Supervision. Mensch-Arbeit-Organisation, 3*(10), 25–36.

Hierarchie-*Entwicklung* und die Dimension der Zeit: Entwicklungsmodelle von Organisationen

4

Zusammenfassung

Jeglicher Zustand eines Teams/einer Organisation lässt sich immer als die aktuelle Momentaufnahme der Organisationsentwicklung und ihrer Strukturbildung interpretieren. „Die Gruppe" als Vorgängermodell der Organisation bietet mit der Gruppendynamik ein Einsteiger-Verstehensmodell, das schon auf den entstehenden notwendigen Strukturbedarf hinweist. Während in Selbsthilfegruppen (Schattenhofer) Hierarchievermeidung quasi institutionalisiert wird und dem Strukturierungsbedarf noch getrotzt werden kann, geschieht mit der „pragmatischen Wende" (Brückner, M.) dargestellt an Frauenprojekten, die Veränderung der Sozialform der Gruppe hin zu Organisation und Hierarchie. Die Kosten einer Verweigerung sind vielfältig, die Schmerzen der Wandlung ebenso. Lievegoed und Glasl beschreiben einen Organisationsentwicklungsverlauf, der den Übergang aus Pionierzeiten zu institutionalisierten hierarchischen Formaten transparent beleuchtet und zustimmungsfähig machen kann.

Schlüsselwörter

Gruppendynamik · Hierarchisierung · Hierarchievermeidung · Organisationsentwicklung · Selbsthilfegruppen · Frauenprojekte · Kohäsion · Pionierzeiten · pragmatische Wende

© Springer Fachmedien Wiesbaden GmbH 2017
H. Happel, *Hierarchie als Chance*,
DOI 10.1007/978-3-658-15789-0_4

Organisationen durchlaufen in ihrem Leben unterschiedliche Phasen der Struktur- und Hierarchiebildung. Das aktuelle Geschehen in Organisationen, die ablaufende Kommunikation, Erfolge und Konflikte sowie die aktuelle Struktur sind vielfach nur zu verstehen, wenn diese auf einer Zeitachse der Entstehung und Entwicklung einer Organisationsstruktur eingeordnet werden. Dieser Zeitperspektive und dem Prozesscharakter des organisationalen Geschehens soll in diesem Kapitel ausführlich Raum gegeben werden. Es will verdeutlichen, dass zu unterschiedlichen Zeiten, bei verschiedenen Größen und Aufgabenstellungen und Kontexten von Organisationen die je funktionale Struktur gesucht werden muss.

Die Frage zu einer bestimmten aktuellen Organisationsproblematik kann also nicht heißen: Was ist die beste Struktur für eine Zusammenarbeit? Vielmehr muss sie immer – prozessual gesehen – lauten: Was ist zu diesem und jenem Zeitpunkt die beste, sachdienlichste Strukturbildung in Bezug zur Aufgabenstellung zur Größe, etc.? Um oben beschriebener Dialektik von Mensch und Organisation gerecht zu werden, muss der Blick weg von den handelnden Personen auf die hinter ihnen liegende aktuelle Struktur gerichtet werden.

Dabei bin ich zwischenzeitlich nicht nur ein Freund prozessualen Denkens geworden, sondern auch, angeregt durch eine wohlwollende systemische Grundhaltung, ein Verfechter einer radikalen und durchgängig positiven Sicht der jeweiligen Organisationsstrukturen und ihrer Inhaber: Die zu einem aktuellen Moment vorfindbaren Strukturen in der Organisation sehe ich als die von den gestaltenden Personen im Moment *bestmögliche,* verfügbare Struktur, die Wertschätzung verdient. Wären andere Strukturen besser, sachdienlicher, hätten sie „das Rennen gemacht" und sich durchgesetzt, wären sie jetzt maßgeblich. Immerhin haben diese (alten) Strukturen die Organisation bis ins Heute getragen und so überhaupt die Möglichkeit geschaffen, dass man sich im Hier und Jetzt zu neuen, adäquaten Formen Gedanken macht.

Dieser grundsätzlich wohlwollende Blick auf das von den Menschen Geleistete und auf die von ihnen geschaffenen Strukturen, die für die bisherige Zeit, die Vergangenheit, ihren Sinn machen setzt Energien für Gegenwart und Zukunft frei. Sie integriert die Personen und die Kulturen der Vergangenheit in das gegenwärtige Geschehen. Ein Gedanke, den die Aufstellungsarbeit in Organisationen wirkungsvoll betont und nutzt (z. B. Weber 2000).

Gleichzeitig gibt es in der aktuellen Gegenwart einer Organisation aber Störungen, Krisen, Erschütterungen, die die starre Weiterverwendung der bisherigen Strukturen in die Zukunft hinein infrage stellen und eine Weiterentwicklung fordern. Es kann von außen an eine Organisation ein Veränderungsbedarf herangetragen werden oder von innen heraus eine Weiterentwicklung notwendig werden, die nach den Gesetzmäßigkeiten der Entwicklung von Organisationen notwendig geschehen *müssen,* damit die Organisation für die Zukunft keinen Schaden nimmt.

Zwei wichtige Faktoren dabei sind einerseits das Älterwerden einer Organisation und andererseits ihre Vergrößerung oder Ausdifferenzierung in Untereinheiten, Abteilungen, Regionen, Bereiche, Teams.

Schauen wir uns dieses Geschehen genauer an: Immer wieder entwickelt sich „hinter dem Rücken" der Beteiligten in einer Organisation die Struktur weiter. Diese verbindet die Personen, ohne dass dieses Geschehen die benötigte Aufmerksamkeit erfährt. Das alte bisher tragfähige und verbindende Strukturmodell gerät durch diversen Veränderungsbedarf ins Wanken, wird dysfunktional und produziert Schäden.

Mehr oder weniger „automatisch" wird das deutlich in Konflikten, Stagnationen und Leistungsschwund. Die Ergebnisorientierung in der Gegenwart fordert z. B. strengere Führung oder mehr Beteiligung von Mitarbeitern oder eine Reduktion von Komplexität. Damit einher geht eine Änderung der Organisationsstrukturen wie die Veränderung der Anzahl von Hierarchiestufen, sei es in Richtung einer Verringerung oder in der Schaffung neuer Hierarchieebenen. So kann die Aufgabe der Steuerung gewährleistet werden, die Anzahl der geführten Personen überschaubar bleiben und die „Führungsspanne" effektiv gehalten werden.

Zur Erläuterung zunächst eine Zeitreise durch das beginnende Leben einer modellhaften Organisation, wie sie der Leser vielleicht in der einen oder anderen Form selbst kennengelernt hat. Bei der folgenden Betrachtung lasse ich Erfahrungen mit einer Gemeinschaftspraxis von Zahnärzten, einer Jugendhilfeinitiative, einer Produktionsfirma für Blumen zu einer idealtypischen Organisationsentwicklung zusammenfließen.

4.1 Eine Initiative im Entstehen

4.1.1 Gründungszeiten

Ein Mensch hat eine zündende Geschäftsidee und ist begeistert von ihr. Er will eine medizinische Gemeinschaftspraxis gründen, einen Reifenhandel eröffnen, einen Betreuungsverein initiieren, eine Beratungsstelle etablieren. Um die zu bewältigende Arbeit schultern zu können, sucht er sich die Unterstützung einer zweiten Person, und – da der Laden gut läuft – ermutigt durch die guten Resonanzen, bald zwei weitere Personen, um diese Idee zu verwirklichen.

Beziehung und Freundschaft dienen als konstituierendes Moment
Vielleicht von Kindesbeinen an, aus dem Studium oder durch verwandtschaftliche Beziehungen kennt man sich, ist vertraut miteinander und weiß sich zu schätzen. Die Stimmung ist gut, man hat Lust, etwas gemeinsam zu tun, Synergien entstehen und kommen ins Fließen. Voller Begeisterung geht man ans Werk, kann viele der neuen Ideen verwirklichen, die gegenseitige Sympathie nährt, „schmiert" die Zusammenarbeit, beflügelt die Ideen. Die Beziehungen sind der Enabler, das nötige Treibmittel für die Erarbeitung einer gemeinsamen Dienstleistung.

Gleichheit und Nähe als ordnendes Prinzip
Die Gleichheit der Akteure, ihre Gemeinsamkeiten stehen im Vordergrund, sind wichtiges Kapital für die Gründerzeit. Die Nähe zueinander ist von Wohlwollen getragen, ihre Reflexion „nicht der Rede wert". Die Energie kann in die Arbeit, das Erstellen eines Produktes, das Erbringen einer Dienstleistung fließen.

Pioniere sind am Werk, erobern in grenzenlosem Engagement und unendlicher Hingabe neue Zielgruppen, Märkte und Geschäftsfelder. Das Feuer brennt, die Begeisterung über die Erfolge, die Überzeugung von sich selbst, das Ansteckende der Gründungsidee, vermittelt sich quasi durch alle Ritzen der Kommunikation. Es steckt an, energetisiert und beflügelt Mitarbeiter. Auch nach außen strahlt die Energie aus, die Dynamik spricht für sich und macht attraktiv für Kooperationspartner und Kunden. Erfolg stellt sich ein.

Es ist die Zeit der kurzen Entscheidungswege, des schnellen, verständnisvollen Blicks, der leichten informellen Einigung. Jeder hat teil an den maßgeblichen Entscheidungen, fühlt sich als Mitinhaber des Unternehmens und gewinnt von dort her wieder Motivation.

Es ist eine schöne Zeit, ein organisatorischer „Honeymoon"[1], an den man später gerne zurückdenken wird. Dass die Arbeit in Beschlag nimmt, dass wenig Frei-Zeit, Nicht-Arbeitszeit bleibt für Familie, Freunde, Hobbys, wird selbstlos in Kauf genommen. Der Erfolg ist deutlich, spricht für sich, motiviert und der Sinn des eigenen Handelns wird direkt erfahren. Selbstverwirklichungspotenzial, Identifikation mit der Arbeit, Arbeitszufriedenheit sind unhinterfragt auf höchstem Niveau.

Gut in dieser Zeit ist, wenn Partner, Freunde, Familie die eindeutige und nötige Priorisierung der Arbeits- und Lebenswelten der Akteure akzeptieren, mittragen und Verständnis dafür aufbringen, sich nicht gekränkt, zurückgesetzt, vergessen fühlen. Oft genug werden sie sogar erfolgreich eingespannt und mit-

---

[1]Frei übersetzt mit „institutionelle Flitterwochen".

gerissen. Ähnlich wie in Familienunternehmen bleibt unklar: Was dient wem, die Familie und Freunde dem Unternehmen oder das Unternehmen den Gründern, Familien und ihren Freunden?

4.1.2 Übergangszeiten

Das Projekt läuft, die Produkte verkaufen sich gut, die angebotenen Dienstleistungen werden angefragt. Nach einiger Zeit – oft schon vor dem „verflixten siebten Jahr" – taucht die Frage nach der Vergrößerung des Unternehmens auf. Die Räumlichkeiten werden zu klein, das Personal zu knapp, die Produktpalette zu antiquiert. Um Kundenwünsche zu befriedigen, wird es nötig, anzubauen, aufzustocken, Zweigstellen zu etablieren, Personal zu gewinnen.

Wie bisher bewährt, fragt man den Freund, ob er mitarbeiten will, den Mitarbeiter, ob er jemanden kennt, man erinnert sich an familiäre Bedarfslagen von Mitarbeitern oder an sonstige Freundschaften aus früheren Tagen. Personalauswahl geschieht weiterhin über das Prinzip der Sympathie, der Beziehung, der Gleichheit, der Nähe. „Gleich und Gleich gesellt sich gern", was sich bewährt hat, wird fortgesetzt. Frei nach dem Muster „Mehr – desselben", versucht man, das, was für den bisherigen Erfolg maßgeblich war, zu verlängern.

Die Zeiten ändern und differenzieren sich
Was aber in dieser Zeit nicht wahrgenommen wird, ist, dass im Hintergrund eine unterschiedliche Nähe zu den Gründerpersonen und ihren Ideen entsteht und sich Strukturen entwickeln die sich als Organisation manifestieren, Eigengesetzlichkeiten entwickeln und wieder zurückwirken auf die Zusammenarbeit der Beteiligten. Bald brauchen die geronnenen Strukturen einen eigenen Bedarf an Beachtung und Pflege.

Differenzierungen und ihre Auswirkungen
Die Verschiedenartigkeiten der Personen in der Zusammenarbeit vergrößern sich und fordern Raum. Sie setzen selbst wieder Veränderungen in Gang.

Neue Berufe treten auf
Die Arbeitsbereiche unseres erfolgreichen Unternehmens differenzieren sich, der Arbeitsanfall in den verschiedenen Bereichen entwickelt eine je eigene Prägung und benötigt adäquate Behandlung. Die Verwaltungsarbeit ruft nach fachlicher Spezialisierung, der Vertrieb des Produktes unterliegt anderen Gesetzmäßigkeiten wie die Produkterstellung. Die Abrechnung mit Kassen und Geldgebern ruft nach

spezialisierter Schulung, die sozialpädagogische Beratung nach therapeutischer Ergänzung.

Alter und Größe des Unternehmens erfordern Spezialisierung, fachliche Qualifizierung, Professionalisierung und Delegation. Nicht alles können die Gründerväter, die Gründermütter selbst erledigen. Neue Qualifikationen, mit eigenen beruflichen Prägungen und differenzierenden Sozialisationen der Mitarbeiter kommen in den Betrieb. Langsam aber unaufhaltsam wird die fachlich-berufliche Qualifikation wichtiger als die persönliche Bekanntschaft aus den Gründertagen und das Feuer der Beziehung des Beginns.

Lebensentwürfe stoßen aufeinander

Persönliche Prioritätensetzungen in der Mischung von Beruf und Privatleben verändern sich. Im privaten Lebensbereich der Gründerpersönlichkeiten kommen Partner dazu, fordern berechtigt Zeit und Energie. Kinder erzwingen andere Priorisierungen, Krankheiten fordern ihren Tribut ... Ob jemand sich ganz der Arbeit verschreibt und „lebt, um zu arbeiten", oder ob er „arbeitet, um zu leben": Die Antworten auf die Frage nach dem Stellenwert der Arbeit fallen individuell verschieden aus. Die Verschiedenartigkeiten der Handelnden schieben sich in den Vordergrund. Sie erzeugen Vielfalt, komplizieren die Zusammenarbeit, erfordern Zeit und Energie für Neuregelung und Vernetzung der Kooperation.

Lebensaltersstufen vervielfältigen sich

Zwischenzeitlich ist auch die Gründergeneration älter geworden. Sie haben das „Mittelalter" erreicht. Die Familienphase ist vorbei. Sie ist bereit und in der Lage, in voller Konzentration auf die Arbeit durchzustarten, da wird die Frau des eben frisch verheirateten, jungen Lohnbuchhalters im Team schwanger. Er beantragt Teilzeit, um als moderner Vater Arbeit und Familie neu zu mischen. Es braucht neues Personal, das nicht nach den bisherigen Prinzipien ausgewählt werden kann. Es entsteht Fremdheit, die integriert werden muss, die Unterschiedlichkeiten der Bedürfnisse verschiedener Lebensaltersstufen prallen aufeinander, fordern differenzierte Beachtung.

Dienstalter mit verschiedenen Kulturen

Innerbetrieblich entsteht Verschiedenheit durch Neueinstellungen. Die „Alten" aus der Gründerzeit haben die Firmenphilosophie aus den Anfangstagen erlebt, die Organisationskultur mitentwickelt, meist mit hoher Identifikation zusammen mit dem/der Gründer/in und seiner Idee. Gewohnheiten sind selbstverständlich geworden, ein hohes Ausmaß des Engagements gehört immer noch zu ihrem Alltagsrepertoire und wird nicht weiter hinterfragt.

Die „Neuen" haben ihre Geschichte, ihre Erfahrungen, ihre Arbeitskultur in anderen Organisationen erworben. Sie sind geprägt durch andere, ihnen selbstverständliche Gepflogenheiten aus anderen Milieus, frühere Arbeitsstellen, die ihnen in Fleisch und Blut übergegangen sind.

Das erhöht die Komplexität im Betrieb weiter, vervielfältigt die gängigen Kulturen und lässt sie aufeinanderprallen: Die „Alten" fordern – zu Recht – Achtung für das, was sie für den Betrieb schon geleistet haben. Ihr Dienstalter sehen sie als Vorteil, das geachtet und gewürdigt werden muss. Über Jahrzehnte haben sie den Betrieb aufgebaut und getragen. In diese Situation hinein wollen die „Neuen" – ebenso zu Recht – Freiräume und Selbstverwirklichungsmöglichkeiten. Ausgestattet vielleicht mit den aktuellen Wissensbeständen aus Ausbildung und Studium fordern sie, sich und ihre Ideen einbringen, mitgestalten und partizipieren zu können.

Die Philosophien der Lebensstände stoßen aufeinander

Mit dieser Vielfalt einer geht auch die Vielfalt der Lebensstände im Betrieb. Singles arbeiten – ohne Kind – mit Müttern, Vätern. In karitativen Einrichtungen der Wohlfahrtspflege arbeiten gelegentlich noch Nonnen, in diakonischen Einrichtungen Diakonissen, in pastoralen Berufen Geistliche, die vom Glauben inspiriert, in ihrer Berufung aufgehen und durch Gestellungsverträge oder in besonderer Weise mit der Arbeit verbunden und an den Arbeitsplatz gebunden sind. Dort stoßen sie dann auf junge, ledige Kollegen, die genau auf die Einhaltung der Arbeitszeiten achten, der Arbeit einen wesentlich anderen Stellenwert in ihrem Leben geben und nicht – zumindest in der Quantität – grenzenlos zur Verfügung stehen.

Auch hier eine Verschiedenartigkeit, die den sich entwickelnden Organisationsrahmen und die personalistischen Steuerungsmechanismen der Anfangszeit infrage stellt.

Entscheidungswege komplizieren sich

Entscheidend für die Erstellung eines Produktes, für die Erbringung einer Dienstleistung ist, dass Kooperation stattfindet und dafür immer wieder Entscheidungen getroffen werden.

Entscheidet der/die Firmeninhaber/in, der Chef nicht autokratisch allein, so herrscht oft die Fantasie vor, dass alle – als vermeintliche Mitinhaber – gleichberechtigt sind. Jeder soll mitreden und mit entscheiden können. Oft entscheiden dann, unter vehementer Propagierung des Gleichheitsdogmas, die lautesten, die schnellsten, die wortgewandtesten, die schönsten oder gelegentlich auch – subtiler – die größten Opfer des Teams. Alles, wie gesagt unter der Ideologie der Gleichheit bei gleichzeitig subtil und tabuisiert herausgebildeter informeller Hierarchie.

Es kommt zu Endlosdiskussionen, bei denen inhaltlich keine Ergebnisse erzielt werden, weil auf der Beziehungsebene nicht geklärt ist, wer wem und wenn ja, wie viel sympathisch ist, wer welche Macht hat oder eben nicht, wer mehr oder weniger dazugehört oder gar ausgestoßen wird. Und ob rot für ein Design besser passt als gelb, darüber lässt sich zwar vortrefflich endlos (und teuer) streiten. Effektiver und menschenfreundlicher freilich käme man zu Ergebnissen, wenn klar wäre, wer welche Entscheidungsbefugnisse hat und wer nicht.

4.1.3 Würdigung der Pionierzeit

Beenden und würdigen wir an dieser Stelle die gemeinsame Zeit des Beginns. „Feuer und Flamme" der Motivation spendet anscheinend grenzenlose Energie, die große Kohäsion der Mitarbeiter lässt Unterschiede und Reibungen in den Hintergrund rücken, die klare Zuordnung zum Auftrag und der enge Bezug zur Aufgabe motivieren und sind der Gewinn dieser Zeit. Die Pionierzeit war gut und notwendig, um den Laden ins Laufen zu bringen.

Im Kleinen, bei der Entwicklung von neuen Teams, Unterstrukturen, Subsystemen wird sich diese Pionierzeit zwar wieder neu ereignen, im Großen aber brechen neue Zeiten an, bei denen der vermeintlichen Gleichheit „Ade" gesagt werden und die Gruppenstruktur in eine neue Form gegossen werden muss.

4.2 Die Gruppe mit ihrer Dynamik als Vorläufer einer Organisation

Der Entwicklung von Hierarchiestufen in Organisationen will ich durch den Blick auf verschiedene Theoriesysteme und ausgewählte Autorinnen und Autoren genauere Beachtung gewähren. Dabei sollen Mechanismen, Besonderheiten, Prämissen, Promotoren und Widerstände herausgearbeitet werden, die die Entwicklung voranbringen und unterstützen aber auch blockieren und Sand ins Getriebe streuen. Und es sollen Gefühle und Bedürfnisse, Ängste und Ermutigungen deutlich werden, die in solchen Veränderungszeiten den Individuen helfen, die als Krisen erlebten Übergangszeiten zu bewältigen.

Erfahren werden diese Veränderungen auf der psychologischen Ebene des Einzelnen und seiner Handlungen, auf der strukturellen Ebene der Organisation und ihren geronnenen hierarchischen Strukturen, und – dazwischen und verbindend – auf der Ebene des Teams und dessen Dynamiken. Zumindest werden die ablaufenden Prozesse in vielen Supervisionen auf der Teamebene spürbar, beeinflussbar und gestaltbar.

Die Teamebene lebt von den Merkmalen der Gruppe, ist aber durch diese nicht hinreichend zu erklären. Vielmehr sind Teams immer auch Teil von Organisationen und unterliegen damit den Gesetzmäßigkeiten der Organisation. Teams können aus dieser Zwischenposition heraus als Hybridmodell sozialer Organisationsform bei der Bewältigung von Arbeitsaufgaben in Organisationen verstanden werden: Sie vereinen die Vorteile der Gruppe sowie der Organisation zum Nutzen der Aufgabenerledigung.

Aus der Perspektive der Hierarchie kann man die Gruppe als Vorläufer von Team und Organisation verstehen. Jede Organisation fängt idealtypisch mit der Vernetzung von Einzelnen zu einer Zweckgemeinschaft an. Kontaktmöglichkeit zueinander, Beziehungen, eine gemeinsame Idee oder Aufgabe, der Zusammenhalt und die Zielausrichtung machen aus einer beliebigen Personenauswahl eine zielorientierte, aufgabenbezogene Gruppe, die sich zu einem Team in einer Organisation weiterentwickeln kann.

Und auch innerhalb von Organisationen, etwa auf einer neuen Abteilungsebene, in neuen historischen Entwicklungsschritten geschehen immer wieder gruppale Prozesse, wenn Arbeitsgruppen neu beginnen, sich zu formieren und zu strukturieren. Mit den Gesetzmäßigkeiten und den Entwicklungen von Gruppen setzt sich die Gruppendynamik auseinander.

Deshalb werfen wir zuerst den Blick auf diesen Erfahrungsschatz der Gruppendynamik und seine Verstehenshilfen für den Übergang von der Gruppe zum Team einer Organisation. Manfred Sader benennt „Bestimmungsstücke", an denen die Mitglieder von Gruppen merken können, dass sie in Gruppen sind.

Sie

- erleben sich als zusammengehörig
- definieren sich explizit als zusammengehörig
- verfolgen gemeinsame Ziele
- teilen Normen und Verhaltensvorschriften
- entwickeln Ansätze von Aufgabenteilung und Rollendifferenzierung
- haben mehr Interaktionen untereinander als nach außen
- identifizieren sich mit einer gemeinsamen Bezugsperson oder einem gemeinsamen Sachverhalt oder einer Aufgabe
- sind räumlich und/oder zeitlich von anderen Individuen der weiteren Umgebung abgehoben (Sader 1991, S. 39).

Häufiges Kriterium ist v. a. der nahe und unmittelbare Kontakt der Mitglieder zueinander und die Überschaubarkeit der Gruppe (vgl. Sader 1991). Man sieht sich, weiß voneinander, ist auf eine Gemeinsamkeit ausgerichtet. Vom Empfinden der Gruppenmitglieder wird immer wieder auf die Zahl „fünf" als optimale Gruppengröße verwiesen, bei der auch das Gefühl der Verantwortlichkeit für den Einzelnen in der Gruppe noch wahrnehmbar ist (vgl. Sader 1991, S. 62 f.) und sich nicht in „Verantwortungsdiffusion" (vgl. Sader 1991, S. 217) auflöst.

Zwei Schlüsselbegriffe scheinen aus der Gruppendynamik für das Verständnis von Organisationsdynamiken hilfreich. Sie sind deshalb wichtig, weil in ihnen der Vorzug der Gruppe im Laufe der Entwicklung dysfunktional werden kann und neue Lösungen außerhalb des Gruppenselbstverständnisses gesucht werden müssen, die im Wesen der Organisation bereit liegen.

Zum einen ist es der Begriff der „Kohäsion" (vgl. Sader 1991, S. 100–109). Er meint das erlebte Wir-Gefühl in Gruppen, den Zusammenhalt, der die Mitglieder nach innen schauen lässt, die Gruppe für die Teilnehmenden attraktiv macht, die Mitglieder sich dort wohl und zugehörig fühlen lässt und die Gruppe von innen her stärkt. Investitionen in (einen mittleren Grad von) Gruppenkohäsion zahlen sich vielfach in erhöhter Produktivität der Gruppen auf der Leistungsebene aus, deren Erfolge wiederum zurück wirken auf die Kohäsion in der Gruppe. Kohäsion in ihrer richtigen (mittleren) Dosierung wird zu einem wesentlichen (indirekten) Erfolgsfaktor jeder Gruppe. Sie wirkt wie Öl im Getriebe eines Motors.

Gleichzeitig beinhaltet Kohäsion in einer Überdosierung und bei übersteigerten Ansprüchen an die damit verbundene individuelle Offenheit die Gefahr, negativ zu wirken und psychisch zu überfordern. Dann ist „… entgegen einer weit verbreiteten Laienvorstellung … das Maximum von Offenheit nicht das Optimum" (vgl. Sader 1991, S. 107). Die Ausrichtung einer Gruppe an der – dann meist tabuisierten – Norm der maximalen Offenheit verliert sich in einem Mehr desselben und einer Grenzenlosigkeit. Dabei kann die Entwicklung von geistiger Selbstständigkeit und v. a. Eigenverantwortlichkeit des Individuums Schaden nehmen (vgl. Sader 1991, S. 218 ff.).

Das gibt einen Hinweis auf die Chancen der Kohäsion nicht nur für Gruppen, sondern auch für Arbeitsteams in Organisationen. Ein mittlerer Grad an individueller Nähe, korreliert mit den Erfordernissen des gemeinsamen Teamauftrags, kann wesentlich zum Erfolg eines Teams beitragen. Die Investitionen, die hier getätigt werden, zahlen sich vielfach in der Produktivität der Teams aus.

Gleichzeitig ist eine Überbetonung des Faktors Kohäsion, eine Überbewertung der Beziehungsdimension im Team, eine zu massive Verdichtung der emotionalen Grundlagen sowohl der Leistung des Teams als auch dem Empfinden der Teammitglieder abträglich. Subtil werden Gegenmechanismen der Nähe-Distanzregulierung einsetzen, wenn die sachlichen Anforderungen zu kurz kommen und dysfunktionale Prozesse in Gang gesetzt werden. Dann wird es auch von außen Störfeuer geben, die an die Schieflage der Leistungsbilanz erinnern.

Diesem Geschehen werden wir wieder in der Übergangsphase der Pionierzeit zur Differenzierungsphase einer Organisationsentwicklung begegnen, bei
der ein Selbstverständnis als Gruppe für den Fortgang eines Teams als Teil einer
Organisation zu kurz greift. Die Prinzipien der Organisation können dann der
Begrenztheit der gruppalen Prozesse entgegenwirken und diese öffnen, hin zu den
Notwendigkeiten des Auftrages und den Bedingungen des institutionellen Kontextes.

Eine weitere Gefahr einseitiger Kohäsion ist die Tatsache des Sich-Selbst-
Genügens in Gruppen. Sader beschreibt ausführlich die Gefahren und Verführ-
barkeiten des gruppendynamischen Phänomens des „Group Think" (vgl. Sader
1991, S. 218 ff.), eines nach innen gerichteten und verengten Wahrnehmungs-
und Entscheidungsmodus in Gruppen. Der Kontakt nach außen geht verloren, das
Gewohnte wird verlängert, Fremdes nicht mehr wahrgenommen, Veränderungs-
bedarfe nicht identifiziert. Die Gruppe verliert den Kontakt zu Raum und Zeit,
der aktuelle Kontext der Gruppe wird nicht mehr berücksichtigt. Infolge dessen
werden Entscheidungen aufgrund von veralteten Routinen getroffen. Die Ent-
scheidungsbreite ist nicht genügend weit und fundiert angelegt, die getroffenen
Entscheidungen werden zu Fehlentscheidungen und wirken kontraproduktiv auf
die Ergebnisse der Gruppe.

Die Benennung der Gefahr des gruppendynamischen Phänomens des „Group
Think" wirft auch für Organisationen die Frage auf, wie denn das Fremde, das
Neue in das Bestehende integriert werden kann, bzw. wie eine Gruppe/ein Team
bei Entscheidungen offen genug bleiben kann für neue, außerhalb der gängigen
Routinen liegende Prämissen. Eine Daueraufgabe für Gruppen, die sich schon in
der Aufnahme neuer Gruppenmitglieder gestaltet und in Arbeitsteams aller Art,
gehen doch gesellschaftliche Anforderungen, Entwicklungen des Marktes in der
Außenwelt weiter.

Was aber geschieht, wenn Gruppen größer werden? Sader verweist darauf,
und hält es für empirisch bewiesen, dass Gruppen einen Bedarf nach Strukturierung haben. „Es scheint für uns Menschen schwierig zu sein, ungeklärte Strukturen zu ertragen: Es muss doch alles seine Ordnung haben" (Sader 1991, S. 69).
Das bezieht sich auf Rangverhältnisse, Sitzordnungen, zeitliche Strukturierungen,
Kommunikationsstrukturen (Sherif/Sherif in Sader 1991, S. 69). Ein deutlicher
Hinweis also aus der Gruppendynamik, dass es andere Sozialformen benötigt,
um größer werdende Gruppen befriedigend für die Mitglieder und effizient für
die Aufgabe zu gestalten. Der Übergang aus der Gruppe heraus zur Organisation
kündigt sich damit an.

Bezüglich der Entscheidungsprozesse in Gruppen vergleicht Sader das Ent-
scheidungsgeschehen mit demokratie*theoretischen* Ansprüchen (Sader 1991,

S. 244–254) in der Gesellschaft. Natürlich gibt es dort zu demokratischen Entscheidungsprozessen keine ernst zu nehmenden Alternativen. Gleichzeitig bleibt er, auch aufgrund der Komplexität von Entscheidungsprozessen, kritisch gegenüber dem Ansinnen nach dem Muster „je mehr Demokratie, desto besser" auch in Gruppen zu verfahren. Diese halten dann einer Verwirklichung in der Praxis oft nicht stand und lassen für komplexere Alternativen keinen Raum. Eine „Überpartizipation" (Dahrendorf in Sader 1991, S. 248), bei der möglichst immer alle an allen Entscheidungen beteiligt sind, kann das Vertrauen in demokratische Verfahrensweisen verringern und letztlich Aversionen gegen und nachteilige Konsequenzen für die Demokratie hervorrufen.

Als Ausweg aus diesen plenaren Entscheidungsformen schlägt er vor, Entscheidungen in Anzahl und Ausmaß zu reduzieren und stärker zu delegieren, damit sie dann auch umgesetzt werden können (Sader 1991, S. 248 f.). Dabei wird allerdings nicht klar, was er mit Delegationen meint. Ein grenzenloses *Mehr-Desselben* an Partizipation, Nähe und Kohäsion, Diskussionsfreudigkeit scheint zu Überforderung der Beteiligten zu führen und nicht zielführend zu sein, da aus der Überforderung Grenzen der Leistbarkeit für den Einzelnen entstehen. Es braucht auch hier einen mittleren Grad der Partizipation und ein ergänzendes Korrektiv, um im Gesamt wirksam werden zu können.

König beschreibt in seinem Buch „Macht in Gruppen" (1996) gruppendynamische Prozesse der Machtbildung in Gruppen. Er versteht Macht in Gruppen immer „zugleich als Möglichkeit und Einschränkung" (König 1996, S. 93). Allein schon aus der ungeheuren Vielfalt der möglichen Beziehungen in Gruppen ergibt sich eine „*Notwendigkeit zur Reduktion* (hervorg. im Original) der Komplexität. In diesem Prozess bildet sich eine Ordnung heraus". König weist, in Anlehnung an Hopper, darauf hin, dass „… ab fünf bis sieben Personen der Hierarchisierungsdruck in einer Gruppe steigt mit der Tendenz, Führungsrollen hervorzubringen" (König 1996, S. 94).

Bemerkenswert scheint mir für das Thema des Buches zum einen der erwähnte „Hierarchisierungsdruck", zum anderen das Hervorbringen von Führungsrollen. Führungsrollen sehe ich immer noch auf gruppaler Ebene, also der Vorläuferform der Organisation, von innen und von der Gruppe her initiiert und verantwortet. Die Dynamik der Gruppe speist und legitimiert die Energie des Führens und des Sich-Führen-Lassens und die Autorisierung des Gruppenleiters. Dabei gibt das Individuum des Gruppenmitglieds aber schon einen Teil eigener Selbstbestimmung und Identität auf und lässt sich führen. Die Führung, die Bestimmung und Macht gehen auf andere über, in diesem Fall auf Personen, die Führung funktional wahrnehmen. Dabei werden diese „Übergabemechanismen" subtil und facettenreich gestaltet und von beiden Seiten mit Vertrauens- oder

Machtmechanismen unterstützt oder auch sabotiert. Fragen der Aufgabe von Autonomie, des Bindungsverhalten, des Beziehungsverhaltens, der individuellen Verantwortung spielen subtil in diesen Übergabeprozess hinein. Eine andere Art, Komplexität zu reduzieren und überindividuelle Regelungssysteme einzuführen, ist nach König die Herstellung von Regeln und Normen in Gruppen. Diese Normierungen entziehen dem Einzelnen, sind sie erst einmal getroffen, einen Teil seiner Autonomie. Der Einzelne verzichtet dann auf einseitige und maximale Selbstverwirklichung und akzeptiert überindividuelle Institutionen (im Sinne von verbindlichen gemeinsamen Regelwerken) als verhaltensleitend (vgl. König 1996, S. 21 f.).

Hierarchiebildung und Regelbildung regulieren Macht, indem sie die Macht des einzelnen Mitgliedes reduzieren und diese Macht auf personenabhängige Leitungsrollen in der Hierarchie bzw. überindividuelle, personenunabhängige Regeln verlagern, um als Gruppe handlungsfähig zu bleiben oder es wieder zu werden.

Beide Möglichkeiten, Normierung und Hierarchisierung, sind in einer sozialen Gruppe nötig und bedingen sich gegenseitig. Dort, wo Gruppen flexibel zwischen beiden Gestaltungsmöglichkeiten hin- und herwechseln können, also wo sie sich Regeln geben können und/oder Führungsautorität an eine herausgehobene Person abgeben können, sind sie am innovativsten und leistungsfähigsten.

Geraten Gruppen aber in eine Einseitigkeit dieser beiden Lösungsmöglichkeiten, lehnen sie Führung – z. B. aus ideologischen Gründen – ab und versuchen sie alle, Gemeinsamkeit nur mit der Macht von Normierung und Regelungen zu lösen, bedeutet das einen hohen Aufwand und beinhaltet Fallgruben, die Probleme bereiten. Durch Verweigerung der Hierarchiebildung unterliegt die Regelbildung einseitig den informellen Machtprinzipien in Gruppen. Die gefundenen Regeln können zwar partielle Gültigkeit einfordern, nicht aber für das Ganze stehen. Damit werden Teile der Gruppe ausgeschlossen und abgespalten und das Gruppengeschehen oft genug destruktiv und katastrophal.

Beim anderen Extrem, das nur über Hierarchiebildung Macht regelt, wird das Geschehen unnötig auf die Führungsperson konzentriert und verengt und droht in autoritärer Einseitigkeit zu enden. Dieser Weg nutzt nicht die Möglichkeiten der gruppenbezogenen Regelbildung, die dann durch die hierarchische Macht eines Gruppenleiters unterstützt und validiert werden kann.

In der Praxis erlebe ich auch Gruppen, die sich sehr wohl Regeln geben, diese aber gleichzeitig durch eine fehlende Verbindlichkeit entwerten. Die Metaregel, also die Regel für den Umgang mit der Regel, heißt dann oft unausgesprochen: „Wir nehmen die Regel nur so lange ernst, so lange sie uns passt, bzw. den Fraktionen, die sie durchgesetzt haben". Es fehlt an der nötigen Macht der Kollegen auf der gleichen Hierarchieebene, diese Regel mit Verbindlichkeit einer Führungsperson durchzusetzen. Hier könnte die Ergänzung durch die Klärung der Hierarchiefrage helfen, indem die Leitung die Regelbildung als notwendig für die Gruppe erkennt, der Gruppe zu solchen gemeinsamen (!) Regeln verhilft, auf deren Einhaltung drängt und sie dann gegebenenfalls mit ihrer durch die Hierarchiebildung erworbenen, übergeordneten formalen Macht durchsetzt bzw. kontrolliert.

Die psychische Leistung des Einzelnen in dieser Phase ist, sich dieser „Vergesellschaftung" zu stellen. Aus der Allmachtsfantasie der Einzelnen beim Gruppenanfang, gleichberechtigt und wie alle anderen auch gleichverantwortlich zu sein, wird er herausgeworfen in die Einbindung einer Gruppe, die ihm einen Teil seiner Autonomie raubt. Im günstigen Fall geschieht das auf dem Weg des Konsenses, der Einsicht, des Vertrauens auf eine Führungsperson und der (zeitweisen) Machtdelegation auf diese. Im ungünstigen Fall weckt der befürchtete Verlust der Identität und Autonomie Widerstand, Kampf oder Kapitulation. Diese Übergangsphase und der Identitätswechsel sind entscheidend für das Gelingen der Zusammenarbeit in Arbeitsteams und Zeichen von Wandlung im Selbstverständnis des Einzelnen und der Gruppe hin zum Team.

Herausragend in dieser Zeit ist der Kampf um die vermeintliche Gleichheit aller Beteiligten, bzw. der Mythos, alle seien „gleich". Um eine Zunahme gleichberechtigter Personen auffangen und steuern zu können, entstehen mit der Zeit diese unterschiedlichen Machtverdichtungen zwischen Führenden und Geführten. Dieser Mythos mit der „Illusion der Gleichheit" (vgl. König 1996, S. 97) wirkt deshalb so stark, weil in der Anfangszeit einer Gruppe die Betonung von Unterschiedlichkeiten als bedrohlich empfunden wird. Sie wird auch deshalb vermieden, weil es um fundamentale Gefühle der Zugehörigkeit geht und um die Angst, ausgestoßen zu werden (vgl. König 1996, S. 98). Die Angst, in der Andersartigkeit nicht mehr dazuzugehören, treibt ihre Blüten. Das Zurückschrecken vor diesem Schritt in die Unterschiedlichkeit, der Widerstand vor diesem notwendigen Wandlungsgeschehen auf dem Weg der Gruppe zu einer auf Dauer und Größe angelegten Organisation prägt viele Gruppenprozesse und verbraucht immens viel Energie in der Entwicklung bzw. Stagnation von Gruppen (vgl. König 1996, S. 110). Er gipfelt in der Ersetzung des Chefs durch „das Kollektiv", wie es in einem Aufsatz der früheren Supervisionsliteratur von Harald Pühl mit dem aussagekräftigen Titel: „Der Kollektivmythos als Chef" (1989) beschrieben wird.

Beispiel aus der Supervisionspraxis

Das folgende Praxisbeispiel verdeutlicht die Vehemenz dieser Übergangsszenarien und regelrechter „Kulturkämpfe" um die Definition des Gruppen- oder Teamverständnisses.

Ein Team einer geschützten Pflegestation für Senioren mit Demenz, das seit Jahren Menschen mit erhöhtem Aggressionspotenzial auf der Station betreut, kommt zur 34. Sitzung Teamsupervision.

In den vergangenen Jahren hatten immer wieder Mitarbeiter das Team verlassen, oft mit großen Kränkungen. Immer wieder wurden sie von der Leitung glaubhaft als unfähig in der Arbeit beschrieben, was den Wechsel dann logischerweise notwendig machte. Die Gruppenleitung selbst war seit Gründung der Gruppe dabei. Geprägt von ihren Gruppenerfahrungen aus früheren Gruppen und als langjährige Mitarbeiterin in der Organisation kannte sie viele Personen und suchte sich ihre Mitarbeiter aus ihrem Bekanntenkreis aus. In ihren Personalentscheidungen war sie beziehungsorientiert, ein Muster, mit dem sie in früheren Leitungsrollen gut gefahren war.

So wählte sie eine lang gediente Mitarbeiterin aus der Gesamteinrichtung für das Team aus, zu der sie „einen guten Draht hatte". Diese Mitarbeiterin war zwischenzeitlich über 40 Jahre alt und aufgrund ihres Dienstalters auch unkündbar. Mit sechs anderen Personen bildete diese das Team und wurde bald zu dessen Rückgrat, insgeheim aber und hinter dem Rücken aller auch zur Freundin und informellen Stellvertreterin der Chefin im Team. Die Chefin sprach mit ihr über die schwierigen Bewohner. In den Gesprächen des gesamten Teams definierte diese Mitarbeiterin immer am schnellsten, was einem Bewohner fehle, wie eine Situation einzuschätzen sei. „Das sei doch klar." Im Laufe der Zeit hatte sie gänzlich die Interpretationshoheit über das Geschehen im Alltag übernommen und durch ihren guten Kontakt zur Chefin auch den Rücken dafür frei. Das ging so weit, dass sie in Konflikten zwischen Personal und Chefin propagierte, man müsse keine Angst vor der Chefin haben, sie habe ja auch keine, das sei doch überhaupt nicht nötig. Auch bei den Bewohnern der Station kam sie mit ihrer deutlichen Art sehr gut an, was ihr auch wieder viel fachliche Achtung unter den Kollegen einbrachte.

Das gelang einigen jüngeren Kollegen nicht so gut. Sie bekamen so recht „keinen Fuß" auf den Boden des Teams und bei den Bewohnern. Sie waren ja auch vom Lebens- wie vom Dienstalter jünger wie besagte ältere Kollegin und sie waren auch in nur losen Jahresverträgen angestellt. Nun war besagte ältere Mitarbeiterin natürlich nicht bösartig und durchaus hilfreich und unterstützte die jüngeren Kollegen mit wohl gemeinten Ratschlägen aus ihrem in vielen Jahren angesammelten Erfolgsrepertoire. Die wohl gemeinten Ratschläge halfen allerdings den jüngeren Kollegen nicht wirklich, da sie nicht die natürliche und informelle Autorität wie die ältere Kollegin hatten. So hatten sie weiter vermehrt Schwierigkeiten mit den Bewohnern, waren verängstigt vor den Kritiken der Chefin und befürchteten die Beurteilung, nicht geeignet für die

Arbeit mit diesem schwierigen Personenkreis zu sein. Zumal es für andere ja auch so einfach schien. So kam es zu immer wieder neuen Sündenböcken im Team und dem vermehrtem Personalwechsel in der Gruppe.

Über lange Zeit ging es dann in den Supervisionssitzungen um den Unterschied in den Berufsrollen der Beteiligten. Der Supervisor thematisierte immer wieder den Verantwortungsunterschied zwischen Altenpflegefachkräften und Pflegehelferinnen, da er vermutete, dass über die bewusstseinsnahen und formal festgeschriebenen Rollenunterschiede am ehesten die informelle Struktur weiterentwickelt werden könnte. Aber auch hier gab es massiven Widerstand, denn die besagte Mitarbeiterin war zwar „lang gedient" aber „nur" Pflege*helferin*. In den Gleichheitsfantasien der Gruppe und der Chefin hatte dieser Unterschied keine Bedeutung, zumal die betreffende Person ja eine gute Arbeit machte. Die eigentliche Aufgabe einer Pflegehelferin bestand und besteht, so arbeiteten wir heraus, eigentlich darin, den Fachkräften zuzuarbeiten und eventuell in deren Abwesenheit, sie zu vertreten. Aber auch das Herausarbeiten dieses Unterschiedes wurde zwar in den Gesprächen bestätigt, aber innerlich nicht vollzogen.

Der nötigen Weiterentwicklung kam in der Folge zu Hilfe, dass der Arbeitgeber, aufgrund von Spar- und Qualitätsbemühungen in diesem Bereich, deutlich eine Unterscheidung zwischen Fachkraft- und Helferstunden forderte. Gleichzeitig wurde die Mitarbeiterin krank und schied für mehrere Monate aus. In dieser Zeit entstand bei den jüngeren Mitarbeiterinnen langsam der Mut, über das bisherige System zu reden. Die bisher in Anwesenheit der beschriebenen langjährigen Mitarbeiterin nicht ansprechbare Machtposition wurde thematisiert, sie wurde als geheime Stellvertreterin der Chefin offen identifiziert und es wurde so einer Öffnung zu mehr formalen Besetzungen der Weg bereitet.

Nach der Genesung der Mitarbeiterin durfte sie vonseiten der Einrichtungsleitung wieder an ihren angestammten und durch das Arbeitsrecht garantierten Platz zurück. Mit viel Gefühl und Angst aufseiten der übrigen Kollegen wurden die ersten Tage erwartet und man schien in der Supervision einen sicheren Ort zu sehen, sich überhaupt wieder auf die Person einzulassen. Durch die inzwischen eingetretene Weiterentwicklung im Team und durch korrelierende Erkenntnisse bei der Leitung, die die Fehler der Vergangenheit klar benannte, wurde nach einem mehr funktionalen Führungs- und Teamverständnis gesucht und die Prämisse des Gleichheitsparadigmas nach dem Prinzip „Freundschaft und Beziehung" aus der Teamkultur verabschiedet.

4.3 Selbsthilfegruppen und ihre Dynamik der institutionalisierten Hierarchievermeidung

Weitere Erkenntnisse über die Übergänge von einer Gruppe zur Organisation können wir aus dem Blick auf Selbsthilfegruppen und ihre Dynamiken gewinnen. Die Gesetzmäßigkeiten in ihren Organisierungsbemühungen – oder besser ihrer Organisations*vermeidungs*bemühungen – geben Aufschluss für das Geschehen in der Strukturbildung von Organisationen und können auch dort in Variationen erlebt werden.

Karl Schattenhofer (1992) hat die Sozialform der Selbsthilfegruppen und ihre Selbstorganisationsprozesse untersucht und beschrieben. Selbsthilfegruppen stehen im Dilemma zwischen der Anforderung des einzelnen Betroffenen nach Individualität und der Anforderung, sich auf Dauer als Hilfssystem für Betroffene zu etablieren und dafür überdauernde Strukturen mit einer wie immer geartete Steuerungsfunktionen zu entwickeln.

Salopp könnte man sagen, sie haben die Vermeidung von Institutionalisierung in einer Organisationsstruktur zum Programm erhoben und „institutionalisiert". Damit werden sie interessant für unsere Fragestellung der Hierarchie und ihrer Funktionalität für Kommunikation und Zusammenarbeit.

Schattenhofer untersucht Selbsthilfegruppen wie Kulturinitiativen, selbst organisierte Betriebe, eine selbst organisierte Druckerei, einen Dritte-Welt-Laden, eine Musikgruppe oder einen Elternkreis behinderter Kinder. Der Blickwinkel, den er wählt, ist der Blick auf die Selbstorganisierungsfähigkeit der Gruppen: Inwieweit können sie sich von innen heraus steuern, ohne in eine andere Sozialform (z. B. Organisation) mit fremdbestimmter Ordnung von innen oder gar von außen übergehen zu müssen. Er untersucht, inwieweit diese Gruppen durch Selbststeuerung sich selbst entwickeln und am Leben erhalten können (vgl. Schattenhofer 1992, S. 9 f.).

Dabei stellt er fest, dass das Steuerungsprinzip der hierarchischen Lenkung und Differenzierung zunächst in allen Gruppen abgelehnt wird. Vielmehr gilt es, über das Prinzip der inhaltlichen Übereinstimmung und Konformität die nötige Steuerung zu erreichen. Dabei soll niemand Macht über andere haben. Im Kontrast zu Erfahrungen aus der Welt der Organisationen will man sich macht-los begegnen und propagiert damit, den anderen nicht einschränken zu wollen. Macht spielt also im Selbstverständnis keine Rolle (vgl. Schattenhofer 1992, S. 152).

Gleichzeitig gibt es aber einen Unterschied zwischen den Hauptaktivisten und Initiatoren auf der einen Seite und denen, die z. B. später dazu gekommen sind und die sich an den älteren orientieren.

Es gilt stillschweigend als selbstverständlich, dass die Erfahrenen mehr Einfluss haben und nehmen. Sie bilden die Autoritäten der Gruppen, deren Wort und Meinung besonderes Gewicht hat. Ebenso selbstverständlich ist, dass die Betroffenen – auf ihren größeren Einfluss angesprochen – weit von sich weisen, dass sie ihn ausüben wollen. Kritik an dieser Stelle trifft sie ganz empfindlich, weil sie sofort das Selbstverständnis der Gruppe als egalitär in Frage stellt (Schattenhofer 1992, S. 153).

In der Regel werden Personen allenfalls zu informellen Leitungen gemacht, ihre Position wird nicht formal-hierarchisch fest geschrieben oder abgesichert. Informelle Leiter sind dann aus dem Kern der Gruppe und schon länger dabei, sodass sie die Gepflogenheiten der Gruppe kennen und eine Sicherheit vermitteln, dass sie die Gruppe nicht für eigene Zwecke missbrauchen. Diese Art der informellen, „automatischen Leitung" geschieht „… ohne Auftrag, aber mit Billigung der Gruppe" (Schattenhofer 1992, S. 153) und zeichnet sich durch drei Merkmale aus:

1. Sie wird so ausgeübt, dass das Chaos gerade noch erträglich bleibt, ohne dass eine formalisierte, mit Befugnissen ausgestattete Leitung nötig wird. Praktisch sieht es aus „… wie keine Leitung" (Schattenhofer 1992, S. 153).
2. Dadurch wird die Leitung, da nicht formal benannt, auch nicht kritisierbar für ihr Vorgehen
3. Und auch die weiteren Mitglieder müssen ihren Bedarf nach Leitung und Führung, der wohl oft als Abhängigkeit erlebt wird, nicht offen legen und dazu stehen.

Eine negative Konsequenz daraus ist, dass es keine Nachfolgeregelungen beim Ausscheiden von informellem Leitungspersonen gibt, was häufig zu längeren Turbulenzen in diesen Zeiten führt. Außerdem wird den informellen Leitungen viel Macht eingeräumt, die nicht weiter aufgedeckt und benannt werden darf. Gleichzeitig besteht die Erwartung, dass sie sich nicht so weit von der Gruppe entfernen, was wiederum eine Sicht von außen, eine distanzierte Sicht auf die Entwicklungsmöglichkeiten und -notwendigkeiten für die Zukunft einer Gruppe erschwert (vgl. Schattenhofer 1992, S. 157).

Dabei wird in allen Gruppen die formale hierarchische Steuerungsmöglichkeit ersetzt durch das Steuerungsprinzip der Konformität. „Die Gleichförmigkeit und Ähnlichkeit von Ansichten, Verhaltensweisen, Rechten und Pflichten etc. wird zum Entscheidungskriterium für alle anstehenden Fragen. Das schränkt die Möglichkeiten zur inneren Differenzierung und im Umgang mit bestehenden (und belebenden) Unterschieden sehr stark ein" (vgl. Schattenhofer 1992, S. 157).

Werden aufgrund langer, frustrierender und blockierender Erfahrungen mit diesem Führungsstil (oder sollte man ihn besser Führungsvermeidungsstil nennen?) doch Aspekte von Leitung überfällig, so werden diese Leitungsbedarfe z. B. für Koordinierung oder Gesprächsleitung funktional zugeteilt und von Spezialisten aus dem Kern der Gruppe übernommen, später aber wieder in die Gruppe zurückgeführt. Formale Leitungsrollen wie Vorsitzender oder Sprecher werden nur besetzt, wenn diese Vertretungsaufgaben von außen eingefordert werden und nötig sind (vgl. Schattenhofer 1992, S. 159).

Schaut man mit der Brille des oben beschriebenen gruppendynamischen Verständnisses auf das Geschehen, so lassen sich mit den beschriebenen Begriffen des Konformitätsdrucks und des Group Thinks die Gefahren der Einseitigkeit und der fehlenden Integration von Fremden die Begrenztheit dieser Sozialform verstehen. Die fehlende Formalisierung erschwert die Effizienz, weshalb die Organisationsprinzipien der Selbsthilfegruppen für entstehende Organisationen auf Dauer zu kurz greifen. Gleichzeitig erschweren, ja berauben sie sich der Möglichkeit, überdauernd Organisation zu werden.

4.4 Vom Pionierprojekt zur finanzierten Organisation am Beispiel von Frauenprojekten

Interessante Aspekte für den Kampf gegen bzw. die Entwicklung von formalisierten Strukturen entdeckte ich in der Beschreibung von Frauenprojekten und ihren Organisations-Entwicklungsbemühungen. Auffallend und sehr aussagekräftig sind hier Schuijit (1995) und Brückner (1993, 2005). Margrit Brückner beschreibt Frauenprojekte auf dem Wege ihrer Entstehung zwischen Alternativprojekt und sozialer Institution (Brückner 2005, S. 29–45). Sie hat über viele Jahre Netzwerke auf den Wegen ihrer Organisationsentwicklung im Spannungsfeld von Gleichheit und Hierarchie begleitet.

Sind ihre Beschreibungen begrenzt auf Frauenprojekte, so denke ich, dass die beschriebenen Mechanismen mehr mit den Prozessentwicklungen von Organisationen zu tun haben als mit einer spezifischen auf Frauen begrenzten Organisationsentwicklungspsychologie (siehe auch Erfahrungsbericht von Bascha 2012, S. 25–31)[2]. Das psychoanalytische Vokabular hilft beim Verstehen der massiven psychischen Prozesse in diesen Phasen und kann in unterschiedlichen Schattierungen für Frauen wie für Männer in Anspruch genommen werden. So will ich

---

[2]Wie ein Krimi liest sich die Beschreibung des Weges der Tageszeitung *taz* vom politischen Projekt zum Unternehmen durch deren langjährige Chefredakteurin.

die Beschreibungen für den Blick auf die Veränderung einer Initiative in der Pionierphase und deren Weiterentwicklung zu einer politisch vernetzten Organisation nutzen.

Als wesentliches Motiv der Gründungszeiten (siehe Brückner 2005, S. 30 f.) und der erfolgreichen Energetisierung für die Projektideen sieht sie die basisdemokratischen Leitvorstellungen mit den Hoffnungen auf eine unkomplizierte Gemeinschaft aller Frauen im Gegensatz zu den hierarchischen Vorstellungen der Männer, die eher auf Trennung und Vereinzelung angelegt sind.

Merkmale dieser anfänglichen Leitideen sind (vgl. Brückner 2005, S. 30):

- Selbstorganisation ohne Leitung und Hierarchie
- selbst bestimmtes und selbsttätiges Arbeiten
- Gleichheitsmodelle
- gemeinsame Betroffenheit
- eine egalitäre Haltung
- eigenverantwortliches Arbeiten
- Entscheidungen fallen – offiziell – im Plenum aller Beteiligten und Interessierten
- Fantasie einer ganzheitlichen Verkörperung des Projektes in jeder Person, das praktisch jede Person durchströmt und sie mühelos Teil der gesamten Bewegung sein lässt
- ideologische Überhöhung der Teilnahme mit den Hoffnungen auf eine bessere Welt

Sicher haftet diesen libidinös hochbesetzten und emotionalisierten Ansprüchen durch ihre Grenzenlosigkeit auch eine zerstörerische, explosive und archaische Seite an, die häufig in verdeckten Entscheidungsspielen, gegenseitigen Zerfleischungen und Rauswürfen endeten. Schmerzliche Wahrnehmungen, die aber kaum offen benannt, geschweige denn bearbeitet wurden. Gleichzeitig forderten die chaotischen Verhältnisse, informelle Machtstrukturen, nervenaufreibende Gruppenprozesse und unübersichtliche Arbeitsabläufe eine notwendige pragmatische Umgestaltung (vgl. Brückner 2005, S. 31).

Außerdem genügten diese Merkmale der Pionierphasen in der Geschichte der Institutionalisierung der Frauenprojekte nicht, um Gelder öffentlicher Träger zu erhalten. Vielmehr wurde für die Finanzierung ein gewisses Maß an stabilen Strukturen (z. B. Verein) und Organisation von den potenziellen Geldgebern der öffentlichen Hand verlangt. So wurden verhaltensregulierende verbindliche Organisationsstrukturen nötig, die die Gleichheit aller aufhob und die Betroffenen vom Ende der symbiotischen Verwachsenheit in eine Welt der Getrenntheiten katapultierten (vgl. Brückner 2005, S. 30).

Es entstand die „Pragmatische Wende" (vgl. Brückner 2005, S. 30 ff.) mit einer großen Übergangsleistung: die Pionierinnenphase mit den Anliegen und Energien der Frauenbewegung als dynamischen Ausgangspunkt zu nutzen und damit eine frauenspezifische Professionalität zu entwickeln und Frauenthemen und -einrichtungen gesellschaftlich zu verankern. Auch dadurch entstanden notgedrungen Leitungsstrukturen, es entstanden – früher verpönte – Unterscheidungen unter den Mitarbeiterinnen zwischen Leitenden und Nicht-Leitenden und zwischen Mitarbeiterinnen und den Nutzerinnen.

Wollte frau nicht dogmatisch in Gleichheitsfantasien erstarren, die Bedingungen von außen ignorieren und untergehen, musste sie die Ursprungsideale (der Gleichheit aller Frauen, der gleichberechtigten Teilhabe aller Frauen) verraten, sich damit an den Idealen der (frühen) Frauenbewegung schuldig machen und sich den neuen Anforderungen (von außen) anpassen. Zumindest einige mussten sich, auf dem Weg der Professionalisierung der Tätigkeiten – aggressiv – durchsetzen gegen andere Frauen, wollten sie eine der entstehenden Stellen ergattern. Sie wurden zu Täterinnen, setzten ihre eigene aggressive Potenz ein, entmachteten vorherige Kolleginnen aus der vermeintlichen früheren Gleichheit und luden damit „verantwortete Schuld" (Müller in Brückner 2005, S. 33) auf sich, um – durchaus eigennützig – einen Arbeitsplatz zu bekommen (und damit die Organisationsform weiter voranzutreiben).

Auch die frühen Idealisierungen der mächtigen, immer gebenden Mutter als möglichem Leitmotiv in der Zusammenarbeit musste zerstört, bzw. relativiert werden. Eigene Wege zu beschreiten, sich unabhängig zu machen von der alles gebenden und damit potenziell auch alles nehmenden mächtigen Mutter inklusive der Ausdifferenzierung der Schwesternschar waren die Wagnisse und die neuen Herausforderungen.

Es entsteht eine Ambivalenz (vgl. Brückner 2005, S. 39), ein Hin-und-her-Geworfen-Sein zwischen der Wertschätzung verbindlicher Strukturen und existierender Leitlinien, die verdecktem Machtgerangel und der Lähmung von Entscheidungsprozessen entgegenwirken, und, auf der anderen Seite dem gewohnten antiautoritärem und basisorientiertem Kampf *gegen* Bevormundung und *für* Autonomie und Selbstbestimmung. Frau ist hin- und hergerissen, weder selbst leiten, noch geleitet werden zu wollen, das Chaos zu beenden und Führung zu brauchen, aber gleichzeitig auch keine begrenzende Chefin haben zu wollen.

Ängste machen sich in der Übergangzeit breit. Die Angst, weniger wichtig und mächtig für das Ganze zu sein und Macht zu verlieren, treibt übermächtige Blüten und endet in Vernichtungsängsten. Diese sind dann wiederum Nährboden dafür, den alten – leiterlosen – Zustand wieder zurückzuholen.

Ein anderes – psychologisch orientiertes – Vorgehen beschreibt die Autorin für die Beratung solcher Teams aus der eigenen Selbstwahrnehmung (Brückner 2005, S. 36 f.): Die Gruppen brauchen eine Leitung von außen, die stark genug ist, die Aggressionen auszuhalten, Unterschiedlichkeiten anzunehmen und nicht dem Sog in die allgemeine Gleichschaltung zu folgen. Gleichzeitig müssen die Gefühle der Separation durchgestanden und begleitet werden, damit sich neue Ordnungen etablieren können. Häufig kommt es hier aber zur Entwicklung von Feindbildern, Abspaltungen, massiven Verletzungen, die auch einen vermittelnden Berater – wie Brückner schreibt – treffen können. Sie auszuhalten und nicht in Gegenaggression zu gehen, ist ein von ihr empfohlenes Vorgehen für Leitungen, Supervisoren, Coaches, die Gruppen und Teams in diesen Phasen begleiten.

Eine weitere Möglichkeit, mit den Spaltungen umzugehen, liegt darin, mit inhaltlichen Orientierungen und Themensetzungen[3] ein verbindendes Element zu etablieren, das die bloße Gruppendynamik übersteigt und ihr Sinn und Ausgang gibt. Hierin liegt die Chance, der gemeinsamen Aufgabe eine Vorfahrtsstraße zu gewähren, Ziele konkret zu formulieren und zum Erfolg zu verhelfen.

4.5   Von der Entwicklung der Gruppe zur Entstehung der Organisation

Bei der Bewältigung bestimmter Aufgaben, dem Erstellen von Produkten und Dienstleistungen sind wir in der prozessualen Entwicklung der Gruppe in einem Stadium angekommen, das aus dem Selbstverständnis der Gruppe heraus nicht mehr definiert werden kann. Variationen, mit diesem „Change" umzugehen oder ihn zu vermeiden, haben wir in den Selbsthilfegruppen gefunden wie in der pragmatischen Wende von Frauenprojekten hin zu Organisationen.

Die Gruppe verlässt ihren Status als Gruppe und erreicht eine neue Dimension, einen neuen Zustand, für den die bisherigen inneren Paradigmen als Erklärung nicht mehr ausreichen. Nötig ist eine Veränderung der Organisierungsform um sich auf Dauer zu konsolidieren, zu stabilisieren und den Kontakt nach außen zu etablieren. Das geschieht im Übergang – oder besser gesagt im Sprung – von der Gruppe zur Organisation. Als wesentliches Merkmal dieser Entwicklung sehe ich die Entstehung von formeller Hierarchie mit ihren Implikationen.

---

[3]Vgl. die Bedeutung der „dritten Sache", des gemeinsamen Themas in der TZI und die Bedeutung des „Auftrages" in der Supervision von psychosozialen Berufen.

Natürlich geschehen die Gerinnungsprozesse der Hierarchiebildung nicht immer nur linear auf einer Zeitschiene von links nach rechts, von gestern nach morgen, nach dem Motto: heute Gruppe – morgen Hierarchie. Gruppale Prozesse geschehen in Organisationen immer wieder neu auf jeder Hierarchiestufe, beim Zusammenlegen von Abteilungen, dem Abschaffen von Hierarchieebenen oder dem Herausbilden neuer Strukturebenen. Der entscheidende Unterschied zwischen „Gruppen" und „Gruppen in Organisationen" besteht darin, dass die „Gruppen in Organisationen" nicht zuerst Selbstzweck ihrer Teilnehmer zum Kontakt- und Beziehungsaufbau sind und nicht mehr einer nur gemeinsam beschlossenen Aufgabenstellung dienen, sondern dass sie der beschriebenen Sachdienlichkeit und gesetzten Aufgabenstellung der Organisation folgen (müssen), um als Teil dieser Organisation deren Fortdauer gewährleisten zu können.

Die Phänomene der Gruppenbildungsprozesse laufen also immer wieder neu in Mikroprozessen der Organisationen ab, gleichzeitig verlaufen sie nicht in einem luftleeren Raum, nicht ohne Kontext. Der Kontext heißt Organisation, mit ihren Zielen, Aufgaben, Strukturen, Hierarchieebenen, Umwelten.

Sehr häufig werden *Gruppen*modelle als mentale Leit(ungs)ideen für das Handeln in Organisationen benutzt. Es wird aber deutlich, dass dieses Denken zu kurz greift, um „Gruppen in Organisationen" zu verstehen.

Einige Gedanken zum Unterschied von Gruppe und Organisation:

- Gruppen- und Teamleiter in bestehenden Organisationen sind i. d. R. von oben und außen legitimiert. Das ergibt sich aus der Hierarchisierung der Organisation. Bei der Entscheidung und Besetzung von Gruppenleitern, Einrichtungsleitern, Abteilungsleitern wird i. d. R. aus der übergeordneten Verantwortung der oberen Ebene entschieden. Dem widerspricht nicht, dass es natürlich immer auch eine mehr oder weniger große Beteiligung der nachgeordneten Ebene in der Entscheidungsfindung geben kann.
- Die Legitimation für den Einbezug der übergeordneten Ebene entspricht der Aufteilung der Verantwortlichkeit auf verschiedene Ebenen der Organisation und dem Selbstverständnis der Gruppe als Team und Organisationseinheit. Hierbei werden die gruppalen Prozesse in die Paradigmen der Organisation gestellt. So ist ein Gruppenleiter von den Gruppenmitgliedern her gesehen „oben", von den Entscheidungsträgern der Organisation her gesehen aber auf einer unteren Ebene. Diese Leitungsebene „dazwischen" vernetzt und trennt, überbrückt und puffert ab, ein Dilemma, das häufig als Hin-und-her-Gerissen-Werden in der Sandwichposition beklagt wird, aber auch die Gestaltungsmöglichkeiten genau dieser Zwischenebene ausmacht.

Die Entscheidungsmöglichkeiten in einem Team werden damit verteilt auf mindestens zwei Ebenen einer Organisation und sind verschieden zu den mehr informellen Entscheidungsabläufen in Alltagsgruppen. Ich gehe darauf später ausführlicher ein.

Ohne Anspruch auf Vollständigkeit will ich einige Zusammenhänge zwischen Gruppe und Organisation darstellen.

Gruppe und Organisation

1. Organisationen entwickeln sich aus Initiativen, Bewegungen, Netzwerken, die sich wie Gruppen formieren.
2. Organisationen und ihre Abteilungen funktionieren also im Frühstadium nach Regeln der Gruppe.
3. Gruppendynamische Faktoren bilden dann *eine* Folie zur Erklärung des Geschehens in Organisationen.
4. Sie erklären das Geschehen aber nie ganz, weil Organisationen anderen Prinzipien folgen als eine Gruppe.
5. Gruppendynamische Gesetzmäßigkeiten verschränken sich mit den Dynamiken der Organisation zur Hybridversion eines Teams.
6. Die gruppendynamisch entstandenen Führungsrollen transzendieren irgendwann die konkrete Führungsperson, lösen sich von ihr ab und gerinnen zur hierarchischen Struktur.

4.6   Organisationsentwicklungsmodell nach Lievegoed

Jetzt sind wir bei der Organisierung einzelner Tätigkeiten durch die Gruppe hin zur Entwicklung einer Organisation gekommen. Für die Entwicklung von Organisationen gibt es verschiedene Modelle. Die beschriebenen Stadien der Entwicklung existieren dabei nicht im luftleeren Raum sondern werden in den „Gruppen in Organisationen", also den Arbeitsteams entsprechend erlebt. Sie manifestieren sich dort in der Psyche der Mitarbeitenden und Führenden.

Ein bekanntes und einigermaßen differenziertes Organisationsentwicklungsmodell ist das des Holländers Lievegoed (Glasl und Lievegoed 2004). Sein Modell beschreibt drei Phasen, die eine Organisation in ihrer Entwicklung durchläuft. Nach einigen Adaptionsschwierigkeiten der Gedanken Lievegoeds im deutschsprachigem Raum griff Glasl, der 17 Jahre mit Lievegoed in Holland zusammengearbeitet hatte, dessen Modell auf, ergänzte es durch eine vierte Stufe und verbreitete es im deutschen Sprachraum. Immer wieder sind mir die Deutlichkeit und die Aussagekraft der Entwicklungsbeschreibungen Lievegoeds aufgefallen und im Zusammenhang mit dem Thema Hierarchiebildung gerade der Übergang von der ersten „Pionierphase" zur zweiten „Differenzierungsphase" in den Blick geraten.

Ich entscheide mich auch deshalb für dieses Modell, weil der von Lievegoed beschriebene „Wandel" und die Entwicklung der Phasen meiner Wahrnehmung entsprechen, dass in den Übergängen der Phasen ein wesentlicher Wechsel stattfindet, der nicht nur eine Ergänzung des Vorherigen ist, sondern einen qualitativen Sprung darstellt. Lievegoed verdeutlicht nämlich, dass die jeweils neue Phase nach anderen Gesetzmäßigkeiten abläuft, wie die vorherige. Die Entwicklung erfolgt also als ein diskontinuierlicher Prozess in gewissen Sprüngen, die nicht umkehrbar sind. Auf den höheren Ebenen erfolgt eine Integration der vorangegangenen Qualitäten, wobei die folgende Phase sich von der vorherigen durch einen höheren Komplexitätsgrad und eine höhere Fähigkeit, Komplexität zu bewältigen, unterscheidet (vgl. Glasl und Lievegoed 2004, S. 41). Freilich entwickeln sich in sozialen Systemen die Übergänge fast immer unvollständig, sodass Reste und Anachronismen aus vorherigen Stadien in der jeweils aktuellen Situation zu finden sind und zu Konflikten führen können unterscheidet (vgl. Glasl und Lievegoed 2004, S. 42).

So lebt die personenorientierte informelle Ausrichtung der Pionierphase häufig in der formalen Organisation der Differenzierungsphase im Untergrund als informelle Organisation weiter, und stört dort gegebenenfalls. Es kann aber auch unter Druck auf die vorhandene informelle Organisation zurückgegriffen werden unterscheidet (vgl. Glasl und Lievegoed 2004, S. 42). Da mit der Entstehung der zweiten Phase in der Organisationsentwicklung auch „Hierarchie" entsteht und diese in den nächsten Phasen der Organisation erhalten bleibt, will ich mich auf die drei Phasen von Lievegoed beschränken. Die Entstehung der vierten Phase ist für den Sprung zur Hierarchie und ihre Etablierung dann nicht mehr so entscheidend.

Ein zweiter Grund, weswegen ich mich für das Modell von Lievegoed entscheide, ist die Orientierung der Organisation in einem Prozessverständnis. Lievegoed geht in seinem Modell davon aus, dass Organisationen zu unterschiedlichen Zeiten ihrer Entwicklung verschiedene „Aggregatzustände" aufweisen *müssen*. Eine aktuelle Situation in einer Organisation und damit jede Teamsituation zu einer bestimmten Zeit ist demnach immer aus der Entwicklung des gestrigen zum heutigen Zustand zu verstehen und mit den Entwicklungsnotwendigkeiten im Heute für das Morgen zu gestalten. Die jeweils neue Phase ist dann nicht nur mit den Paradigmen der alten Phase zu beschreiben, weil sie sich eben gewandelt hat und neuen Notwendigkeiten folgen muss.

Ich möchte die drei von Lievegoed dargestellten Phasen kurz skizzieren um dann den Übergang von der Pionierphase zur Differenzierungsphase mit dem Blick auf die Entwicklung der Hierarchie genauer zu beleuchten.

Innerhalb eines Organisationsentwicklungsmodells ist die Pionierphase in vielem mit den oben beschrieben gruppalen Mechanismen vergleichbar, ja vielleicht identisch. Sie wird stark von individueller Psychologie der Handelnden sowie durch die Gesetzmäßigkeiten oben beschriebener Gruppendynamik geprägt. Ein Unterschied zwischen den Anfängen einer Gruppe und der Anfangsphase des beschriebenen Organisationsentwicklungsmodells liegt darin, dass sich in der Gruppe Fragen der Macht zwischen den gleichberechtigten Beteiligten erst entwickeln. Beim beschriebenen Organisationsmodell ist aber ein Unterschied der beteiligten Personen von Anfang an gegeben, da zwischen Gründern und Geführten unterschieden wird. Trotzdem ist die persönliche, informelle Ausrichtung in beiden Modellen gleich, ebenso wie die propagierte hohe Beteiligung aller in Bezug zum Ziel und zur Aufgabe der Gruppe/Organisation.

Bei dem Übergang von der Pionier- zur Differenzierungsphase wird die Begrenztheit der Erklärungsmodelle der Gruppe deutlich und die Notwendigkeit, eine gewandelte Sozialstruktur zu finden, die nach neuen Gesetzmäßigkeiten abläuft. Damit läuft die Entwicklung auf das Format der Organisation zu.

4.6.1   Die drei Phasen im Überblick

4.6.1.1 Die Pionierphase: das Unternehmen als Großfamilie

Die Anfangsphase ist gekennzeichnet durch den engen Bezug zu einzelnen Persönlichkeiten. Der oder die Pioniere prägen und energetisieren mit ihrer Vision das Geschehen und die beginnende Entwicklung. Andere Personen orientieren sich eng an ihnen und identifizieren sich mit deren Zielen und Vorstellungen, was aus der „Unternehmung" werden soll.

Nach außen wirkt das Unternehmen wie eine Großfamilie oder eine verschworene Aktionsgemeinschaft (Glasl und Lievegoed 2004, S. 50). Typisch in dieser Zeit ist die enge, direkte und intensive Beziehung. Das gilt sowohl für die handelnden Personen der Organisation zueinander als auch im Bezug zu deren Kunden. Man kennt sich, lebt von der Direktheit der Kontakte und der Nähe der Beziehungen. Das Informelle, Direkte, Spontane, Familiäre hat Vorfahrt bei der Ausgestaltung der Arbeit. Man kennt die Mitarbeitenden, weiß, was der Kunde braucht. Dementsprechend ist das Vorgehen meist wenig geplant und oft improvisiert. Der Führungsstil ist häufig charismatisch-autokratisch.

Probleme ergeben sich am Ende der Pionierphase durch das Größer- und Älterwerden der Organisation und die steigende Komplexität. Immer noch den Paradigmen der Pionierphase folgend, wird die Bedeutung und Reichweite der Führungsperson relativiert, sein schwindendes Charisma wird ersetzt durch Personenkult, Undurchschaubarkeit und Chaos, bis hin zu Rivalitäten in der Nachfolge. Die eingespielte Abhängigkeit der Mitarbeiter von den Pionieren und ihre Unselbstständigkeit werden zum Problem und führen dazu, dass die neuen Aufgaben mit den alten Regeln nicht mehr gelöst werden können.

4.6.1.2 Die Differenzierungsphase: das Unternehmen als rationales Konstrukt

In dieser Zeit am Ende der Pionierphase – der Differenzierungsphase (siehe Glasl und Lievegoed 2004, S. 51) – wird versucht, dem Überfordernden und Chaotischen, das v. a. durch die einseitige Personenorientierung gegeben ist, mit Standardisierung und Systematisierung zu begegnen. Immer wieder vorkommende Abläufe werden von Personen abgehoben, formalisiert und in formellen Anweisungen niedergeschrieben. Das Geschehen wird nach Funktionen gegliedert, Aufgaben werden zerlegt, standardisiert, Teilaspekte spezialisiert. Aufteilungen erfolgen z. B. in planende, ausführende und kontrollierende Tätigkeiten oder gar in entsprechende Abteilungen für diese Aufgaben. Durch Koordination und Leitung werden Stellen und Funktionen dann wieder verknüpft, mit unterschiedlichen Entscheidungsbefugnissen ausgestattet und in (hierarchischen) Linienfunktionen einander zugeordnet. Das Denken ist stark um die Rationalität der Organisation bemüht, Kundenkontakte werden losgelöst von den direkten Beziehungen der Anfangszeit und die Wünsche der Kunden werden mit anonymisierten Mitteln und Befragungen erforscht.

Die Krise am Ende dieser zweiten Phase entsteht durch eine Übertreibung und Vereinseitigung der technisch rationalen Momente der Organisierung. Die Differenzierung wird zu weit getrieben und es entstehen Eigendynamiken von Abteilungen und Ebenen der Organisation. Es wird überreguliert und zu sehr festgelegt, sodass das Geschehen erstarrt, Innovation und Entwicklung zu kurz kommen. Bürokratisierung wird von den Mitarbeitern beklagt und die Organisation als kalt und unmenschlich empfunden. Das gemeinsam Erlebte und Empfundene geht zunehmend verloren.

4.6.1.3 Die Integrationsphase: das Unternehmen als Organismus

Das Verbindende in der Organisation wird in der Integrationsphase (Glasl und Lievegoed 2004, S. 52) nicht mehr (nur) funktional und mechanistisch gesucht, sondern die gefundene Struktur der zweiten Phase wird genutzt und weiterentwickelt (Glasl und Lievegoed 2004, S. 92) und über die gemeinsame Ausrichtung auf Sinn und Zweck der „Mission" des Unternehmens ergänzt. In gemeinsamen Gesprächen werden Ziele geklärt und vereinbart. Dadurch ist es möglich, die Organisation in überschaubare Einheiten zu gliedern, die sich stark auf ihre jeweilige Aufgabe konzentrieren und möglichst viel selbstständig und ganzheitlich ausführen und entscheiden. Teamarbeit und hohe Mitarbeiterbeteiligung werden möglich. Unterstützung erfolgt durch ständige Schulung der Mitarbeiter und durch die Beratung durch zentrale Stabstellen, die dezentrale Entscheidungen vor Ort ermöglichen. Die Organisation richtet sich konsequent an den Nutzenerwartungen der Kunden aus. Das gilt auch für Struktur und Führung, die flexibel nach dem Nutzen für die Kunden fragen.

Krisen können sich am Ende dieser Phase durch eine zu starke Beschäftigung mit eigenen Strategiekonstrukten ergeben, die sich durch Konzentration auf das Eigene der Organisation entwickelt und den Blick auf die Kunden verliert.

4.6.2 Die Entstehung der Hierarchie und ihr Einfluss auf Führung

Um die Entstehung von Hierarchie zu verdeutlichen, möchte ich einen genaueren Blick auf die Führungsprozesse in und zwischen den ersten beiden von Lievegoed beschriebenen Phasen richten. Natürlich ist die organisationale Wirklichkeit vielfältiger als jedes Modell der zu beschreibenden Entwicklung. Trotzdem kann die Beschreibung der Führungsprozesse in dem Modell von Lievegoed wesentliche Hinweise für die Übergänge und die Notwendigkeit zur Entstehung von Hierarchie bieten.

Führung geschieht in den Anfängen einer Organisation durch die klare Ausrichtung auf die Pionierinnen und Pioniere. Mit ihrem Charisma, mit ihrem Vorbild, mit ihrer Gründungsidee bieten sie klare Orientierung für Mitarbeitende. Die Identifikation mit ihnen und ihren Ideen ist in den Anfangszeiten hoch und alternativlos. Machtaufteilungen in Entscheidungsprozessen werden, falls überhaupt, nach persönlicher Nähe zu den Gründern und der Ähnlichkeit der Persönlichkeit zu der der Führungsfigur entschieden. So sind die Auswahlkriterien bei Neugewinnung von

Personen die persönliche Nähe und Beziehung und/oder Ähnlichkeit der neuen Persönlichkeiten zur Charakterstruktur der Führungsperson. Was später zur Einseitigkeit führt, ist in der Pionierphase das tragende „Betriebsmittel" der Organisation: Nähe, Beziehungen, Ähnlichkeiten, Vertrauen (vgl. Glasl und Lievegoed 2004, S. 199–202). Sie sind Bausteine der Führungsprozesse. Sie ermöglichen, weit vor der Entwicklung irgendwelcher formaler Hierarchien, das Gefühl, dazuzugehören und wesentlich Anteil an der Ausgestaltung der Gründungsideen zu haben. Der Glaube an die Kraft der Führungspersönlichkeit und ihre Autorität beruhigt und integriert. Der symbolische tägliche Rundgang des Pioniers im Betrieb sorgt für nahen Kontakt zu Mitarbeitern und Kunden, schafft Vertrauen und liefert ihm die nötigen Daten für die Weiterentwicklung.

Sobald der Pionier aber, etwa durch Vergrößerung des Betriebs oder durch Modernisierungen und Spezialisierungen nicht mehr alle Stellen im Betrieb überschauen kann, Beziehungen nicht mehr so eng gestalten kann, die Arbeit von Experten nicht mehr selbst übersehen kann, neue Arbeitsmethoden für ihn unverständlich werden, selbst gewählte oder selbst ernannte „Fürsten" sich verselbstständigen, entstehen für ihn blinde Flecken, die er nicht mehr verantworten und gestalten kann. Dann kommt es ohne Weiterentwicklung des Führungsstils zu Krisen in der Organisationsentwicklung.

4.6.2.1 Führung in der Krise am Ende der Pionierphase

Die Krisen entstehen in den Zeiten, in denen die bisherigen Führungsinstrumente an ihre Grenze kommen – am Ende der sogenannten Pionierphase (vgl. Glasl und Lievegoed 2004, S. 202–204). Es gibt Probleme, die mit dem Organisationsverständnis der Pionierphase (Großfamilie; Gruppe) nicht mehr zu bewältigen sind. Die größere Komplexität überfordert herkömmliche direkte und personenbezogene Führung. Es entstehen Machtvakuen, die mit einem Mehr an Beziehung und Nähe nicht mehr lösbar sind. Weil die direkten Kontakte nicht mehr tragen, wird Entscheidungsfähigkeit in wichtigen Dingen blockiert. Bösartige Machtkämpfe im Unternehmen, die das Führungsvakuum für ihre Profilierung und Karriere nutzen, streuen Sand ins Getriebe. Inhaltliche Konflikte werden personalisiert, es entstehen Verwirrungen in der innerbetrieblichen Kommunikation, die Übersicht geht verloren. Krisensituationen durch Konflikte und Kompetenzunklarheiten an vielen Stellen rufen nach neuen Ordnungs- und Lösungsprinzipien.

4.6.2.2 Führung in der Differenzierungsphase

Dem Chaos des Informellen und der Willkür der Personenorientierung aus dem Ende der Pionierphase gegenüber wird jetzt, im Zuge der Führung in der Differenzierungsphase (vgl. Glasl und Lievegoed 2004, S. 204–225), ein „Apparat" errichtet. Anstelle von Gefühl, Nähe und Intuition wird alles steuer- und kontrollierbar, rational und zielorientiert durchstrukturiert. Die Struktur der Organisation wird nach funktionalen Gesichtspunkten gebildet und formalisiert. Vorgesetzte führen jeweils eher wenige Mitarbeiter mit möglichst kleiner Kontrollspanne. Die Beziehungen zwischen Vorgesetzten und Mitarbeitern werden nach Sachnotwendigkeiten geregelt und sollen nicht der Sympathie/Antipathie überlassen werden. Führung ist betont sachorientiert und geprägt von einem Einhalten der Befehlslinien und des Dienstweges.

Dabei geht dem Einzelnen der Einblick in Sinn und Zweck seiner eigenen Beiträge für das Gesamt oft verloren. Zwischen die Menschen und das Ziel schieben sich Prozeduren, Pläne, Kontrollmaßnahmen. Der Einzelne wird zum „Produktionsfaktor Mensch", standardisiert und mechanisiert. Machtbasen verschieben sich von informeller Beziehungsmacht zu Positionsmacht und Expertenmacht. Mit den Möglichkeiten der formellen Organisation, durch Regeln und Technik, durch Stellenbeschreibungen, Führungsanweisungen und Verfahrensvorschriften wird indirekter, unpersönlicher Machtgebrauch möglich und gestaltet. Gleichzeitig findet mit diesen unpersönlichen aber rationalen Gliederungsmöglichkeiten die Verknüpfung der einzelnen Aufgaben, Handlungsstränge zu einem Gesamt statt. Der Koordinierungsmechanismus dabei ist die hierarchisch-formelle Über-Unterordnung (vgl. Glasl und Lievegoed 2004, S. 84).

Das Verhältnis der einzelnen Mitarbeiter zum Unternehmen wird – verglichen mit der Gefühlsbetontheit der Pionierphase, an die viele Menschen im Unternehmen noch mit Nostalgie denken – viel distanzierter. Sie wird aber auch objektiver und ermöglicht eine bessere und transparentere Ausrichtung auf die Leistungsanforderungen des Unternehmens. Dabei weicht die persönliche Abhängigkeit der Menschen von ihren Führungskräften der Systemabhängigkeit des ganzen Unternehmens. Die Merkmale der Veränderung von der Pionier- zur Differenzierungsphase zusammengefasst (vgl. Glasl und Lievegoed 2004, S. 77–84):

1. Standardisierung mit dem Ziel der Vereinheitlichung von Abläufen und der Auswechselbarkeit der funktionstragenden Personen
2. Funktionalisierung der Personen
3. Spezialisierung und Trennung der Aufgaben mit Aufgabenteilung z. B. zwischen der Steuerung des Geschehens und der Ausführung
4. Wiederverknüpfung der Handlungsebenen durch Kommunikation, Führung und formale Instrumente wie Organigramm, Stellenbeschreibungen, Sanktionsmittel

5. Hierarchie als ordnender Trennungs- und Lösungsmodus in der Linien-
organisation

6. Formalisierung der spontanen Beziehungen, Arbeitsweisen und Strukturen in formal-geregelten Abläufen

4.6.2.3 Führung in der Integrationsphase

Den Schwierigkeiten am Ende der Differenzierungsphase versucht die Integrationsphase entgegenzuwirken. Dabei greift sie die Errungenschaften der ersten
beiden Phasen auf. Die Engführung des Blickes auf die Ausgestaltung der Organisation und die Errichtung eines „Apparates" weitet sie durch einen funktionalen
Blick auf die Struktur. Dient die aktuelle Struktur wirklich dem Betriebsziel, dann
kann sie so lange unverändert bleiben, solange diese Form der Zusammenarbeit
sich als nützlich erweist (vgl. Glasl und Lievegoed 2004, S. 117 f.). Ansonsten
muss sie funktional weiterentwickelt werden.

In dieser Phase wird auch dem Menschen eine geänderte Funktion erteilt. Er
wird wieder aus der Engführung als Funktionsträger entlassen, auf die er in der
zweiten Phase reduziert wurde. Vielmehr wird er deutlicher mit seinen Potenzia-
len gesehen, allerdings ohne dass seine Einbindung in die hierarchische Struktur,
das Ergebnis der zweiten Phase, übergangen wird. Die schöpferische Potenz des
sozialen Subsystems, sprich die Fachkenntnisse, Initiativen und Selbstkontroll-
möglichkeiten der Mitarbeiter werden als „Huhn mit den goldenen Eiern" (vgl.
Glasl und Lievegoed 2004, S. 101) entdeckt, das es innerhalb bestimmter Rah-
menvorgaben zu nutzen gilt.

Das ergibt für gelingende Führung die pointierten Fragen: „Wie weit muss
ich mit meinen Vorgaben gehen, wenn ich Menschen Aufträge erteile? Welcher
Freiraum muss für die Selbststeuerung am Arbeitsplatz gegeben werden?" (Glasl
und Lievegoed 2004, S. 102) Der Führungsstil dieser Phase ist auf Teamarbeit
angelegt, gestaltet echte Aufgabendelegation, gewährt im Bedarfsfall Unterstützung und fördert Selbstständigkeit und unternehmerisches Denken auf jeder Hierarchiestufe (vgl. Glasl und Lievegoed 2004, S. 106). Möglichst viele steuernde
Funktionen werden wieder in die Gruppen auf unteren Ebenen verlegt und die
Arbeit der Gruppen stellt wieder ein möglichst sinnvolles Ganzes dar (vgl. Glasl
und Lievegoed 2004, S. 113). Nach der Trennung von Planung, Ausführung, Kontrolle in der zweiten Phase werden diese in der dritten Phase wieder nach Möglichkeit zusammengelegt und ermöglichen einen hohen Gestaltungsspielraum und
erhöhte Arbeitsleistungen durch erhöhte Arbeitsmotivation in Bezug auf die Aufgabe.

4.6.3 Wertung des Modells für das Verständnis von Hierarchie

Die Entwicklung von Organisationen läuft über die Entwicklung von hierarchischen Strukturen, die zu einer bestimmten Entwicklungsphase *das* Mittel der Organisationsentwicklung darstellen. Die Hierarchiebildung kann nicht übersprungen werden, wohl aber in späteren Entwicklungsphasen geweitet und sozialverträglich modifiziert werden. Eine Verweigerung der Entwicklung führt zu Krisen und Einseitigkeiten. Die Hierarchie bildet das Muster, das das Geschehen, die Interaktionen, die Machtverhältnisse in der Organisation gestaltet und wesentlich prägt.

Gleichzeitig gibt es durch Verlangsamung, Aufteilen von Prozessen, Neugründungen von Unternehmensteilen und Abteilungen, neuen Fachgebieten, Projekten aber die Möglichkeit, dort die Anfänge der Organisationsentwicklung erneut in Gang zu setzen, und die Vorteile früherer Phasen zu nutzen. Freilich kommt auch dann irgendwann die Notwendigkeit der Weiterentwicklung nach den beschriebenen Phasen mit der Entwicklung von hierarchischen Organisationsmustern in den neuen, kleineren Einheiten wieder in Gang.

Eine Begrenztheit des Ansatzes von Lievegoed scheint mir, dass er von einzelnen Gründungspersönlichkeiten ausgeht, nicht aber von Personengruppen, die sich mit einer Idee zusammentun, ein Ziel gemeinsam verfolgen, einen gemeinsamen Auftrag übernehmen, eine Organisation gründen. Wie gehen das Geschehen und die Dynamik der Organisierung, wenn mehrere Personen in einer Gründungsphase initiativ werden. Einen Teil der Dynamik haben wir durch den Blick in die Gruppendynamik entdeckt und beschrieben. Deren innere Dynamiken müssen sich aber ebenso wandeln und, das macht das eben beschriebene Modell deutlich, sich über den Weg der Hierarchisierung den Prinzipien der Organisation unterwerfen, bzw. sich zur Organisation wandeln.

Mit den beschriebenen nötigen Wandlungsprozessen von der Gruppe zur Organisation nach Lievegoed, mit den Schwierigkeiten, Blockaden aber auch notwendigen Entwicklungen in der ganz konkreten Praxis lassen sich auch die Entwicklungsbemühungen der Selbsthilfegruppen noch mal interpretieren. Sie entscheiden sich für die größere Nähe und Personenbezogenheit, die ihrem Sinn und Auftrag entsprechen. Aus organisationsdynamischer Sicht bleiben sie damit allerdings in der Pionierphase stecken, noch bevor sie sich zu einer Organisation weiterentwickeln können und bevor sie demnach die Vorzüge der Stabilisierung der Strukturen für ihre Aufgabestellung nutzen können.

Die Frauenprojekte als Bild für soziale Initiativen hingegen entwickeln –
durch die „pragmatische Wende" genötigt – Strukturen, die der Formalisierung
der zweiten Phase des beschriebenen Modells entsprechen. Damit überleben sie
die Anfänge der Gruppendynamik in der Pionierphase und kommen in die Zeiten
strukturierter, hierarchischer Organisationsformen. Das fordert einerseits Wandlung und kostet andererseits den Abschied von Gleichheitsmythen und Allmachtsfantasien. Gleichzeitig gelingt es damit, die Gründungsideen zu performieren und
gewandelt fortzuführen.

4.7   Gefahren der Entwicklungsverweigerung: die Flucht in informelle Hierarchien, Mobbing, Burnout und Krankheit

In dem Modell von Lievegoed wird auf die Risiken und Dysfunktionalitäten des
Geschehens am Ende jeder Phase hingewiesen. So benennt er auch die Gefahren
am Ende der Pionierphase, die nach struktureller Weiterentwicklung verlangen.
Auch die Versuche in oben beschriebenen selbst organisierten Gruppen wirken –
von außen betrachtet – oft als vergebliche Suche im Kreis des schon Bekannten.
Sader und König weisen auf den Ordnungsbedarf in immer komplexer werdenden Gruppen hin, die diesem durch Formalisierung oder Hierarchisierung (König)
gerecht werden können. Sader benennt die Gefahr des „Group Think" als Veren-
gung des Denkens in älter werdenden Gruppen mit den möglichen Gefahren für
folgenreiche Fehler in den Ergebnissen. Das Ende dieser OE-Phase scheint eine
störanfällige Zeit in dem Geschehen innerhalb von Gruppen und Organisationen
zu sein.

In meiner Supervisionsarbeit deute ich viele Störungen der Kommunikation
und Zusammenarbeit in Arbeitsteams aus diesem prozessualen Verständnis heraus als eine Entwicklungsverweigerung gegen die Weiterentwicklung der Struktur
vom Kreis zur Hierarchie, gegen die Folgen für die sich wandelnde Bedeutung
der Person in diesem Geschehen und gegen eine hierarchisch geregelte Struktur.
Nimmt man auf der Ebene der Person die psychisch erforderlichen Veränderungen in diesen Phasen des verweigerten Überganges wahr, so wird deutlich, dass
eine immense Veränderungs- und Abschiedsarbeit in dieser Zeit geleistet werden
muss. Die not(!)wendigen Wandlungs(!)schritte werden oft hinausgezögert, verschoben, verweigert.

Das aber ist der Nährboden für dysfunktionale Kommunikationsvorgänge in
Teams, für Führungsfehler zwischen Führenden und Geführten, für die Suche nach
Lösungen, die – ohne den qualitativen Sprung in das veränderte Selbstverständnis

einer Organisation und ihrer formalen Struktur – nicht wirklich Lösungen werden können und schmerzliche Ersatzschauplätze kreieren.

Die überbordende Menge an Kommunikation, garniert mit Endlosdiskussionen und verzweifelten inhaltlichen Auseinandersetzungen in diesen Zeiten macht müde und mürbe. Kühl spricht den krankhaften und krank machenden Anteil dieses Geschehens im Begriff der „Meetingitis" (Kühl 2000, S. 59) aus. Themen werden immer wieder, an verschiedenen Orten besprochen und nicht zu Ende geführt. Die Orte der Kommunikation sind gezeichnet von der selbstverständlichen Forderung, dass möglichst alle Betroffenen dabei sind. Unterscheidungen in den Berufen, Verantwortlichkeiten, Machtbefugnissen, Beteiligungsgraden werden nicht wahrgenommen, tauchen dann aber doch in subtilen Machtkämpfen der informellen Hierarchien an anderen Stellen auf und steuern aus dem Hintergrund die Dynamik des Teamgeschehens.

Die Entscheidungsunfähigkeit durch die ungeklärte kommunikative Situation führt zu Endlosschleifen in Entscheidungsprozessen. Entscheidungen werden getroffen, dann aber vergessen, nicht eingehalten und wieder über den Haufen geworfen. Die fehlende Verbindlichkeit wird bestenfalls beklagt, aber nicht überwunden. Appelle an die Selbstdisziplin jedes Einzelnen, Aufforderungen, „jeder zupfe sich an der eigenen Nase", die Erinnerung, dass es sich doch bei allen Beteiligten um Erwachsene handle, sind oft gehörte dramatische Versuche in diesen Zeiten, das alte Organisationsmodell des Kreises doch noch aufrecht zu erhalten und zu verteidigen. Gespeist durch den Mythos, dass alle gleich verantwortlich seien, überfordern sich alle. Verbunden mit den darin enthaltenen vermeintlichen eigenen Freiheitsgraden, propagierten Mitbestimmungsmöglichkeiten und fantasierten Allmachtsansprüchen verhebt man sich mit Aufgaben und Verantwortung. Von innen her kommt die Idee einer Lösung durch Strukturbildung, die Außenstehende schon sehen können, nicht in den Blick oder wird aus ideologischen Gründen bekämpft.

Ich sehe zwischenzeitlich diese verworrenen schmerzlichen Zeiten des (verweigerten) Übergangs als idealen Nährboden für Mobbingprozesse, Endlosmachtkämpfe, Burn-out-Karrieren. In ihnen kommt es zur (Re-)vitalisierung von psychischen Dysfunktionalitäten und Krankheiten beim Einzelnen und Konfliktverschiebungen aus der Gruppen- und Organisationsentwicklung hin auf arbeitsrechtliche Ebenen der Organisation. Über Sündenbockdynamiken und fortdauernde Ausgrenzungsversuche werden Einzelne diskriminiert und gemobbt.[4] Es wird versucht, mit Sympathie und über Beziehung alte, informelle Ordnungen

---

[4]Ich gestatte mir ein umgangssprachliches Verständnis von Mobbing und verzichte hier auf eine arbeitsrechtliche relevante Definition.

zu etablieren und über diese die Zugehörigkeit zur Gruppe zur regeln. Und das mit großer Hartnäckigkeit, Vehemenz und bis zur Verbitterung. Vermeintlich auch, um durch den Rückgriff auf das Bekannte und die gewohnte Beziehungsdimension wieder eine arbeitsfähige Ordnung herzustellen. Dabei aber werden Verlierer geschaffen und Opfer geboren.

Ähnliche Schäden ruft die Vergeblichkeit und Aussichtslosigkeit des Übermaßes an Kommunikation in der Psyche vieler Beteiligter hervor. Entscheidungsfrust und Arbeitsblockaden schleichen sich ein und machen sich breit. Werden solche Aussichtslosigkeiten zur Gewohnheit, kommt es zu Verfestigungen psychischer Haltungen, zu Resignation und Frustration bei Mitarbeiterinnen und Mitarbeitern, bei Geführten wie auch Führenden.

Das Motto lautet dann: „Lieber die Stelle wechseln, lieber die alte Ideologie aufrecht erhalten, lieber informelle Hierarchien pflegen, als sich verändern". Das individuelle Bedürfnis nach Orientierung und die organisatorische Notwendigkeit für neue Ordnungen wird auf Ersatzschauplätzen und in „informellen, geheimen Hierarchien" gesucht und gestaltet: „Wer ist derjenige mit den meisten Arbeitsstunden?", „Wer ist die (Dienst-)Älteste?", „Wer verdient am meisten?", „Wer ist die Schönste?", „Wer ist der Schnellste, die Lauteste, der Frömmste, wer mit und ohne Kinder, wer am nächsten zur Chefin, wer einheimisch, wer fremd?" Vielfältige, verdeckte und verzweifelte, hartnäckige aber zwecklose Machtkämpfe auf der Suche nach Ordnungen, die verletzen und durch ihre Aussichtslosigkeit letztlich Leiden in der Organisation vervielfältigen und ausbrennen lassen.

Andersherum gesagt: Dort, wo Mobbing geschieht oder sich Burn-out ereignet, hat das sehr häufig damit zu tun, dass bei der berechtigten Suche nach Ordnungen in der Gegenwart und für die Zukunft die falschen Ordnungen der Vergangenheit gesucht und auf informellem Wege gewählt werden. Dort aber sind zukunftsträchtige Lösungen nicht zu finden, auch nicht bei vermehrten und erweiterten Anstrengungen. Ein Mehr-Desselben mündet in „Patt-End-Lösungen" (Watzlawick 1991, S. 7 f.), die zu bösartigen Ausgängen führen.

Ein wichtiger Aspekt der verweigerten Wandlung liegt im Zurückblicken auf früher. Sätze wie „früher war alles besser", das Verherrlichen früherer Zeiten, ihrer Leitungspersonen und deren Führungsphilosophien verführen dazu, Abschiede zu vermeiden und sich nicht mit den konkreten und realen Leitungspersonen der Gegenwart auseinanderzusetzen. Dass – bei allen Verdiensten und Gewinnen – auch die frühere Zeit ihre Plagen hatte, dass die Alten auch ihre Gründe hatten, zu gehen (und das sind nicht unbedingt immer nur Altersgründe) wird geflissentlich übersehen und wirkungsvoll negiert.

Oft findet mit dem Personenwechsel an der Spitze auch ein Kultur-, Führungsstil- und Strukturwechsel statt, der die Defizite der Vorgänger beheben, die

Einseitigkeiten früherer Führungsstile ergänzen und die Gesamtprozesse wieder in ein Gleichgewicht bringen soll. Das aber wird von vielen Geführten als Gegensatz zu früher erlebt, als Verrat an den früheren Führungspersonen, als Entwertung der „guten alten Zeit", als Loyalitätsverletzung, die selbst nach dem Weggang der früheren Akteure bekämpft und sabotiert wird.

Eine häufig gehörte Klage in diesen notwendigen Übergangszeiten gilt dem distanzierter werdenden Umgang miteinander. Es fühlt sich kälter an als früher, als die Nähe der Beziehungen (im günstigen Fall!) noch Wärme spendete und durch die kommunikative Nähe vieles geregelt und entschieden werden konnte. Die Distanzierung und Entfernung aus persönlichen Beziehungen benötigt andere – distanziertere – Formen der Verknüpfung. Die sucht sich die Organisation, wie ich bereits beschrieben habe, in schriftlich festgehaltenen Regeln (Traugott Lindner spricht von „sekundärer Kommunikation", zitiert in Buchinger 1997, S. 13), Ablaufprozessen, Stellenbeschreibungen. Sie enthalten Verhaltenserwartungen und -regeln, die das Geschehen von Einzelpersonen entkoppeln, unabhängig machen und auf Rollen und Positionen im Gefüge übertragen. Das Wissen und die Erfahrung der Einzelnen findet ihren Niederschlag in Verhaltensvorschriften, Routinebeschreibungen, Verhaltensmustern, „Prozessen": Das ist einer der großen Verdienste der Organisationsentwicklung dieser Phase, die das überindividuelle Fortbestehen der Organisation gewährleistet und die Abhängigkeit von den Gründerpersönlichkeiten überwindet. Formale Kommunikation unterliegt dann nicht den Gesetzmäßigkeiten der Beziehungen, sondern dem Steuerungsbedarf der Organisation. Die Klage über die zunehmende Kälte dabei ist berechtigt. Die Kälte wird als Problem erlebt, das neu, fremd und störend ist. Sie ist aber die erlebte Innenseite der Distanzierungen durch die Strukturbildung, die, als Teil der Lösung, ein Hinweis auf den im Hintergrund ablaufenden notwendigen Wandlungsprozess darstellt. Dessen Sinn kann mit dem beschriebenen Modell und der existenziellen Notwendigkeit der Weiterentwicklung der Organisationsstruktur jetzt besser verstanden und die damit einhergehenden Schmerzen vielleicht leichter ertragen werden.

Der Grund für die Veränderungen und die mit ihnen einhergehenden Schmerzen kann auch von außen kommen, wie es in den Beschreibungen von Brückner für die Frauenprojekte geschieht. Es ist notwendig, sich den Zwängen der Außenwelt in Form der Institutionen der Wohlfahrtspflege zu beugen, um die finanzielle Sicherung der Projekte zu gewährleisten. Von außen werden diese Zumutungen an die Fraueninitiativgruppen herangetragen, haben den Sinn, die Initiative fortzuführen und führen dort zur beschriebenen „pragmatischen Wende" der Institutionalisierung.

Von außen wird, wie in der Beschreibung der Selbsthilfegruppen bei Schattenhofer gesehen und gedacht, was von innen nicht sichtbar wird und aus den bisherigen Prämissen des Denkens und Handelns der Insider (noch) nicht erschließbar ist: die schmerzliche Notwendigkeit, die bisherige Sozialform der Selbsthilfe-*gruppe* zu verlassen und den Weg in die nötige Institutionalisierung zu gehen.

Ein trauriges Kapitel begegnet mir in Supervisionsprozessen immer wieder in diesen Zeiten verweigerter Übergänge. Psychische Krankheiten, oder vielleicht besser, krankhafte Dispositionen mit ihren speziellen Denk-, Gefühl- und Handlungsmustern werden in diesen Wandlungszeiten wachgerufen. Verletztes Vertrauen, Gewalterfahrungen, Traumatisierungen, krankhafte Größenfantasien des früheren Lebens scheinen in diesen Krisenzeiten bei manchen Akteuren im Arbeitsleben aktualisiert zu werden und ihren Niederschlag in sich manifestierenden Erkrankungen zu finden. Manchmal gelingt es, mit der Stärke, Kraft und Funktionsfähigkeit eines zwischenzeitlich weiterentwickelten Erwachsenenlebens und mithilfe gesunder Arbeitsstrukturen neue Muster in Gang zu setzen, die die alten Routinen außer Kraft setzen. Dann wird im Sinne einer „tertiären Sozialisation" auf der Ebene der Arbeitsfähigkeit Wandlung initiiert, auf der Ebene des Teams und der Organisation „Change" vollzogen.

Begleitend zur supervisorischen Beratung im beruflichen Kontext ist dann aber häufig die Ergänzung oder Fundierung der Entwicklungsprozesse durch eine therapeutische Behandlung in den dafür vorgesehenen Settings notwendig.

Literatur

Brückner, M. (Hrsg.). (1993). *Frauen und Sozialmanagement*. Freiburg i. Br.: Lambertus-Verlag.

Brückner, M. (2005). Der erfolgreich bittere Weg vom alternativen Projekt zur sozialen Institution – Übergänge am Beispiel der Frauen- und Mädchenprojekte. *FoRuM Supervision, 25*, 29–45. Frankfurt: Fachhochschulverlag.

Buchinger, K. (1997). *Supervision in Organisationen. Den Wandel begleiten*. Heidelberg: Carl-Auer.

Glasl, F., & Lievegoed, B. (2004). *Dynamische Unternehmensentwicklung: Grundlage für nachhaltiges Change Management*. Bern: Haupt.

König, O. (1996). *Macht in Gruppen. Gruppendynamische Prozesse und Interventionen*. München: Pfeiffer-Verlag.

Kühl, S. (2000). *Das Regenmacher-Phänomen. Widersprüche und Aberglaube im Konzept der lernenden Organisation*, (insbesondere S. 122–131). Frankfurt: Campus.

Mika, B. (2012). „Wir sind die Wahnsinnigen." Der Weg der taz vom politischen Projekt zum Unternehmen. *OrganisationsEntwicklung – Zeitschrift für Unternehmensentwicklung und Change Management, 3*(12), 25–31.

Pühl, H. (1989). Alternativprojekte. Der Kollektivmythos als Chef. *Supervision, 15,* 15–27.

Sader, M. (1991). *Psychologie der Gruppe.* Weinheim: Juventa.

Schattenhofer, K. (1992). *Selbstorganisation und Gruppe. Entwicklungs- und Steuerungsprozesse in Gruppen.* Opladen: Westdeutscher Verlag.

Schuijt, L. (1995). *Frauen organisieren. Ein Handbuch für die praktische Arbeit in Frauenorganisationen und sozialen Frauenberufen.* Weinheim: Beltz.

Watzlawick, P. (1991). *Vom Schlechten des Guten. Oder Hekates Lösungen.* München: Piper.

Weber, G. (Hrsg.). (2000). *Praxis der Organisationsaufstellungen. Grundlagen, Prinzipien, Anwendungsbereiche.* Heidelberg: Carl-Auer-Systeme-Verlag.

Die Entstehung von Hierarchie als emergentes Geschehen – der genaue Blick auf den Übergang

5

Zusammenfassung

Aus den Vorstufen gruppaler und familiär geprägter Sozialformen (Kap. 4) entsteht in einem Ordnungsübergang etwas wesentlich Neues: die Organisation. Und mit ihr der Sprung in die Hierarchie. Ein treffender Begriff für dieses Wandlungsgeschehen ist der der „Emergenz". Im Passungsgeschehen zwischen Person und Organisation ändert sich dabei Grundlegendes. Neue Spielregeln für das Miteinander entwickeln sich, eine neue Form der Autorität entsteht, wertschätzende Führung wird benötigt und möglich. Wie mit einer Lupe werden die psychischen und strukturellen Veränderungen erklärt und Verständnis und Sympathie für deren Akzeptanz geweckt.

Schlüsselwörter

Emergenz · Synergetik · Triade · Ordnungsübergänge · Formale Autorität · Wertschätzende Führung · Hierarchie

Damit der Umgang mit den Entwicklungen der Organisation gelingt, will ich nach Gesetzmäßigkeiten für den Übergang von der Gruppe zur Organisation (siehe Abb. 5.1) suchen, nach denen Neues entstehen kann. Quasi wie durch eine Lupe werde ich auf den genauen Übergang von der Gruppe zur Organisation, von den propagierten Gleichheiten und Näheparadigmata der Pionierzeit hin zu den formalisierteren Abläufen der Differenzierungs- und Integrationsphase schauen. Ziel ist es, aus einem vertieften Verständnis heraus Handlungsoptionen zu entwickeln.

Ich bemühe überwiegend eine systemische Perspektive. Dabei geht es nicht (zuerst) um Personen und deren innerpsychische Prozesse, Eigenschaften, Stärken, Krankheiten. Vielmehr erlaubt sie einen Blick auf die Relationen und

© Springer Fachmedien Wiesbaden GmbH 2017
H. Happel, *Hierarchie als Chance*,
DOI 10.1007/978-3-658-15789-0_5

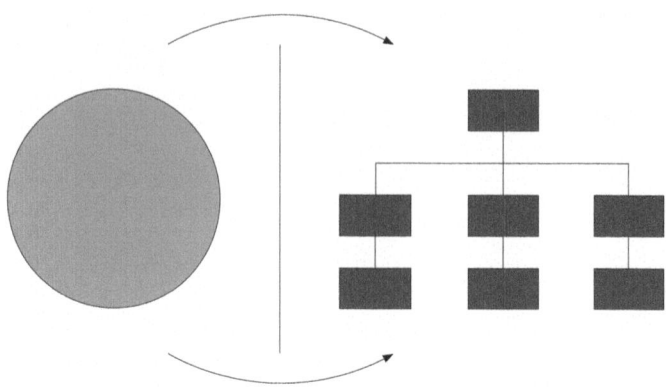

Abb. 5.1 Der Übergang von der Gruppe zur Organisation

Kommunikationen zwischen den Systemteilen, den Personen und den Ordnungen, die sie sich geben (siehe Abb. 5.2). Mithilfe dieser Perspektive soll versucht werden, von dort her zu verstehen und – soweit das von außen überhaupt möglich ist – zu verändern. Ihren Niederschlag finden diese Relationen in der Kommunikation zwischen Menschen und ihren Subsystemen in Organisationen. Kurz gesagt: Es werden nicht Menschen, Charaktere, Persönlichkeiten verändert, sondern die Zuordnungen zwischen ihnen. Dadurch wird auch die Kommunikation zwischen diesen geändert, sodass die Menschen in der wechselseitigen Reaktion aufeinander verändert reagieren und sich damit sowohl selbst verändern wie auch ihre weitere Kommunikation und Kooperation.

In dem System „Gruppe" gilt die Nähe zwischen den Beteiligten, ihre Möglichkeiten zum direkten Kontakt der Gruppenmitglieder, die potenzielle Gleichheit aller Beteiligten als eine Systemregel. Unter den Entwicklungsbedürfnissen der Organisation wird diese Relation, dieses Muster der Kommunikation verändert, weiterentwickelt hin zu den Prämissen der Zweckdienlichkeit der Organisation und des hierarchischen Prinzips. Als ein Ausdruck der neuen Relation entsteht die Über- Unterordnung der Beteiligten, die Hintanstellung oder gar der Verzicht auf nahen und ausschließlichen Kontakt, die Formalisierung der Kommunikation über die Schaffung von Positionen und Rollen.

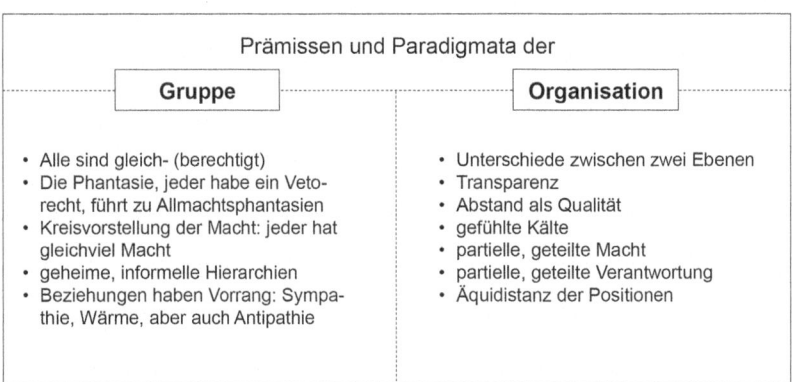

Prämissen und Paradigmata der

Gruppe	Organisation
• Alle sind gleich- (berechtigt) • Die Phantasie, jeder habe ein Veto-recht, führt zu Allmachtsphantasien • Kreisvorstellung der Macht: jeder hat gleichviel Macht • geheime, informelle Hierarchien • Beziehungen haben Vorrang: Sympa-thie, Wärme, aber auch Antipathie	• Unterschiede zwischen zwei Ebenen • Transparenz • Abstand als Qualität • gefühlte Kälte • partielle, geteilte Macht • partielle, geteilte Verantwortung • Äquidistanz der Positionen

Abb. 5.2 Prämissen und Paradigmata der Gruppe und Organisation

Hervorstechende Merkmale des *Übergangs* sind:

- Nähe und Distanz wird neu geregelt
- Formalisierung der Kontakte und Beziehungen
- Wechsel der „Instrumentalisierung": Nicht mehr der Mensch instrumentalisiert die Organisation sondern die Organisation instrumentalisiert den Menschen
- Die Formalisierung weckt das Gefühl, es werde „kälter" auf der emotionalen Ebene
- Die Aufgabe und ihre Erfüllung regelt die Organisationsform
- Die Zugehörigkeit wird nicht über Beziehung sondern zuallererst über die Passung auf die Stelle und den Arbeitsvertrag geregelt.

5.1 Emergenz

In der systemtheoretischen Literatur (und zeitgleich in anderen Wissenschaftsdisziplinen und Anwendungen) wurde in der jüngeren Vergangenheit ein Begriff relevant, der diese Entstehung von Neuem umfasst. Er bietet eine gute Perspektive für das Verständnis von Übergängen. Es ist der Begriff bzw. das Phänomen der „*Emergenz*".

Etymologisch gesehen ist das Wort Emergenz abgeleitet vom lateinischen Verb *emergere*, was so viel bedeutet wie *auftauchen (lassen), emporkommen, aber auch: sich zeigen, sich herausarbeiten* (vgl. Sedlacek et al. 2010, S. 44). Emergenz meint die spontane Herausbildung von neuen Eigenschaften und Strukturen in einem System auf einer übergeordneten Ebene desselben. Das Neue kommt zustande infolge des Zusammenspiels seiner einzelnen Elemente nach neuen, bisher nicht existierenden Regeln. Durch Selbstorganisation von innen heraus entstehen neue Ordnungen und Stabilitäten. „Selbstorganisation ist das spontane Auftreten neuer, stabiler, effizient erscheinender Strukturen und Verhaltensweisen (Musterbildung)" (Sedlacek et al. 2010, S. 34). Dabei lassen sich die emergenten Eigenschaften eines Systems nicht – oder jedenfalls nicht offensichtlich – auf Eigenschaften der einzelnen, früheren Elemente zurückführen (Sedlacek et al. 2010, S. 44), sondern stellen ein neues Ganzes mit neuen Wechselbeziehungen dar. Das Ganze ist dann mehr als die Summe der Einzelteile (Sedlacek et al. 2010, S. 21).

Sedlacek u. a. beschreibt die vielfältigen Vorkommensweisen dieser Emergenzphänomene im menschlichen Leben und in der Natur. Um seiner Faszination diesem Naturphänomen gegenüber gerecht zu werden und auch meiner Ansteckung und Achtung für dieses Phänomen Raum zu geben, will ich einige Beispiele aufführen, bei denen durch Selbstorganisation etwas Neues entsteht. Assoziationen zur Hierarchiebildung in Organisationen sind ausdrücklich erlaubt.

So entstehen durch Wind und Sand in der Wüste aus einzelnen Sandkörnern Strukturen, die sich in den fantastischen Formen der Dünen niederschlagen. Es entstehen aus Wassermolekülen unter bestimmten Bedingungen wunderbare Eiskristalle (Sedlacek et al. 2010, S. 136 ff.), aus einzelnen Vögeln oder Fischen nach geheimnisvollen Regeln neue Ordnungen und „Organisationen" wie Schwärme (Sedlacek et al. 2010, S. 111). Die Einzelteile organisieren sich zusammen, bilden eine neu Formation, eine neue Gestalt. (Wandlungen des biologisch disponierten hierarchischen Prinzips in die Kultur hinein beschreibt Max Liedtke (2005)).

Eng mit der Systemtheorie und ihrer Betrachtung der Selbstorganisation verbunden bzw. aus ihr abgeleitet ist die Lehre von der Synergetik, der Lehre vom Zusammenwirken div. Einzelelemente in einem neuen Ganzen. Eine Grundfrage dieser Lehre heißt: „Wie entsteht Ordnung aus Unordnung?" (Ein Einblick in die Psychotherapie als Anregung selbst organisierender Prozesse findet sich bei: Schiepek et al. 2000, S. 169 f.). Von Hermann Haken initiiert, versucht diese Lehre, Prozesse der Strukturbildung und des Strukturwandels zu erklären und zu beschreiben. Welche erzeugenden, „generischen" Prinzipien müssen erfüllt sein, um selbstorganisierende Prozesse zu ermöglichen. Die Synergetik spricht dabei von „Ordnungsübergängen" und versucht, deren Katalysatoren und Beschleuniger zu identifizieren.

Fokussiert man dieses Geschehen auf den Bereich der Psychotherapie und blickt von dort her wieder auf die Entwicklung einer Organisation, so geht es eher darum, stabile (krank machende) Ordnungsmuster erst einmal aufzulockern, festgefahrene Haltungen zu destabilisieren und neue Ideen und Verhaltensweisen zur Gesundung zu etablieren.

Beim „Ordnungsübergang" vom Kreis der Gruppe mit den Krisenphänomenen der auslaufenden Pionierphase geht es dann eher um die Suche nach neuer Stabilisierung durch eine neue Ordnung, durch neue Musterbildung und neue Zuordnung der Teile, also der Menschen und ihrer Beziehungen untereinander, sowie dem Bezug der Menschen zu ihren Rollen. Dabei werden die in der Gruppe als vorheriger Ordnungsstruktur vorkommenden Kommunikationen, Relationen, Machtverhältnisse in einer Neuordnung in Form der Hierarchie einander zugeordnet. Das neue Ordnungsprinzip ist dann eben nicht mehr der Kreis mit vermeintlicher Gleichheit der agierenden Menschen, sondern die hierarchische Einordnung der anzubietenden Plätze in ein „Oben" und „Unten" als funktionaler Weiterentwicklung der Organisationsform im Dienst der Aufgabenstellung der Organisation.

Welche Faktoren aber begünstigen diesen Wandel? Welche „Attraktoren" (Hansch und Haken 2004, S. 37), ähnlich Magnetfeldern, die Verhalten in eine gewünschte Richtung ziehen, müssen gegeben sein, damit sich Systeme und ihre Ordnungen verändern? Für den Bereich der Psychotherapie formulieren Hansch und Haken folgende Leitprinzipien (Hansch und Haken 2004, S. 40), deren Gültigkeit ich auch für Ordnungsübergänge zwischen Gruppe und Organisation zur Diskussion stelle bzw. für Coaching und Supervision empfehle:

- Vertrauen
- Geschehen- und Wachsenlassen
- Geduld
- spielerische Gelassenheit
- Akzeptanz
- minimale Interventionen
- ganzheitliche, systemische-dialektische Denkmuster
- Die Umsteuerung soll nicht das Alte brechen, sondern die Eigenenergie – analog zum Aikido-Prinzip – durch Umsteuerung nutzbar machen

Diese Punkte können in den Zeiten der Emergenz der hierarchischen Struktur für das Geschehen in den Ordnungsübergängen genutzt werden und stellen Postulate für die Begleitung in diesen Zeiten auf. Ich sehe sie als gute Voraussetzungen für selbstorganisierte Wandlungen, die freilich aber häufig auch noch unterstützende stabilisierende Begleitungen z. B. durch Supervision benötigen.

Dabei gibt es gelegentlich instabile Phasen, in denen das System bereits hoch sensibel gegenüber minimalen Einflüssen von außen ist (Hansch und Haken 2004, S. 39). Es genügen dann kleine Impulse, die zu großen Veränderungen führen, sog. „Schmetterlingseffekte" (Schiepek et al. 2000, S. 175). Ein Beispiel dafür wäre der Hinweis und die „Erlaubnis" eines Supervisors an eine sich entwickelnde Führungsperson, von ihrem Leitungsstuhl aus führen zu dürfen, bzw. „die Nummer eins sein zu dürfen". Eine lapidare Intervention, die die Veränderung leicht aber äußerst wirkungsvoll unterstützt, wenn der rechte Augenblick gefunden ist.

Als stützende, stabilisierende Faktoren für den Bereich der Psychotherapie nennt Schiepek über die o. g. hinaus (Schiepek et al. 2000, S. 174 f.):

- Erzeugung struktureller und emotionaler Sicherheit
- die Suche nach Ausnahmen zum Bestehenden, also nach bereits existierenden Vorboten des Neuen, der neuen Ordnungsstruktur
- Vermeiden von Veränderungsdruck
- Begrenzung der Destabilisierung und Sicherheit durch genaue Auftragsklärung nach dem Motto: Was sollten wir nicht verändern, was sollte beibehalten werden?
- Entwicklung von Zielen als energetisierende und entwicklungsstrukturierende Bedingungen
- Transformation von externen Veränderungszwängen in systeminterne Bedeutungen und Motivationen
- Nutzen von „sozialen Schmetterlingseffekten" in minimalen Interventionen

Betrachtet man übrigens die Anfragen an Supervision aus dieser Perspektive, so ist leicht nachvollziehbar, dass es – bei allen vordergründig genannten Eingangsproblemen und „Gründen" für eine Supervision – sehr häufig um eine stabilisierende Begleitung in diesen Ordnungs-Ordnungs-Übergängen geht. Mit Supervision sollen und können generische Phänomene zur Bewältigung der Übergänge vom Ordnungsbild der Gruppe zu dem der Hierarchie gefunden und die Weiterentwicklung von Organisationsstrukturen unterstützt werden. Das hat dann Auswirkungen auf der Ebene der Organisationsstruktur, ihrer Niederschläge in den Organisationsbildern der Teammitglieder, in den Gefühlen der Beteiligten, ihrem Handeln miteinander und insbesondere im Führungsverständnis der jeweiligen Leitung.

Die hierarchische Streckung weg von einem Modell des „alle sind gleich" und die Organisation der Zusammenarbeit in ein „Oben" und „Unten" ist ein integraler Veränderungsprozess, der sich im günstigen Fall synergetisch zwischen Individuum und System entwickelt, zwischen der Psychologie des Einzelnen und der Organisationsentwicklung des „Subsystems"-Team in der Organisation. Es ist ein sich gegenseitig verstärkender, koevaluativer Prozess mit Wechselwirkung der Entwicklung von Strukturen der Organisation mit den Entwicklungen der Psyche des Einzelnen.

Die neu entstandene oder sich ankündigende Ordnung des „Unten" und „Oben" und die damit nötigen Wandlungen für den Einzelnen machen erst einmal Angst und wecken Widerstand. Der Grund liegt darin, dass biografisch gesehen früher gelernte Macht- und v. a. Ohnmachtsgefühle geweckt werden, die als „Ungeheuer der Vergangenheit" die Steuerung des Geschehens übernehmen. Jemand, der Macht als Machtmissbrauch erlebt hat, der mit Willkür verknüpft war und vielleicht sogar als Gewalterfahrung erlebt hat, hat vielleicht beschlossen, nie selbst wieder Opfer von Macht zu werden und sich nie wieder „unten" einordnen zu lassen, geschweige denn sich selbst „unten" einzuordnen. Oder er/ sie hat sich entschlossen, auf dem Leitungsstuhl nie Macht auszuüben, weil er/ sie Macht ja nur in der negativen Ausprägung von Gewalt und Fremdbestimmung kennen gelernt hat. Er weigert sich fortlaufend, eine an ihn heran getragene Leitungsaufgabe aus der übergeordneten, machtvollen Position heraus zu übernehmen.

In den Ordnungsübergängen zwischen Kreis und Hierarchie muss psychisch gelockert, müssen die Prägungen der Vergangenheit in ihrer Bedeutung für damals geachtet und „gelassen", oft genug gleichzeitig in ihrer kritiklosen Übernahme ins Heute „irritiert" werden. Sie brauchen einen Filter und müssen neu ausgerichtet werden auf die Erfordernisse in der aktuellen organisationalen Gegenwart. Diese freilich ist gesteuert von der Arbeitsaufgabe im Hier und Jetzt. Die Gegenwart gebietet und gebiert dann „emergente", gewachsene Ordnungen, die in einer neuen Epoche der Organisationsentwicklung sachdienlich der gestellten Aufgabe nutzen. Die handelnden Personen sind aufgefordert sich erwachsen an den Erfordernissen der jetzt entstandenen Ordnung auszurichten und die Möglichkeiten der Gestaltung zu nutzen.

5.2 Vom Kreis zur Hierarchie – der *gefühlte* Quantensprung von der Zweidimensionalität zur Dreidimensionalität

Der „gefühlte" Quantensprung vom Kreis zur hierarchischen Struktur weckt in der Gefühlsrealität von Menschen offenbar immer wieder unerwartete und tiefere Ängste und Zweifel. Diese führen zum Zurückschrecken vor der Veränderung und Verweigerung von Wandlung. Was aus dem Rückblick oder der distanzierten Draufsicht oft kaum verständlich ist, will im Vorwärtsvollzug immer wieder durchlebt, bearbeitet und bewältigt werden. Es erfordert einen Auszug aus Altem, eine „Wandlung" tieferer Art.

Aus der Supervision unzähliger Teams und Fachkräfte erscheint mir dieser kleine Entwicklungsschritt immer wieder wie ein großer Schritt in eine fremde Welt. Zwei Bilder dazu:

Ein Bild das mir dazu einfällt, ist das des ersten Schrittes eines Menschen auf den Mond. Ein kleiner Schritt eines Menschen, ein großer Sprung für die Menschheit: Immer wieder muss in organisationalen Übergängen dieser Schritt gewagt und riskiert werden, auch mit den Ängsten des Scheiterns, des Selbstverlustes, des Konfliktes.

Ein anderes Bild ist das des Übergangs von einer Zweidimensionalität (Länge × Breite) zur Dreidimensionalität (Länge × Breite × Höhe). Wenn man immer in der Fläche gelebt hat, es dort schön und angenehm war, warum die Risiken einer fremden Welt eingehen? Doch unwiderruflich stellt sich die Dreidimensionalität als notwendige Entwicklungsherausforderung in den Weg, der gegangen werden muss. Bei Entwicklungsverweigerung droht auf Dauer Scheitern und Tod des Teams, der Einrichtung. Es ist, um im Bild zu bleiben, der Weg aus der Fläche in den dreidimensionalen Raum, mit ihrem unendlichen Mehr an Möglichkeiten und Chancen und der Entdeckung, dass die Erde – jenseits des Horizontes – eben doch keine Scheibe ist.

Das Organisationsmodell wandelt sich von der „Gruppe von Menschen" zum „Team einer Organisation". Die Gruppe bekommt eine Dimension *mehr* im Selbstverständnis und in der Ausrichtung. Um eine Dienstleistung zu erstellen, um eine Werkstück zu produzieren, um einen Zweck zu erfüllen, konstituiert sie ein Drittes, das die Prinzipien der Gruppe sprengt, sie transzendiert. Von der Aufgabe her, dem Auftrag entsprechend muss das Geschehen geordnet, die Beziehungen und Ordnungen ausgerichtet werden. Es entsteht ein neuer Sinn für das Zusammensein, eine neue Legitimation, die das Geschehen, die Kommunikation, die Kooperation sachdienlich an den Produktionszielen ausrichtet und von dort her eigene Ordnungsstrukturen entwickelt.

Im Bild des Neun-Punkte-Problems (vgl. Antons 1976, S. 58) (siehe Abb. 5.3/ Lösung am Kapitelende siehe Abb. 5.6) werden Elemente dieses Prozesses deutlich. Lösungen sind von innen her, mit dem bisherigen Denken nicht zu bewältigen. Es braucht schon den Ausstieg aus den bisherigen Prämissen, aus der selbst gemachten Enge des Denkens in eine neue Dimension.

Die Aufgabe im Neun-Punkte-Problem lautet: Verbinde die neun Punkte mit vier
geraden Linien ohne beim Zeichnen abzusetzen:

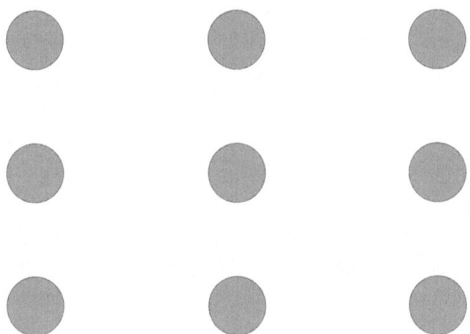

Abb. 5.3 Das Neun-Punkte-Problem

5.3   Hilfen für das Verständnis des Übergangs zur Hierarchie

Das Neue, das Erscheinen einer anderen Organisationsstruktur stellt hohe
Anforderungen an die Beteiligten. Die Entwicklungen, Wandlungen und ihre
Verweigerungen sind oft sehr subtil in den Veränderungsprozessen einer Teamentwicklung und in den Wandlungsforderungen an den Einzelnen präsent. Die Tiefe
der Gefühle und Massivität der gruppendynamischen Prozesse im beruflichen
Alltag überraschen immer wieder. Um dieses Geschehen deutlicher zu verstehen
und, quasi im Nahblick Zugänge dazu zu vermitteln, will ich einige psychologische Theorien bemühen und hilfreiche Modelle für die Praxis vorstellen.

5.3.1 Das Bild von den Stühlen

Das bisher Beschriebene lässt sich gut in einem Bild verdeutlichen: dem Bild von
Stühlen, die eine Organisation bereitstellt, ihre Zuordnung zueinander regelt, und
damit natürlich auch die Beziehungen der Personen, die darauf Platz nehmen sollen.[1]

---

[1]Dabei bin ich mir der Begrenztheit in der Aussagekraft von Bildern bewusst. Gleichzeitig
möchte ich ihre große analoge Aussagekraft für eine Zusammenfassung des oben Geschrie-
benen und für die Handhabung von Hierarchie zur Verfügung stellen.

Organisationen werden gegründet, um Aufgaben zu erledigen, die von einzelnen Menschen allein nicht erfüllt werden können. Sie sind Mittler zwischen dem einzelnen Menschen und der Gesellschaft. Sie erfüllen Aufgaben der Gesellschaft für den Einzelnen, für Gruppen von Menschen, die „die" (anonyme) Gesellschaft nicht erfüllen kann und für die gleichzeitig der Einzelne „zu klein" ist.

Man stelle sich als Beispiel Schulen, Krankenhäuser, Fabriken, Heime etc. vor. Um ihre Aufgaben zu erfüllen, gehen Organisationen eine enge Verbindung mit den Menschen ein. Sie machen sie zu Mitarbeitenden und benötigen sie zwingend zur Aufgabenerledigung. Gleichzeitig erfüllen Organisationen ihre Aufgabe unabhängig von der Existenz des Einzelnen, nehmen ihn in Beschlag, übersteigen aber die (fachlichen, biografischen, biologischen) Grenzen des Einzelnen, und das auch, wenn dieser der Gründer eines Unternehmens ist oder war. Eine Organisation muss auch funktionieren, wenn Einzelpersonen ausscheiden, sich weiterentwickeln, sterben, im Konflikt eine Einrichtung verlassen.

Das wird besonders deutlich in den Zeiten *nach* der Pionierphase, in denen Entscheidungsstrukturen „gerinnen" und sich von den Personen abstrahieren. Die Rollen und Funktionen, die der Einzelne erfüllt hat, bekommen immer deutlicher Profil und Eigenleben, kristallisieren sich immer deutlicher heraus und bilden eine eigene Wirklichkeit im Gefüge der Organisation. Mit diesen Rollen und Funktionen sind bestimmte Verhaltenserwartungen verbunden, die wie kleine Rädchen im Getriebe, jedes für sich, erfüllt werden müssen, damit das große Ganze funktionieren kann. Gleichzeitig sind diese Rädchen einander zugeordnet mit spezifischen Verantwortlichkeiten und Macht- und Gestaltungspotenzialen.[2]

Ein Bild, diese Prozesse darzustellen, kann das Bild von Stühlen sein, die die Organisation aufstellt, einander spezifisch zuordnet und ihren Mitarbeitern zur Platznahme bereitstellt. Die Organisation belegt diese Plätze mit Aufgaben und Erwartungen, Verantwortlichkeiten und Befugnissen. Sie vernetzt und koordiniert diese wiederum zum Gesamt der Einrichtung. Die Stühle müssen besetzt werden, damit die Aufgabe der Organisation erledigt werden kann. Jede Position trägt damit auf ihre spezifische Weise für die Erledigung der gesamten Aufgabe bei.

Mit diesem Bild lässt sich vieles an innerer Dynamik in der Organisation und insbesondere an dem Wechselspiel zwischen Menschen und den „Plätzen" in der Organisation verdeutlichen.

Deutlich wird, dass die Stühle unabhängig vom einzelnen „Stuhlbesitzer" existieren. Mitarbeiter können auf den Stühlen Platz nehmen, sie können Plätze verlassen, wenn sie etwa kündigen oder innerhalb einer Organisation die Stelle

---

[2]Ihren Niederschlag finden sie in „Stellenbeschreibungen".

wechseln. Die Stühle können sich aber auch, deutlich ausgedrückt, „unter ihrem Hintern" verändern, wenn neue Strukturen entstehen, bei denen die Personen zwar die gleichen bleiben, aber der Macht- und Verantwortungszuschnitt der Stelle, des Stuhles verändert wird. Das wird noch deutlicher bei der Rolle der Koordinatoren und Stellvertreter beleuchtet (siehe Abschn. 7.1 und 7.2). Von der Organisation her gedacht und von der ihr eigenen Funktionalität her gesehen wird damit sichergestellt, dass Aufgaben beschrieben, geordnet, zugeordnet werden und erledigt werden können, auch wenn Personen den Stuhl verlassen.

5.3.2   Akzeptanz des Paradigmenwechsels im Zusammenspiel von Mensch und Organisation

Mit der Entstehung der Hierarchie geschieht eine wesentliche Veränderung der Prämissen im Zusammenspiel von Mensch und Organisation: Hat der Mensch als Pionier in den Anfangszeiten die Organisation ins Leben gerufen, so war er noch Subjekt des Geschehens. Danach aber, nach der Strukturbildung, nimmt die Organisation den Menschen in Beschlag und instrumentalisiert ihn für ihre Zwecke. Er *muss* bestimmte Aufgaben erfüllen, um für die Organisation einen Nutzen zu stiften, um der Gesamtaufgabe an einer vorgegebenen Stelle zu dienen. Spätestens hier findet ein Paradigmenwechsel statt, der mit einer massiv erlebten Kränkung des Menschen vonstatten geht und gegen den viele sich zur Wehr setzen. Die Person wird relativiert, rückt an die zweite Stelle und wird für die Zwecke der Organisation funktionalisiert. Zuerst muss dann die Funktion erfüllt, die Position besetzt sein, die zugedachte Tätigkeit erledigt werden. Der Mensch wird austauschbar, ersetzbar und an seiner Funktion gemessen.

Dramatisch deutlich wird dieses Geschehen in einem pointierten Wortspiel, das Neuberger (1990) zugeschrieben wird:

Der Mensch ist Mittelpunkt.
Der Mensch ist Mittel.
Der Mensch ist Mittel. Punkt.

Institutionsgeschichtlich gesehen startet die Organisation oder ein neues Team notwendigerweise mit Menschen, die sich zusammentun, eine Idee verfolgen, gemeinsam etwas „gründen". In diesen Zeiten sind Freundschaft und Beziehung nötiger, „not-wendiger" Energiespender für eine Unternehmung. Die Beziehungen sind wichtig, werden gesucht, sind Grundlage der Anfangsprozesse. *Der Mensch ist Mittelpunkt* des Geschehens.

Mit der Dauer der Zeit erhebt sich aber die Bedeutung der Aufgabe, der Unternehmung als verbindendes Dritte über den Personen. Die Aufgabe und die für sie nötige Strukturierung übernimmt die Steuerung, setzt Sinn und Zielsetzung der Zusammenarbeit. Ohne Ausrichtung auf die Ziele und Notwendigkeiten sachdienlicher Strukturen geht die Aufgabe verloren, verliert die Organisation ihren Sinn, droht zu scheitern und unterzugehen.

Hier geschieht dieser wesentliche Wandel in der Funktion des Einzelnen und die Spielregeln der Zusammenarbeit in Team und Organisation verändern sich grundlegend. Der Mensch wird zwar als Einzelner weiter gebraucht, seine Arbeitskraft wird aber zunehmend instrumentalisiert für die Aufgabenstellung der Organisation. Mit ihr erfüllt er eine Funktion für das Gesamt und wird, aus der Sicht der Organisation, ein *Mittel zum Zweck*. Der Mensch rückt aus dem Mittelpunkt des Bestrebens und wird in der Zielsetzung der Organisation ersetzt durch die Aufgabenstellung, der sich die Organisation widmet und die Eigendynamik, die zu ihrer erfolgreichen Erledigung notwendig ist. Spätestens jetzt ist der Mensch Mittel zum Zweck. Mit anderen Worten: *Der Mensch ist Mittel. Punkt.*

Der Punkt am Schluss wird dann praktisch zum Wendepunkt. Die horizontale Ebene mit den Prämissen der Gruppe endet als alleiniges Organisationsmodell und erfährt ihre Ergänzung durch die vertikale Dimension in der Struktur der Hierarchie.

5.3.3   Akzeptanz der vertikalen Streckung mit einem „Oben" und „Unten"

Wird diese neue Spielregel akzeptiert, kann auch die neu entstandene Hierarchie ihre Wirkung ihrem Sinn entsprechend entfalten und sachdienlich wirken. Gleichzeitig bleiben Widerstände gegen die Strukturbildung und ihre Akzeptanz ist häufig erst mühsam zu erarbeiten.

Durch eine Zuordnung der Stühle in ein Oben und Unten, in verschiedene Ebenen, wie wir sie im Organigramm sehen, werden sowohl Verantwortung als auch Machtbefugnisse in der Organisation auf den verschiedenen Ebenen unterschiedlich zugeschnitten und verteilt. Die Menschen erleben zu Recht ein Oben und Unten in den Beziehungen, das sich, auch wenn das reichlich und häufig geleugnet wird, durch die Zuordnung der Stühle ergibt, auf die sich die Personen einordnen müssen.

Legitimiert wird die unterschiedliche Macht durch die Platzierung der Stühle mit ihrer unterschiedlichen Zuordnung und ihrem Unterschied in der Bedeutung für das Ganze. „Oben" hat andere Macht und Verantwortung als „Unten", insbesondere hat „Oben" die Macht über die Besetzung der nachgeordneten Stühle zu entscheiden. In der Aufteilung der großen Aufgabe der Organisation in ihren verschiedenen Facetten kümmert sich „Oben" in der Regel tendenziell mehr um die Steuerung und Verantwortung von (Gesamt-)Prozessen, „Unten" tendenziell eher um die Ausführung von Aufgaben und (Teil-)Prozessen.

Diese Über- und Unterordnung der Stühle wirkt sich auf das Erleben der Menschen aus, je nachdem, auf welcher Position sie arbeiten. Es werden Wertigkeiten mit den Positionen verbunden, den einzelnen Ebenen zugeordnet und auf die Menschen übertragen. Die oben sind wichtiger, also wertvoller, als die unten. Eine weitere Kränkung ist perfekt. Und: Es werden durch das „Oben" und „Unten", um im psychoanalytischen Jargon zu sprechen, emotionale Übertragungsszenarien möglich, die an bisherige, gegebenenfalls frühkindliche Prägungen und Lernerfahrungen erinnern. Früher erlittene Kränkungen durch Autoritätspersonen werden in der Gegenwart des beruflichen Alltags revitalisiert, die das aktuelle psychische Geschehen und die kommunikativen Gewohnheiten beeinflussen, wenn nicht sogar steuern.

Gerade in kirchlichen und weltanschaulichen Einrichtungen des Non-Profit-Bereichs gibt es vehementen Widerstand gegen dieses „Unten" und „Oben". Die Gleichheit der Menschen wird im christlichen Kontext durch den Glauben eingefordert und mit der (gleichen) Geschöpflichkeit der Menschen von Gott her begründet, mit ihrer Geschwisterlichkeit („Brüder und Schwestern"), mit der Priesterschaft aller Gläubigen. Bei gewerkschaftlichen Trägern wird die Solidarität der Genossen bemüht, vorgegeben und oft genug subtil überstrapaziert. Auch in den Kollektiverfahrungen früherer ostdeutscher Sozialisationen wird mit dem Kollektiv die Gleichheit selbstverständlich propagiert. Darüber hinaus ist die Gleichheit aller für Grundgesetzkenner (und wer ist das dann nicht) auch im Grundgesetz, Artikel 1, verankert.

Dabei wird nicht unterschieden zwischen den Menschen in einer Organisation und den Stühlen, auf denen die Menschen funktional Platz nehmen. Die Wertigkeit der Stühle für das Ganze kann dabei sehr wohl unterschiedlich sein, ohne dass damit zwingend etwas über die Wertigkeit bzw. die bleibende Würde der Menschen ausgesagt wird, die auf den Stühlen Platz nehmen. Die Aufgaben der Leitung und Steuerung einer Organisation („Oben"), wie Grundsatzausrichtung, Gewinnung von Finanzen, Personalentscheidungen, Kooperationsentscheidungen sind für das Gesamt entscheidender und bedeutender als einzelne auszuführende Aufgaben auf nach geordneter Ebene.

Das heißt nun aber auch wieder nicht, dass nachgeordnete Plätze wertlos oder überflüssig sind. Gerade das Bild von den Stühlen einer Organisation macht deutlich, dass für die Aufgabenerledigung auch die nach geordneten Ebenen notwendig (!) für das Gesamt sind. Jede Ebene hat ihre unersetzbare, eigene Funktion und Bedeutung für die Gesamtaufgabe, die andere Ebenen nicht ersetzen können und von der andere Ebenen (nicht einzelnen Personen) auch notwendig abhängig sind für die Erledigung der Aufgabe.

Die Zugehörigkeit zum Team, zur Organisation wird dabei – so eine gute Nachricht aus der hierarchischen Organisation – nicht über Beziehungsdimensionen und Sympathiefragen geregelt. Vielmehr signalisiert das Bild von den Stühlen jedem Stelleninhaber grundsätzlich seine Zugehörigkeit zur Organisation. Diese wird in der Regel durch übergeordnete Ebenen geklärt und verantwortet und nicht einer gruppendynamischen Auseinandersetzung im Team überlassen. Das entlastet so manche konflikthafte Beziehungsdynamik und stellt einen Schutz gegen individuelles und gruppendynamisches Mobbing oder Bossing[3] dar.

Ist die vertikale Dimension der Hierarchie als Ergänzung und Relativierung der horizontalen Ebene akzeptiert, gibt es also neue Spielregeln und neue Gestaltungsräume für die Teamarbeit in Organisationen.

5.3.4 Die psychologische Metapher einer partnerschaftlichen, institutionellen „Elterlichkeit"

Immer wieder begegnet man in diesen Veränderungszeiten in der Praxis von Arbeitsteams Einseitigkeiten und Aufspaltungen der Realität. Mitarbeiter stellen sich auf die Seite der Klienten einer Einrichtung, identifizieren sich mit ihnen und ihrem „Bedarf". Sie sind ihnen sehr nah und wissen ihres Erachtens am besten, was die Kunden ihrer Dienstleistung brauchen, was menschlich ist und zumutbar. Die Beziehung zu ihnen steht im (einseitigen) Vordergrund. Besonders einfach nachzuvollziehen ist das bei Menschen mit Behinderungen, bei kranken und pflegebedürftigen, d. h. besonders hilfsbedürftigen Klienten, bei Menschen, die Leerstellen in ihrer Biografie und ihrem aktuellen Umfeld haben und scheinbar „keinen Menschen haben" für ihre sozialen Bedürfnisse.

Übersehen wird dann gerne der Bedarf der Einrichtung, die die Hilfe ermöglicht. Übersehen wird gerne die strukturelle Einbindung und Sicherung der Hilfe über die Zeiten. Übersehen wird das Tragende, die Trägerfunktion der Institution, die mit ihrem Aufbau und mit ihrer (hierarchischen) Struktur die Sicherstellung der Dienstleistung ermöglicht.

---

[3]Mobben des Vorgesetzten.

Allenfalls als lästige Instanz zur Eintreibung der Finanzen kann sie in der Sicht der Beziehungsarbeiter ihren Wert noch erhalten. Wobei auch hier gerne aufgespalten wird in „gut" und „böse": *Wir* sorgen uns um Mitmenschlichkeit, sind nahe an den Menschen, sind die „Guten". *Die anderen,* die da oben, denken nur ans Geld, interessieren sich ja gar nicht, wie es dem Einzelnen geht, die haben ja keine Ahnung, sind letztlich unmenschlich.

Die Professionalität der Hilfe, die Tatsache, dass die Hilfe nicht nur Beziehungsarbeit ist, sondern immer auch eine gesellschaftlich legitimierte und nach Regeln bezahlte (und oft genug mühsam politisch erkämpfte) Dienstleistung, wird geflissentlich übersehen. Die Einseitigkeit einer auf Beziehungsarbeit „verkürzten Mütterlichkeit"[4] treibt ihre Blüten. Der in der nahen Beziehung des Alltags fehlende und aus der Beziehung nach außen öffnende „Vater", der fürs Grobe sorgt, sich um die finanzielle Sicherung kümmert, kann nicht wahrgenommen werden, wird als abwesend beklagt, allenfalls als lästig und reglementierend abgeschrieben.

Mit diesen Übertragungsbildern sind wir beim Modell der Familie als Metapher für das Verstehen der Vorgänge am Arbeitsplatz gelandet. Die Organisation wird damit nicht zur Familie. Durch das Familienbild lassen sich aber Anteile des psychologischen Geschehens in Organisationen verdeutlichen. Eine Metapher ist ein Bild *von* etwas und *für* etwas. Sie ist das Abbild einer Landschaft, eine Landkarte, nicht die Landschaft selbst. Zum Kennenlernen und Verstehen kann die Landkarte als Modell wertvolle Dienste leisten, bleibt aber immer in der Aussagekraft begrenzt und ergänzungsbedürftig. In diesem Sinne will ich das Familienmodell[5] für das Verstehen von Hierarchie und Organisation nutzen.

Schauen wir idealtypisch auf den Beginn eines menschlichen Lebens. Das Kind existiert in der Duade zur Mutter bzw. wird in sie hineingeboren. Hier kann sich das Kind im günstigen Fall nähren, wärmen, findet eine erste Resonanz auf sein Leben und die Bestätigung: „Ich bin da. Schön, dass ich da bin". Doch diese Beziehungs-Duade als enge Symbiose wird irgendwann zu klein. Sie muss gesprengt, ergänzt, geöffnet werden auf die Welt außerhalb der Duade. Dieses Öffnen nach außen bleibt aus der Sicht der beiden Beteiligten gefährlich, ist mit Risiken und Fremdheit verbunden.

Hier kommt *idealtypisch* der Vater als dritte Person bzw. drittes Element, als Kraftquelle ins Spiel, der zwischen Mutter und Kind vermittelt, sich dazwischenschiebt, „die Nabelschnur durchtrennt", die Duade öffnet, gelegentlich sprengt

---

[4]Ich bitte, „Mutter" und „Vater" idealtypisch zu verstehen. Natürlich sind die realen geschlechtsspezifischen Ausprägungen von Müttern und Vätern vielfältiger.

[5]Ich folge damit zunächst psychoanalytischem Sprachgebrauch (s. Metzger 2000).

und in die Möglichkeiten der größeren Welt einführt. Er wird zum „Störenfried wie auch ... Befreier" (vgl. Stork in Metzger 2000, S. 11) der Zweierbeziehung. Ihre Enge und Ausschließlichkeit geht zu Ende. Aus der Duade wird die Triade als Beginn der Öffnung zu vielfältigeren Beziehungen und der Komplexität der Welt. Und sie eröffnet die Möglichkeit zu weiteren Duaden und Beziehungsformen als nur der ersten zwischen Mutter und Kind.

Dieses Muster kann als „allgemeine Bewegung von Regression und Progression, von Fusion und Separation im ganzen menschlichen Leben ..." (Metzger 2000, S. 11) verstanden werden. Es beinhaltet die „Funktion des Dritten" (Metzger 2000, S. 16) als strukturgebendes, nach außen öffnendes Prinzip. Sie kann personell oder ideell sein oder als eine neue, erweiterte Sichtweise eingeführt werden (vgl. Metzger 2000, S. 17).

In der Entwicklung der Organisation habe ich die Notwendigkeit des Übergangs von der Pionierphase zur Differenzierungs- und Integrationsphase beschrieben. Im tiefenpsychologischen Empfinden scheinen sich dabei ähnliche Gefühle und Gesetzmäßigkeiten abzuspielen, wie die im Übergang von der Duade zur Triade. In der Suche nach der Harmonie zwischen (zwei) Personen der Anfangszeit, dem Propagieren von Nähe, Gleichklang und Harmonie in der Beziehung hilft deren Überwindung durch eine dritte Person, ein drittes Element, sich auf die Welt hin zu öffnen.

Das scheint mir durch die Emergenz der Hierarchie, als neuem Ordnungssystem des Zusammenarbeitens, gegeben zu sein. Jedenfalls macht mir dieses Bild und v. a. das des „Störenfrieds und Befreiers" in den Wirren des Übergangs von der Pionierphase hin zu einem strukturellen Verständnis der Zusammenarbeit verständlich, welchen Gefühlen, Widerstandskräften aber auch Notwendigkeiten ich gelegentlich in Supervisionsprozessen begegne und wie sie verständnisvoll, sachdienlich und entwicklungsorientiert ausbalanciert werden können und müssen.

Dabei schließen sich nach neuerer psychoanalytischer Forschung (Metzger 2000, S. 17) Duade und Triade nicht gegenseitig aus, sondern stehen in einem sich ergänzenden dialektischen Verhältnis. Sehe ich Duade und mit ihr mütterliche Nähe als notwendigen Start ins menschliche Leben als grundlegend an, die auch nicht endet, wenn die Triade zum Vater oder durch den Vater sich öffnet, dann kann ich die Existenz *beider* „Daseinsbilder" im Geschehen einer Organisation lokalisieren und – der Dialektik von Person und Organisation folgend – auf die Wechselseitigkeit beider Prinzipien und deren Ausbalancierung achten: Weder einseitige, grenzenlose Mütterlichkeit (Beziehung) noch einseitige, trennende Väterlichkeit (Struktur) hilft bei den institutionellen Entwicklungen und Übergängen zur Hierarchie in vielen Konstellationen des beruflichen Alltags weiter.

Vielmehr ist es das partnerschaftliche – vielleicht in gutem Sinne elterliche – Zusammenspiel beider Existenz- und Organisationsformen, das dem Handeln in Organisationen Erfolg bringt: (Mütterliche) Beziehungsqualitäten sind in diesem Jargon dann genauso gefragt wie strukturgebende (Vater-)Qualitäten. Keines darf gegen das andere ausgespielt werden, wohl aber zu unterschiedlichen Zeiten im Vordergrund die Hauptrolle spielen, im Bewusstsein der nötigen Ergänzung durch das andere Prinzip.[6]

Zu einem ausbalancierten „partnerschaftlich-elterlichen" Verhalten in der Organisation kann dann auch nach der Strukturbildung der Hierarchie die Re-Implantation des Fürsorglich-Mütterlichen gehören, wenn in einer konkreten Zusammenarbeit die Fürsorge der Vorgesetzten zur Geltung kommt oder diese als Fürsorgepflicht eingefordert wird. Allein die Betonung des ordnenden und fordernden Strukturprinzips greift zu kurz, wenn es in einer Einseitigkeit nicht auch schützende Momente für die nachgeordnete Ebene beinhaltet und gewährleistet. Wenn man das „Oben" der väterlich „heraus-fordernden" Dimension und das mütterlich-fürsorgliche Prinzip integriert und als elterliche Ebene akzeptiert, kann „partnerschaftliche", „elterliche" Führung entstehen und in der Fürsorgepflicht des „Oben" für das „Unten" münden.

Dann kann aber auch in der Übertragung die Kindposition – im Organisationskontext die Position des nachgeordneten Mitarbeiters – akzeptiert werden und um den Schutz „der Oberen", der Vorgesetzten, gebeten werden. Ein oft schweres und riskantes Unterfangen, da es doch die Abhängigkeit von der elterlichen/ vorgesetzten Ebene impliziert mit all den Gefühlen, die das weckt. Gleichzeitig kann man aber durch den dabei ausgeübten Vertrauensvorschuss die komplementäre Reaktion der (elterlichen) Schutzposition wahrscheinlicher machen und eine positive Vertrauensspirale in Gang setzen. Nicht im Sinne einer hundertprozentig sicheren Reaktion, wohl aber im Sinne einer erhöhten Chance. Eine Voraussetzung für die Fürsorge der Leitungsebene für die Mitarbeiter ist etabliert.

Sei es durch persönliche Bitte oder die strukturelle Notwendigkeit der Fürsorge für die nachgeordnete Ebene, egal wie, die Kraft der neu entstandenen hierarchischen Linie kann damit die Ebenen verknüpfen und von oben nach unten und umgekehrt fließen. Die Klage, dass ein Vorgesetzter nicht hinter einem stehe kann durch die Akzeptanz der Kindposition und offenes Bitten und aktives Abklären gewandelt werden in die Sicherheit, dass der Vorgesetzte hinter einem steht und man von der Struktur getragen ist. Es setzt aber eben die Akzeptanz der strukturellen Abhängigkeit von der Elternebene voraus und die Einsicht, es hier

---

[6]Vgl. dazu auch die Dialektik des Wertequadrats von Schultz von Thun.

nicht alleine schaffen zu müssen. Die dadurch entstehende formalisierte Autorisierung kann eine wesentliche Erleichterung der Arbeit bieten. Die gegebene Schutzfunktion wird zu einer wesentlichen und nicht zu vergessenden (positiven) Funktion von Hierarchie.

5.3.5 Der Dritte in der Triade als Übergangsfigur von der Beziehung zur Institution

Noch einmal deutlicher wird das Geschehen des Übergangs von der Beziehungs- zur Strukturorientierung in der systemischen Arbeit und Literatur beschrieben. So fand die Jahrestagung der Deutschen Gesellschaft für Systemische Therapie und Familientherapie (DGSF) 2005 unter dem Thema „Triadisches Verstehen in sozialen Systemen. Gestaltung komplexer Wirklichkeiten" (so auch der Titel ausgewählter Beiträge der Tagung im Buch von Rieforth 2006) statt. Die Begrifflichkeiten sind gerade im Kontext der Emergenz der Hierarchie, auch wenn sie nicht so leicht lesbar sind, doch so prägnant, dass ich sie zum tieferen Verständnis anbieten möchte.

Die vermittelnde Kraft und die zugleich öffnende wie strukturierende Funktion „des Dritten" wird immer mehr entdeckt, sei es in der psychoanalytischen Arbeit mit oben beschriebener Öffnung der Mutter-Kind-Beziehung als Zielgröße therapeutischer Arbeit (vgl. Tietel 2006, S. 61) oder in der Adaption der Gedanken der systemischen Arbeit in die Kommunikation der Organisation. Über die konkreten personellen Triaden in der Organisation hinaus postuliert Tietel: „Das Dritte als strukturierendes Drittes in der Triade „Mitarbeiter, Leitung und Klientel" sind die Ziele und die Aufgaben der Organisation" (Tietel 2006, S. 68).

Im Weiteren sieht er aber nicht nur diese eben beschriebene Triade sondern auch eine weitere Triade, die gegeben ist durch „… die Doppelfunktion des Vaters, zugleich interpersonaler Dritter in der familialen Triade zu sein als auch Verkörperung eines strukturellen Dritten" (Tietel 2006, S. 75). Entkoppelt man diese strukturelle Vaterfunktion vom Vater und sieht sie als „strukturale Triade", versetzt sie aus dem psychoanalytischen Kontext – zugegebenermaßen freizügig und kreativ – in den Kontext der Organisation und ihrer Strukturbildung,[7] so kann der Vater ersetzt werden durch Leitung, die diese öffnende Aufgabe verkörpert. Die Hierarchie wird dann als strukturales Moment verstanden, das die (kollegiale)

---

[7]Tietel geht gleich noch einen Schritt weiter und setzt sie in den Kontext von Gesellschaft und Kultur.

Beziehungsebene aufhebt, notwendig ergänzt und in den organisationellen Kontext und seine Strukturen hineintransponiert.

Versetzt man also das von Tietel beschriebene familiäre Kommunikationsgeschehen in den Kontext von Organisation und Team, so liest es sich wie das Leiden vieler Teams, die mit der Leerstelle des Vaters – im institutionellen Kontext: dem Fehlen der Leitung – an struktureller und symbolischer Kraft verliert und damit „… auch dessen ordnende und entlastende Funktion für die […] Beziehungsgestaltung" (Tietel 2006, S. 81). „Denn auch die noch so guten partnerschaftlichen Beziehungen […] werden davon überstrapaziert, dass an die Stelle des strukturierenden Dritten die Freiheit und der Zwang permanenter interpersoneller Anerkennungs-, Aushandlungs- und Entscheidungsverhältnisse zwischen allen […] getreten ist" (Tietel 2006, S. 81). Es fehlt eine Instanz, die in ihrer Haltung dem Kind, – im organisationellen Kontext den Teammitgliedern gegenüber – von deren Liebe und Anerkennung unabhängig ist und damit in die Lage kommt, von personalen Beziehungsverstrickungen befreit die (hierarchische) Struktur zu repräsentieren, mit ihr die Aufgabe im Kontext wachhält und ihre Erledigung einfordert und gegebenenfalls durchsetzt.

Sehr viele der hier angeführten Gefühle, Bindungen und Befreiungen sind erlebtes Alltagsgeschäft von Leitung und Führung in Teams und Organisationen: von der Liebe und Anerkennung der Mitarbeiter unabhängig sein, seine eigene Position als Vertreter der Aufgabe einbringen; nach außen hin öffnend Verantwortung für die Wachhaltung und Einforderung des institutionellen Auftrages und den Anforderungen des Kontextes übernehmen. Teamentwicklung heißt dann oft, Führungsprozesse zu initiieren, die „Re- Implantation" des Vaters bzw. der Leitung zu betreiben und darüber dann die Aufgabenstellung des Teams sicherzustellen.

Und auch in vielen Sequenzen in Supervision und Coaching muss immer wieder daran erinnert werden, dass in einer gewachsenen Organisation die Aufgabe und die aus ihr legitimierte Struktur als tragendes Moment nicht übersehen werden kann, sondern immer schon da ist, vergleichbar dem „abwesenden" Vater in seiner Funktion als Ernährer für die Familie. Letztlich ermöglicht diese hierarchische überdauernde Struktur überhaupt erst die Arbeit mit den Kunden durch die Sicherung finanzieller Grundlagen und ordnet sie in den Rahmen einer Organisation.

Anregende und weiterführende Literatur zum Thema Triade und Supervision bei Pühl 1998, S. 48–70; siehe Begriff der triadischen „Grundangst" (S. 56 f.); Pühl 1997; Pühl 1989; zur Gestaltung von Dreieckskontrakten in der Supervision mit dem vielsagenden Titel: „Ich sei, erlaubt mir die Bitte, in Eurem Bunde die Dritte …" : Zimmer-Leinfelder 2003, S. 43–53.

Supervision, Coaching und auch Organisationsberatung sind übrigens genau an dieser Entwicklungslinie zwischen Innen und Außen platziert: Sie positionieren sich selbst als extern zu den ablaufenden Arbeitsprozessen, verbinden sich über das Setting, den Kontrakt und ein bestimmtes Ausmaß an Feldkompetenz wieder mit dem beratenen System. Der für Supervision oft propagierte „Platz auf der Grenze" unterstützt damit die Etablierung des institutionellen Dritten als notwendige Weiterentwicklung aus der gruppalen Phase in die Differenzierungsphase oben beschriebener Organisationsentwicklung. Viele Supervisionen und Coachingprozesse werden meiner Erfahrung nach genau in diesen Phasen der Team- und Organisationsentwicklung angefragt.

5.4 Eine dritte Form der Autorität wird geboren: die formale Autorität

Im institutionellen Kontext ist auch ein Blick auf Autorität im hierarchischen Geschehen zu richten. Autorität verstehe ich als Möglichkeit einer Person, andere Menschen in einer Beziehung auf verschiedenen Wegen in eine bestimmte Richtung des Denkens, Fühlens und Handelns zu bewegen. Im pädagogischen Kontext spricht ein Klassiker der Pädagogik von der „Orientierungs- und Regulierungsfunktion" (Weber 1974, S. 206), die der Autoritätsträger gegenüber dem Autoritätsempfänger hat. Die Anerkennung der Autorität kann dem Vertrauen zwischen den Personen entspringen, aber auch der Einsicht in die höhere Kompetenz des Autoritätsträgers und deren Akzeptanz erwachsen (vgl. Weber 1974, S. 208). Im pädagogischen Kontext beinhaltet Autorität, angelehnt an den lateinischen Ursprung des Wortes „auctoritas" und „augere", die Möglichkeiten der Förderung, Vermehrung, des Bereicherns, des Hervorbringens von Möglichkeiten (vgl. Weber 1974, S. 214) beim „Zögling". Dabei wird die Autorität oft über einen Wissensvorsprung einer Person in einem bestimmten Gebiet interpretiert, als Kompetenzvorsprung in einer bestimmten Tätigkeit verstanden. Autorität wird dann Sprachrohr eines bestimmten Erfordernisses der Realität, das die Autorität zur Geltung bringt.

Das entspräche in etwa den Formen der persönlichen und denen der fachlichen Autorität.

Differenzierend unterscheidet Erich Fromm zwei Arten der Autorität. Da ist zum einen die „irrationale Autorität", die eine Stabilisierung und Ausdehnung des Machtverhältnisses zugunsten der eigenen Macht impliziert. Und zum anderen die „rationale Autorität", die den eigenen Autoritätsvorsprung reflektiert und im Blick auf den Geführten verantwortet. Sie verringert den eigenen Autoritätsvorsprung und vermehrt die Autorität des Geführten (Fromm 1985, S. 9–17; und Fromm 1957, S. 10 f.) zum Ziele dessen Mündigkeit. Autorität muss von daher nicht in Abhängigkeit führen oder halten, sondern ist notwendiger Bestandteil jeglicher (auch emanzipatorischen) Pädagogik. Im erwachsenen Stadium kann es infolgedessen eine selbst gewählte, reflektierte Form der Akzeptanz von Autorität geben, an die man sich bindet und von der man sich führen lässt. Das steht im Gegensatz zum blinden Kadavergehorsam, an den viele denken, wenn sie von Hierarchie und Autorität sprechen, und den wir ja leider in der deutschen Geschichte auch massiv zu beklagen haben.

Richard Sennett betrachtet unter sozialwissenschaftlicher Perspektive das Phänomen „Autorität" (Sennett 1990, S. 34–61) und propagiert, dass auch Erwachsene einen lebendigen und elementaren Bedarf nach Autorität und Führung haben. Der besteht selbst dann, wenn die Erwachsenen sich im rebellischen Kampf einer Abhängigkeitsbeziehung mit einer Autorität verstrickt haben, sich durch „idealisierte Ersetzung" oder die „Phantasie des Verschwindens" von der Autorität befreien wollen und in dieser Rebellion vermeintlich Freiheit und Unabhängigkeit suchen. Gleichzeitig bleiben sie durch diese „Ablehnungsbindung" an die Autorität gebunden. Letztlich suchen auch sie nach *der* Autorität, die sie aushält, trägt, gegebenenfalls konfrontiert und führt.

Das kann in den bereits benannten Formen von Autorität, nämlich in der persönlichen Autorität oder der fachlichen Autorität, geschehen. Im Unterschied zur „Macht", die eher in ihrem interaktionellen Geschehen *zwischen* den Personen verstanden werden kann, wird „Autorität" eher bestimmten „Autoritäts-Personen" und ihren persönlichen Attributen zugeschrieben.

Persönliche Autorität ergibt sich aus persönlichen Kompetenzen, die meist in kommunikativen Anteilen einer Person liegen, in einer ethisch wertvollen, menschenfreundlichen Grundhaltung, in einer Beziehungsfähigkeit der Autorität, die uns nicht selten zu ihr aufschauen lässt und Vertrauen in uns zu ihr weckt. Innerlich hat sie in vielen Punkten eine Standfestigkeit errungen, die ausstrahlt, aber auch die Freiheit lässt, flexibel auf Neuerungen zu reagieren. Wir sind sicher, dass diese Person ihren Autoritätsvorsprung ethisch reflektiert und ihn sachdienlich – im pädagogischen Geschehen für die Vermehrung der Möglichkeiten der Geführten, im organisationellen Kontext im Sinne der Aufgabe – ausübt und den Vorsprung nicht ungerechtfertigt und ohne Not gegen unsere Person einsetzt oder gar missbraucht. Mit ihren Qualitäten wird die Person im günstigen Fall zu einer Persönlichkeit, von der wir uns gerne etwas sagen lassen, uns gerne führen lassen und der wir Vertrauen schenken.

Fachliche Autorität strahlt jemand aus, wenn er in seinem gelernten Beruf „fit", in einem bestimmten Praxisfeld erfahren, mit den geltenden Prinzipien seiner Profession vertraut ist. Er kennt z. B. die Klientel gut, reflektiert seinen Umgang mit den Klienten immer wieder und verantwortet seine Handlungen inhaltlich begründet und sicher. Gerne greift man auf die Erfahrung dieser fachlichen Autorität zurück, lässt sich überzeugen oder kann mit ihr fachlich fundiert streiten und nach günstigen Lösungen in inhaltlichen Fragen suchen.

Ein Glück für den, der mit Personen zu tun hat, die mit diesen beiden Formen der Autorität gesegnet sind oder sich zumindest redlich und transparent um ein Wachsen ihrer eigenen Autorität und der der Geführten bemühen.

Der Weg des Durchsetzens, den diese Art der Autorität geht, ist häufig der der Überzeugung, der fachlichen Argumentation, der Auseinandersetzung, der Verhandlung bis hin zur verantworteten Konsensbildung der Beteiligten.

Im organisatorischen Kontext gibt es aber noch eine dritte Form der Autorität, die sich von den beiden ersten unterscheidet. Diese Form der Autorität entwickelt sich mit der Entstehung der Hierarchie und wird übertragen durch die Organisation. Sie ist verliehene Autorität, durch vorgesetzte Stellen, durch die Struktur der Organisation, durch die Zuteilung der Plätze. Ich möchte sie „formale" oder „strukturelle Autorität" nennen. Im Unterschied zur Gruppe entsteht sie eben nicht aus gruppendynamischen Mechanismen, sondern sie ist in der Organisation „geronnene" und strukturell gewordene Macht, die über die Struktur der Organisation, also die Hierarchie vermittelt wird.

Die formale Autorität einer Leitung beinhaltet ein Wissen um diese eigene positionelle Macht, deren sachdienlichen Gebrauch und die damit verbundene Verantwortung. Sie beinhaltet ein „Organisationsbewusstsein" (vgl. Buchinger 1997, S. 53) um den eigenen hervorgehobenen Platz und sein Alleinstellungsmerkmal im Team. Sie beinhaltet den mit dem Platz verbundenen Auftrag, ein Team mit einem bunten Strauß an Maßnahmen im Blick auf die Aufgabe zu führen und es zum erfolgreichen Ausüben von Arbeiten zu veranlassen und geeignete Maßnahmen dazu zu nutzen. Sie sorgt dafür, dass der einzelne Mitarbeiter und das Team als Ganzes sich selbst als wirksam erfahren und stärkt dazu die Kohäsion eines Teams und die Lust, in diesem – geführten – Team, auf zwar unterschiedlichen Positionen und Ebenen, aber für die gleiche Aufgabe zu arbeiten.

Voraussetzung dieser formalen Autorität ist die Bereitschaft, seinen Platz in der Hierarchie einzunehmen. Und zwar auf einem bestimmten Platz der oben zu den Geführten steht und dort mehr Macht und Verantwortung über die unten hat, wie umgekehrt. Das Machtmittel (und die übergeordnete Verantwortung) sind hier durch die strukturelle Überordnung gegeben und vorgezeichnet.

Die Spannung der drei Autoritätsarten in der Kommunikation der gewachsenen Organisation kann man in einem Dreieck (siehe Abb. 5.4) darstellen.

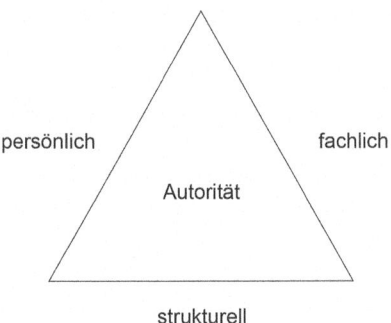

persönlich   fachlich

Autorität

strukturell

Abb. 5.4 Die drei Seiten der Autorität

Ideal ist dabei eine gesunde Mischung, Ausbalancierung und Ergänzung der drei Autoritätsarten. Keine darf fehlen, keine kann eine andere Art der Autorität ersetzen. Dann nämlich würde das Dreieck zu einer Linie zusammenfallen. Trotzdem darf es Unterschiede in der Mischung und Ausprägung der drei Autoritätsarten bei verschiedenen Leitungspersonen und zu verschiedenen Zeiten geben, sodass auch andere Winkel als der ideale eines 60-Grad-Winkels des Dreiecks möglich werden und damit eine unterschiedliche Gewichtung der Autoritätsarten. Problematisch würde freilich, wenn eine Dimension deutlich überwiegen, andere Seiten deutlich zu kurz kommen oder gar fehlen würden. Das würde zu schmerzlichen Verzerrungen im Führungsgeschehen führen.

Viele Führungskräfte und solche, die es werden wollen, suchen diese Art der formalen Autorität in der Fortentwicklung der beiden anderen Arten der Autorität und damit an der falschen Stelle. Sie bilden sich inhaltlich fort, besuchen Schulungen, die sie inhaltlich für die Aufgabe unterstützen und wollen damit ihre (fachliche) Autorität unterstreichen. Sie besuchen Persönlichkeitsbildungsseminare, die ihre Persönlichkeit stärken sollen, sie suchen den besonderen Kontakt zu den Kollegen und wollen ihre persönliche Autorität stärken. Alles recht und gut und möglicherweise auch notwendig. Sie sehen dabei aber nicht, dass dieses Bemühen zwar den beiden ersten Formen der Autorität dient, die persönliche Autorität und die Fachautorität stützt, sie damit in den Alltagsprozessen der Teamarbeit institutionell aber noch lange nicht – durch ihre formale Autorität – abgesichert und getragen sind.

Die beiden ersten Formen der Autorität sind wesentlich in den Anfängen von Teams und Organisationen, in den Pionierzeiten der Organisationsentwicklung, sie werden aber nicht dem strukturellen Sprung in die Organisationsstruktur mit der Emergenz der Hierarchie gerecht. Dort wird die dritte Form benötigt und sie muss die beiden anderen ergänzen. Diese separiert sich als dritte, eigene Form von den beiden anderen und wirkt als eigenständige Autoritätsquelle. Deren Vorteil und Nachteil zugleich ist, dass diese Form dann unabhängig von den beiden ersten Formen der Autorität besteht und wieder neu erworben und verknüpft werden muss.

Wie aber kann man dann diese notwendige strukturelle Autorität fördern oder für sich gewinnen? Es braucht zuallererst die Klarheit des eigenen Platzes auf hervorgehobener Stelle. Wer sich stattdessen im inneren Organisationsbild seines Teams auf kollegialer Ebene bewegt, verspielt das strukturelle Potenzial seiner Stelle. Wer sich dagegen „vorgesetzt" weiß, weiß von seiner hervorgehobenen besonderen Verantwortung für das Ganze. Er weiß, dass aus einer Position auf gleicher Ebene mit den Kollegen vieles nicht zu bewältigen wäre. Auch nicht durch vermehrte Anstrengung und Endlosdiskussionen, bei denen die ungeklärte Machtfrage subtil das Geschehen steuert. Es braucht den hierarchischen Vorsprung an Macht, der die Gewichtung der vorgebrachten Inhalte unterstreicht (siehe Abschn. 6.1. Kommunikationsmodell), der die Verantwortung übernimmt, zu Lösungen zu kommen und damit sachdienlich zu Entscheidungen verhilft. Dabei stellt er sowohl die persönliche, die fachliche und die strukturelle Autorität in den Kontext der gemeinsamen Sache.

Es braucht ausdrücklich das Wissen, dass man im Kontext der Organisation höher sitzt als die Mitarbeiter, es braucht die Einsicht, dass man damit der Führungsspitze einer Einrichtung näher ist als die Kollegen. Dort, auf einer eigenen Zwischenebene, zwischen Mitarbeiterebene und oberem Management ist der strukturell gedachte und nutzbringend angelegte Platz in der Organisation und für die Organisation. Ihn darf man nicht verspielen (und kann ihn m. E. letztlich auch nicht verspielen), weil dann Störungen und reduzierte Arbeitsergebnisse über Rückmeldeschleifen doch wieder zu Veränderungen zwingen, die in die grundlegende Struktur führen.

Dieser Platz ist auch für die höheren Vorgesetzten bindend. Wenn sie die formale Position und die damit verbundene formale Autorität einer Teamleitung übergehen, können sie sicher sein, dass sie mit dieser Außerkraftsetzung der hierarchischen Struktur nicht nur die innere Ordnung der Organisation und des Teams zerstören, sondern damit auch die von ihnen eingesetzte Leitung schwächen. Das gilt auch dann, wenn sie die konkrete Leitung gar nicht selbst eingesetzt haben, sondern sie von Vorgängern übernommen haben. Denn auch hier gilt die Tatsache, dass die Struktur das Überdauernde und Tragende in der Kommunikationsordnung ist. Sie wirkt, ob bewusst oder nicht, ob gewollt oder nicht, wie eine gemeinsame Geschäftsgrundlage, die bestätigt, aktuell genutzt und immer wieder validiert werden muss. Es bleiben bei Unzufriedenheit der übergeordneten Ebene mit dem Leiter auf Teamebene dann immerhin noch die Möglichkeiten der Personalführung, Personalentwicklung und gegebenenfalls der Personalentscheidung. Dieser Platz im Gefüge ist immer da, auch wenn man sich seiner noch nicht oder lange nicht mehr bedient hat. Wenn er klar ist, muss man ihn auch nicht weiter betonen (siehe Abschn. 6.1). Eigentlich ist es der Platz „… zwischen …" den Ebenen und in der Verbindungsposition eines geführten Teams mit der übergeordneten Managementebene. Dieser Zwischen-Platz ist nutzbar zu machen und einzufordern gegenüber Vorgesetzten, auch wenn inhaltliche Divergenzen die Beziehungen geschwächt haben. Und er ist deutlich zu gestalten gegenüber der Mitarbeiterebene. Die Struktur bleibt das verbindende Element und das gemeinsam Verbindliche in der Kommunikation der Organisation.

Aus der Sicht einer Teamleitung bedeutet das, dass es eine ihrer vornehmsten und ureigenen Aufgabe ist, für einen guten Kontakt zur vorgesetzten Stelle zu sorgen. Das transportiert Wertschätzung für Position und Person und lädt beides „strukturell mit formaler Autorität auf". Eine regelmäßige Gesprächsstruktur, die zwischen den Ebenen zuverlässig verhandelt, in Kommunikationsstrukturen gegossen und dann auch eingehalten wird, spiegelt diese formale Autorisierung in den Kommunikationsalltag eines Teams wider.

Eine positive Beziehung zum Vorgesetzten zu gestalten, fällt oft allerdings dann schwer, wenn die vorgesetzte Stelle als fachlich oder persönlich nicht qualifiziert erscheint oder mit einer anderen Profession in der Leitungsrolle arbeitet, wie das im Team der Fall ist. Und es ist auch dann schwierig, wenn frühere Erfahrungen mit Autoritäten auf negative Weise verlaufen sind und einer Akzeptanz von Autorität im Wege stehen. Trotzdem führt kein Weg daran vorbei, wenn man formale Autorität ins Spiel bringen will, die Verbindung zwischen unten und oben gut und durchlässig zu gestalten.

Sich in diese eigene Position zu stellen heißt dann auch, sich zu „unter-stellen". Das kann im Konfliktfall auch bedeuten, dass man Anweisungen, die man sich selbst anders vom Vorgesetzten gewünscht hätte, trotzdem weitergeben und durchsetzen muss. Das kann auch heißen, dass bei fachlichen Konflikten im Team Divergenzen mit Vorgesetzten so weit auszuloten sind, dass man sich sicher sein kann, dass die übergeordnete Leitung hinter einem stehen kann. Eine dabei vielleicht erforderliche Beschneidung der inhaltlichen Breite führt dann zu einer Stärkung der eigenen formalen Autorität gegenüber der nachgeordneten Ebene. Die Vertikale wird gestärkt und mit ihr die Ebene der Leitung im Team.

Die klare „Unterstellung" verpflichtet eine Teamleitung auch, Informationen von unten nach oben zu tragen. Sie darf das als Ausdruck ihrer positionellen Autorisierung ansehen und sich darauf berufen, wenn sie damit genau den ihr zugedachten Platz des „… zwischen …" besetzt und eine wichtige Scharnier-

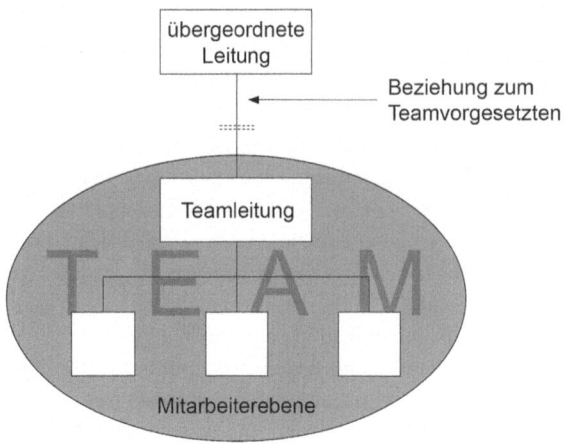

Abb. 5.5 Stabilität der Beziehung zum Vorgesetzten des Teams

funktion zwischen Praxis und oberem Management ausübt. Sie kann dann auch Informationen über institutionelle Mängel und Belastungsgrenzen des Teams aus dem Alltag heraus nach oben tragen. Und sie wird ihrer strukturellen Verantwortung gerecht, wenn sie auf eigene Verantwortungsgrenzen hinweist. Es ist ihre Aufgabe, damit von genau diesem nachgeordneten Platz den eigenen Fürsorgebedarf zu formulieren und bei Vorgesetzten anzumelden. Letztlich wird sie genau für die Nutzung dieser Position von der Organisation bezahlt.

Bei vielen gruppendynamischen Konflikten in Arbeitsteams geht es um ein Abtasten genau dieser formalen Autorität und der Stabilität der strukturellen Beziehung der Teamleitung zur (über-)nächsten vorgesetzten Stelle (Abb. 5.5). Die verdeckte Frage der Mitarbeiter lautet: Steht der gemeinsame Chef hinter dir? Oder können wir die Struktur umgehen, ihn für uns gewinnen und die Teamleitung aus ihrer Position kippen? Mancher mitarbeiterfreundliche, aber organisations*un*bewusste Chef lässt sich hier, vielleicht durch eine fehlgeleitete, als demokratisch propagierte Führungsphilosophie verführen, z. B. von einer Mehrzahl der Mitarbeiter, die formale Struktur über den Haufen zu werfen und die konkrete Leitung dazwischen zu schwächen.

Für die Teamleitung auf der Zwischenebene ergeben sich damit folgende Fragen: Ist die Beziehung zum nächsthöheren Vorgesetzten ausgedünnt, brüchig oder sonst irgendwie geschwächt? Oder wird der Kontakt zur übernächsten Vorgesetztenebene vermieden, verspielt? Dann verspielt man diese Form der strukturellen

Autorisierung und damit viel Kraft für den Führungsprozess und die nötige Orientierung im Team.

Natürlich heißt diese Form des engen Kontaktes nicht, dass man in inhaltlichen Fragen immer einer Meinung sein muss. Es ermöglicht aber einen Austausch, bei dem inhaltliche Argumente und der Bedarf aus der Alltagsarbeit mit den Themen und Vorgaben der vorgesetzten Stellen wie Finanzierbarkeit, politischer Vertretbarkeit, der ethischen Grundausrichtung einer Organisation ins Gespräch und in die Verhandelbarkeit kommen.

Ein Fügen unter die Ansprüche dieser formal legitimierten Autorität ist mehr als ein blinder, ängstlicher und passiver Akt. Es beinhaltet vielmehr ein erwachsenes Akzeptieren der Wirkweisen der Organisation und ihrer Hierarchie und kann in einer bewusst bejahten Zustimmung, oder vielleicht besser, in bejahter „Bindung" und Akzeptanz der Ordnungen der Organisation und ihrer Spielregeln ihren Niederschlag und ihren Nutzen finden.

Zum Schluss noch eine Anmerkung über ein Erscheinungsbild von Autorität. Erschreckend ist, dass es als Adjektiv zu „Autorität" nur die Begrifflichkeit und das Verhalten von „autoritär" gibt. Das aber ist deutlich und einseitig negativ besetzt. Eine Alternative auch für Führungsgeschehen könnte der Pädagogik entnommen werden: eine positive, freisetzende und ermöglichende Machtausübung in Form einer stützenden und fordernden Autorität, die Präsenz[8] zeigt. Sie verknüpft Person und Arbeitsanforderungen, macht Vorgaben und begrenzt Verhalten. Gleichzeitig aber gewährt sie auch die Spielräume zwischen den Grenzen und verknüpft diese. Sie steht hinter einem und integriert in den Rahmen des größeren Ganzen der Organisation. Solche positiven Bilder und Formen der Machtausübung könnten in dem Begriff „autoritativ" wiedergegeben werden, der dann auch für organisationelles Geschehen durchdacht und als eine Leitidee genutzt werden könnte.

---

[8]Hingewiesen sei auf die Literatur von Haim Omer, der die positive Variante von Macht in Form von „Stärke" und „Beziehung" im Kontrast zu einer negativen bevormundenden Macht entwickelt und dessen Konzepte zunehmend auch für den Bereich Organisation durchdacht werden.

5.5   Folgerungen für einen hierarchiebewussten Führungsstil: Wertschätzung für wertschätzende Führung

Vielfältig sind die Leitideen und Schlagwörter, die in Führungsstildiskussionen die mentalen Marktplätze bevölkern: „autoritär" – „partnerschaftlich" – „kooperativ" – „demokratisch" – „delegativ" – „situativ". Aus den beschriebenen Notwendigkeiten und Entwicklungen der Organisation heraus scheinen mir einige Anfragen und Klarstellungen notwendig und Anregungen möglich. Ich setze dabei Grundkenntnisse der Führungspsychologie voraus.

Propagiert wird, gerade in Non-Profit-Milieus, und hier besonders in den Reihen der Kirchen, der „kooperative Führungsstil". Teilweise wird weiterentwickelt und generalisiert hin zu einer „kooperativen Pastoral" (siehe Leitlinien der Pastoral in der Diözese Würzburg). Ein „kooperativer Führungsstil" bietet aber ein herrliches Kippbild (siehe Abschn. 4.3.) für unterschiedliche Nutzer des Begriffs: Die einen blicken, meist von unten, auf den Begriff und fordern „Kooperation". Sie suggerieren als Organisationsbild die Gleichheit und gleichberechtigte Mitbestimmung aller. Weiterhin suggerieren sie, dass Führung dabei nicht nötig ist, zumindest nicht von oben. Die „freien Radikale",[9] als die sich manche verstehen, organisieren sich allenfalls selbst, soweit sie überhaupt eine Vernetzung in einem größeren Gebilde suchen und Organisierung zulassen. Oder sie berufen sich auf ihren gemeinsamen Erwachsenenstatus mit der Freiheit des Christenmenschen, der beinhaltet, dass jeder „doch schon weiß", dass Individualität als absoluter Zustand verteidigt, Freiheit propagiert und die Notwendigkeit von Führung geleugnet wird.

Wo aber bleibt dann die zweite Hälfte des Begriffes, nämlich „Führung"? Muss sie in der Adaption des „kooperativen Führungsstils" diesen egalitären Organisationsmodellen verhaftet bleiben oder darf sie auch hierarchisch gedacht werden, mit unterschiedlichen, transparenten, abgestuften Graden an Macht und Verantwortung. Von oben her wird in der Organisation im Kippbild „kooperativer Führung" deutlicher und selbstverständlicher die *„Führung"* gesehen, die den Bedürfnissen der eigenen Vorgesetztenverantwortung gerecht wird. Dazwischen aber, also zwischen den beiden Sichtweisen, gibt es Missverständnisse, Kom-

---

[9]So eine (scherzhafte und doppeldeutige) Selbstbeschreibung aus dem Munde kirchlicher Mitarbeiter.

munikationsmangel und Aushandlungsdefizite (Für den Bereich evangelischer Erwachsenenbildungseinrichtungen beschreibt das Schroer 2005, S. 21).

Immer wieder begegnet man in der Praxis psychosozialer und pastoraler Arbeit Machtvakuen der unterschiedlichsten Art. Ein Führungsmangel ist nicht erst dann zu beklagen, wenn eine Stelle unbesetzt ist, eine Position in der Hierarchie nicht genutzt wird. Oft genug entsteht dieser Führungsmangel auch aus ideologischen Begründungen. Manchmal eben mit dem o. g. verkürzten Verständnis des „kooperativen Führungsstils", der Führung sogar selbst durch Leitung verweigert. Man will niemanden bevormunden, beruft sich auf „demokratische" Gepflogenheiten in der Organisation und unterlässt die eigene Positionierung. Der Führungsbedarf, den auch Erwachsene in einem Team haben, wird sträflich negiert.

Das kann so weit gehen, dass man als Leiter gar nicht die Kommunikation sucht, sich auf gleicher vermeintlich kollegialer Ebene hinten anstellt, die Auseinandersetzung scheut, sich führen und steuern lässt, anstatt am Steuerbord der Organisation, des Teams zu bleiben[10] und aus hervorgehobener Position zu steuern, sachdienlich zu ordnen, verantwortlich zu delegieren. Wenn man diese Führungsverweigerung noch mit den Begriffen der Führungspsychologie beschreiben will, dann allenfalls mit dem Begriff des „Laissez faire" und den damit verbundenen bekannten und frustrierenden Orientierungslosigkeiten der zu Führenden und Leistungseinbußen in der Aufgabe.

Führungsvakuen entstehen ferner durch falsche Prioritätensetzung zwischen den Fachkraft- und Führungsanteilen einer Leitungsstelle. Das Festhalten an der Fachkraftrolle, das Priorisieren der Alltagsarbeit vor den Pflichten der Steuerung und Leitung lassen den Leitungsstuhl unbesetzt oder machen ihn frei für die informellen Kräfte in Arbeitsteams. Auf kollegialer Ebene wird die Funktion der Steuerung dann oft gar nicht als Arbeit wahrgenommen, ja als „Nicht-Arbeit" abgewertet. Aus der Sicht der Fachkraftebene bedeutet sie ja auch zunächst einen Verlust an „Fach-Kraft". Das aber bietet den Nährboden für eine in der psychosozialen Arbeit – zumindest auf den unteren und mittleren Ebenen der Organisation und des Managements – häufig anzutreffende Geringschätzung der Steuerungsaufgaben, die sich nach oben hin fortsetzt und in den Gehaltsschemata für die Arbeit von Teamleitungen, Stellvertretungen usw. ihren Niederschlag findet.

---

[10]Ich schreibe diese Zeilen zu den Zeiten der Havarie des Mittelmeer-Kreuzfahrtschiffes „Costa Concordia" in Giglio, Italien. Die in Zeitungen übermittelten Bilder liefern Anschauungsmaterial, in welchen Schieflagen mit tödlichen Folgen das Verlassen der Steuerungsposition durch den Kapitän führen kann (Jan. 2012).

Eng verknüpft mit dem Vermeiden von Hierarchie und dem Ausblenden formaler Ordnungen ist ein Festhalten an oder Zurückfallen in einen personalistischen Führungsstil. Dabei wird die *Beziehung* zwischen Führendem und Geführten zum zentralen Steuerungsmoment. Man schaut einseitig auf Individualisierung, bindet mit den entsprechenden Verpflichtungsgefühlen und macht damit gefügig. Sympathien und Antipathien zu den Mitarbeitenden und die Nähe zum Chef werden zum Entscheidungskriterium für die Zugehörigkeit im Team und wirken in geheimen, informellen Hierarchien. Damit sind Ungerechtigkeiten vorprogrammiert, die Tür zu Willkür, persönlichem Narzissmus und Machtmissbrauch wird geöffnet. Das schafft auf der gruppendynamisch-emotionalen Ebene den Nährboden für Neid, Hass, Verzweiflung und führt zu häufigem Personalwechsel auf der Ebene der Mitarbeitenden. Was in den Anfangstagen von Organisationen natürlich und gut ist, was in Familienunternehmen gang und gäbe ist, taugt nicht für die späteren Phasen der Leitung von Arbeitsteams in Organisationen. Letztlich ist dieser personalistische Führungsstil dem autoritären Führungsstil zuzuordnen.

Bei Personalentscheidungen mit personalistischem Stil wird entschieden nach dem Motto „Gleich und Gleich gesellt sich gern". „Geklonte" Abbilder der Leitung tauchen auf allen Plätzen im Team auf, Fremdheit wird abgewehrt, statt als Entwicklungsimpuls integriert und genutzt, das Moment des „Group Think" kann sein Unwesen treiben. Der Impuls der Öffnung zur Welt außerhalb der Beziehung und außerhalb der Symbiose, den die Struktur als „Dritte im Bunde" gewährleistet, kann nicht genutzt werden.

Außerdem wird die Steuerungsfähigkeit mittels Beziehung ihre Grenze an der Größe des Teams finden, wenn man aufgrund der unübersichtlichen Vielfalt der Beziehungen nicht mehr die Kontrolle über das Geschehen einer dann verzweigten Organisation hat und die Verantwortung infolgedessen nicht mehr getragen werden kann.

Hilfreich werden dann „Führungssubstitute" (Neuberger 2002, z. B. S. 46), wie es Neuberger nennt, wie Regeln, Ziele und Normen, die den Einzelnen übersteigen, „überindividuell" verbindlich etabliert werden und von dort her das Geschehen steuern. Dazu zähle ich in einem weiter gefassten Verständnis auch die Strukturen und Ebenen der Hierarchie. Sie teilen Verantwortung und Macht transparent, machen aus den Menschen Mitarbeiter in Rollen und Positionen, deren Nähe und Distanz in einem – möglichst – transparenten Organigramm zu fassen sind. Dadurch kann eine „Äquidistanz" zwischen den Rollen und Ebenen etabliert werden, die Sympathie und Antipathie zweitrangig macht, Nähe und Distanz sachdienlich regelt und die strukturelle Dimension als grundlegend etabliert. Die tragende Funktion geklärter Organisationsstrukturen lässt sich dann als Grundlage der Beziehungsdimension für die Gestaltung der Aufgaben und die Führung von Mitarbeitern nutzen. Geklärte Strukturen bieten den Boden für die Möglichkeit reflektierten, gebotenen Vertrauens, das die Arbeit schmackhaft und produktiv machen kann. Sie setzen die Spielregeln, nach denen gemeinschaftlich „Organisation gespielt" werden kann.

Zu propagieren wäre also ein *Führungs*stil, der den Namen verdient, der weiß, dass eine Leitung „nicht nicht führen kann" (vgl. Zwack und Schweitzer 2009, S. 400), der hinschaut und wahrnimmt, der seiner speziellen Verantwortung auf seiner übergeordneten Ebene gerecht wird, der die Aufgabe und ihre Erfordernisse ebenso im Blick hat wie die Menschen, die geführt werden wollen und mit der Aufgabe verknüpft werden müssen. Ein Führungsstil, der um die Bedeutung der Steuerung für das Gesamt der Aufgabe weiß und dieser gerecht wird. Ein Führungsstil, der die eigene (hierarchische) Macht funktional nutzt und Teilhabe an der Macht zulässt, einfordert und verantwortet; der weiß, dass ein Team mit Entscheidungen versorgt werden muss, sei es durch eigene Entscheidungen, gemeinsames Entwickeln von Entscheidungen oder durch klar delegierte Entscheidungsbefugnisse.

Hierarchie bietet die Chance, ja die Notwendigkeit, zwischen den Hierarchieebenen Führung wahrzunehmen. Sie beinhaltet den Aufruf, hierarchieübergreifend Führung zu gestalten, den Tätigkeiten der Führung im Tätigkeitsprofil einer Leitung hohe Priorität einzuräumen, oder zumindest – im Streit mit Fachkraftanteilen im eigenen Rollenprofil – immer wieder Orte und Zeiten zu sichern, an denen die Führungstätigkeit deutlich Priorität genießt. Es benötigt „Präsenz" im Selbstverständnis der Leitungsrolle und Präsenz in der Leitungsrolle im Teamalltag, um die nötigen Informationen aus dem täglichen Geschehen zu bündeln, zu filtern und nach oben weiterzutragen.

Hierarchie fordert Führung und benötigt eine Wertschätzung von Führung und, wenn Führung gelingen soll, eine wertschätzende Führung, die um die Bedeutung jeder Position und jeden Positionsinhabers für das Gesamt eines Teams in der Organisation weiß und die grundsätzliche Angewiesenheit der Organisation auf ihre Mitarbeiter im Blick hat.

Genau genommen findet Führung nicht nur „von oben nach unten" statt. Führung geschieht vielmehr immer auf einer Ebene des „... zwischen ...". Als „oben" zur Mitarbeiterebene sitzt die Leitung gleichzeitig „unten" zur oberen Managementebene. Von dort wird sie als „unten" eingestuft und selbst geführt. Das „... zwischen ..." im hierarchischen Gefüge gehört konstitutiv zum Selbstverständnis von Leitung und ihrer (mentalen) Verortung in der Organisation. Das korreliert mit dem Gefühl vieler Leitungskräfte, zwischen den Ansprüchen der verschiedenen Kooperationspartner zerrieben zu werden, „wie zwischen Mahlsteinen". Es macht aber auch deutlich, dass Leitung „Nahtstellenmanagement" par excellence zwischen oben und unten zu leisten hat. Von dieser Zwischenebene wird sie zum „Verhandlungsführer nach unten und nach oben" (vgl. Zwack und Schweitzer 2009, S. 404), der Vorgaben weitergibt, dabei aber Handlungsspielräume auslotet und Freiheitsgrade freikämpft und wieder verknüpft.

Gelungene Führung bleibt bei allem Gesagten der dialektischen Spannung von Mensch und Organisation verbunden. Eine vollständige Entkopplung der Funktionalität der Organisation von der Beziehungsqualität menschlicher Arbeit kann nicht zum Erfolg führen. Der Mensch muss als Geführter und Führender auch im hierarchischen Modell mit seinen Eigenheiten und Bedürfnissen im Blick bleiben. Auch wenn er, bzw. seine Arbeitskraft, für die Aufgabe der Organisation eingesetzt wird und genutzt werden muss. Selbst im direktivsten Moment von Hierarchie und Anordnung kann man mit den Geführten im Kontakt bleiben, Präsenz zeigen, ohne mit ihnen zu verschmelzen und ihnen das Recht auf ihre Gefühle in Bezug auf das Führungshandeln zu nehmen. Man kann die Konsequenzen hierarchischen Handelns im Blick behalten und die Auswirkung auf die Personen zwar nicht immer verhindern, wohl aber – im Kontakt – verstehen und würdigen. Diese dialektische Spannung beinhaltet auch die Forderung nach der Schutzfunktion der Vorgesetzten für den in der Hierarchie nachgeordneten Mitarbeiter.

Gut aufgehoben sehe ich viele dieser Forderungen im „situativen Führungsstil", der die situativen Bedingungen des Führungshandelns in den Blick nimmt, zur Co-Leitung ermutigt und partizipativ wirkt. Er sieht das jeweilige Stadium des Entwicklungsstandes eines Teams/einer Organisation genauso wie den Führungsbedarf einzelner Mitarbeiter und die Notwendigkeiten der Aufgabe. All das integriert er und übernimmt Führungsverantwortung. Dirigieren und Direktiven gehören dann genauso zum Leitungshandeln wie Sekundieren (Unterstützen), Trainieren und Delegieren. Es ist ein „dienender" Führungsstil, der sich seiner Führungsverantwortung und -position als Vorgesetzter bewusst bleibt, sie als „Muss" akzeptiert und der gemeinsamen Aufgabe dient, indem er die zu führenden Menschen in die Aufgabenerledigung mitnimmt. Er steht im Gegensatz zu einem Verständnis von Führen als „Dienen", das nicht wagt, Hierarchie zu akzeptieren, das sich weigert, die „Oben"-Position der Hierarchie zu besetzen und von unten her vergeblich versucht, Führung zu gestalten (oder besser: zu vermeiden).

Eine markante Beobachtung eigener Art zum Thema „Führen" will ich nicht vorenthalten. Sie gilt mir als Vorbote oder ganzheitlicher Beweis der Integration der neu entstehenden hierarchischen Ordnung und beinhaltet eine Umsetzung der hierarchischen vertikalen Linie im Anklang an das Organigramm: Es ist das Auftauchen der „Führungshand". Das ist meist die rechte geöffnete Handfläche, die mit der geraden senkrecht-vertikalen Handkante die Richtung nach vorne vorgibt.

Sie drückt Geradlinigkeit aus, zeigt Entschlossenheit an und gibt Orientierung in die gewünschte Richtung eines gemeinsamen Teamhandelns.

Es ist faszinierend, in Beratungsprozessen immer wieder die Erscheinung der Führungshand in Führungsprozessen wahrzunehmen. Es scheint eine sehr ursprüngliche Handbewegung zu sein, die über die Körpersprache – oft unbewusst – in Erscheinung tritt. Sie wird sowohl von der Führungskraft wie auch den Geführten klar als Orientierung wahrgenommen. Sie wirkt wie eine Trennung vom Vorhergehenden und macht klar, dass die Diskussion in der Kreisform ein Ende hat. Sie stellt klar, wo es langgeht, wo sie also ihren Verantwortungs- und Machtvorsprung einfordert und bereit ist, sich durchzusetzen. In ihr wird Hierarchie als vertikale Kraft verkörpert und in den Alltag einer Zusammenarbeit transportiert.

Das Erscheinen der Führungshand in Beratungsprozessen ist für mich zwischenzeitlich zum klaren Signal geworden, dass das hierarchische Prinzip integriert ist und umgesetzt wird, dass eine Führungskraft auf dem richtigen Platz sitzt, die Steuerung übernommen hat und, hat sie diese Handbewegung erst einmal selbst im Gespür, daran aufbauend ihren Führungsstil gestalten kann. Weitere und andere z. B. gewährende Handbewegungen können dann folgen oder ergänzen.

Die Lösung zum Neun-Punkte-Problem aus Abschn. 5.2. zeigt Abb. 5.6.

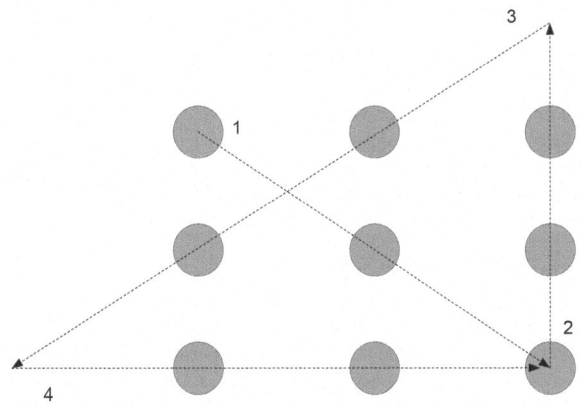

Man muss also aus dem selbst gemachten Denkschema, die Lösung innerhalb der neun Punkte zu finden, aussteigen, herausspringen, um zu einer Lösung zu finden. Altes Denken, alte Selbstverständlichkeiten müssen hinterfragt und ggf. überwunden werden, damit die Lösung möglich wird.

Abb. 5.6 Lösung zum Neun-Punkte-Problem

Literatur

Antons, K. (1976). *Praxis der Gruppendynamik. Übungen und Techniken.* Göttingen: Hogrefe.

Buchinger, K. (1997). *Supervision in Organisationen. Den Wandel begleiten.* Heidelberg: Carl Auer.

Fromm, E. (1957). Die autoritäre Persönlichkeit. *Deutsche Universitätszeitung, 12*(9), 10.

Fromm, E. (1985). *Über den Ungehorsam.* München: dtv.

Hansch, D., & Haken, H. (2004). Wie die Psyche sich selbst in Ordnung bringt. *Psychologie heute, 7,* 36–41.

Liedtke, M. (2005). Kulturelle Wandlungen des biologisch disponierten Prinzips der Hierarchisierung. Funktion und Missfunktion. In H. Heller (Hrsg.), *Hierarchie. Evolutive Voraussetzungen – Rangskalen in Natur undKultur – Prozesse der Destabilisierung und Neuordnung* (S. 70–102). Wien: LIT Verlag.

Metzger, H.-G. (2000). *Zwischen Dyade und Triade. Psychoanalytische Familienbeobachtungen zur Bedeutung des Vaters im Triangulierungsprozess.* Tübingen: Edition diskord.

Neuberger, O. (1990). Der Mensch ist Mittelpunkt. Der Mensch ist Mittel. Punkt – Acht Thesen zum Personalwesen. *Personalführung, 1,* 3–10.

Neuberger, O. (2002). *Führen und führen lassen. Ansätze, Ergebnisse und Kritik der Führungsforschung* Bd. 1. Stuttgart: Lucius & Lucius.

Pühl, H. (1989). Alternativprojekte: Der Kollektivmythos als Chef. *Supervision, 15,* 15–27.

Pühl, H. (1997). Supervision in Institutionen. Supervisionsbeginn, Nachfrageanalyse und institutionelle Triangulierung. In H. Pühl (Hrsg.), *Supervision in Institutionen* (S. 21–47). Frankfurt: Fischer.

Pühl, H. (1998). *Teamsupervision. Von der Subversion zur Institutionsanalyse* (S. 36–57). Göttingen: V&R.

Rieforth, J. (Hrsg.). (2006). *Triadisches Verstehen in sozialen Systemen. Gestaltung komplexer Wirklichkeiten.* Heidelberg: Carl Auer.

Schiepek, G., et al. (2000). Synergetik für die Praxis. Therapie als Anregung selbst organisierender Prozesse. *System Familie, 13,* 169–177.

Schröer, A. (2005). Zwischen Kirche, Markt und Bildung – Change Management in Einrichtungen der Evangelischen Erwachsenenbildung. In M. Göhlich, C. Hopf, & I. Sausele (Hrsg.), *Pädagogische Organisationsforschung* (S. 201–216). Wiesbaden: VS Verlag.

Sedlacek, K.-D., et al. (2010). *Emergenz. Strukturen der Selbstorganisation in Natur und Technik. Arbeits- und Handbuch.* Norderstedt: Books on Demand.

Sennett, R. (1990). *Autorität.* Berlin: BVT.

Tietel, E. (2006). Die interpersonelle und die strukturelle Dimension der Triade. In J. Rieforth (Hrsg.), *Triadisches Verstehen in sozialen Systemen. Gestaltung komplexer Wirklichkeiten* (S. 61–85). Heidelberg: Carl Auer.

Weber, E. (1974). *Autorität im Wandel. Autoritäre, antiautoritäre und emanzipatorische Erziehung* (S. 183–216). Donauwörth: Auer.

Zimmer-Leinfelder, I. (2003). Ich sei, erlaubt mir die Bitte, in Eurem Bunde die Dritte – Gedanken zum Dreieckskontrakt in der Supervision. *Forum Supervision, 21*(11), 43–53.

Zwack, J., & Schweitzer, J. (2009). Bausteine systemischer Führungskräftetrainings. *Organisationsberatung-Supervision-Coaching OSC, 16,* 399–411.

Hierarchie in Kommunikation und Kooperation der Organisation

6

Zusammenfassung

Nach den theoretischen Vorarbeiten kommt es jetzt zur Beschreibung einer sachgerechten und zielführenden Anwendung formaler Hierarchie im beruflichen Alltag. Zentrales Transportmittel ist ein Kommunikationsmodell für die Zwecke der „Kommunikation in Organisationen". Es impliziert formale Ordnungen und schafft klare Kommunikation. Anweisungen und Anordnungen erzielen ihre Wirkung, Entscheidungsprozesse werden transparent. Mit „partieller Verantwortung" und geklärtem Delegationsspielraum kann der Einzelne bei der Bewältigung der Gesamtaufgabe partizipieren. Das Handeln wird verbindlich und die Kraft der Hierarchie kommt den Kunden und Klienten zugute.

Schlüsselwörter

Verbindlichkeit · Anordnung · Anweisung · Kommunikation in Organisationen · Delegation · „Partielle Verantwortlichkeit" · Partizipation; Befugnisse

Wie aber kommt die Organisation in die Kommunikation der Beteiligten? Und wie kommt man vom Denken über die Organisierung und den impliziten Theoriebildungen ins stimmige Kommunizieren und gemeinsame Handeln?

Vermittelnd zwischen Organisationsstruktur und Kommunikation der Einzelnen untereinander sind die „Bilder der Organisation" (siehe Morgan 1997) in den Köpfen der Kommunizierenden. Bei aller Vielfalt der Deutungsmöglichkeiten einer Situation sind die Interpretationsmöglichkeiten des Geschehens vielfältig. Ein Beispiel dafür sind die beschriebenen Kippbilder.

© Springer Fachmedien Wiesbaden GmbH 2017   123
H. Happel, *Hierarchie als Chance*,
DOI 10.1007/978-3-658-15789-0_6

Die Art, wie wir die Organisation und die Situationen in ihr deuten und wie wir Bilder von ihr entwickeln, hat Einfluss darauf, wie wir die Organisation formen und in ihr handeln. Liegen dem Handeln in Teams unterschiedliche Bilder zugrunde, so führt das naturgemäß zu unterschiedlichen Vorgehensweisen in der Arbeit eines Teams (Morgan 1997, S. 505) und damit zwangsweise zu Konflikten.

Eine Verständigung im Teamgeschehen und in Führungsprozessen über diese Bilder in den Köpfen scheint also „not-wendig" zu sein. Zeiten und Orte dafür müssen immer wieder als „Eigenzeit" jeden Systems und Subsystems eingeräumt werden. Denn diese Gemeinsamkeiten in den Bildern sind Teil des Selbstverständnisses eines Teams, das gemeinsames Handeln ermöglicht. Auch im Führungsprozess sind sie grundlegend für eine erfolgreiche Kommunikation und Kooperation in der Organisation.

Häufig stehen dabei die beschriebenen Familien- und Gruppenmodelle einer Pionierzeit mit ihrem Nähe-, Beziehungs- und Gleichheitsparadigma im Konflikt mit den eher formalen, hierarchisch strukturierten Metaphern der Differenzierungsphase in der Organisation. Die Kommunikation in Organisationen ist aber zu unterscheiden von einer alltäglich stattfindenden Kommunikation in einer Gruppe. Auch das alltägliche Miteinander im familiären Kontext folgt anderen Regeln.

In der Organisation unterliegt die Kommunikation der beschriebenen Funktionalität der Organisation und den damit einhergehenden Organisationsbildern einer hierarchischen Struktur. Der Switch im Organisationsbild benötigt andere Kommunikationsmodelle als die der alltagsmenschlichen Kommunikation und es wird nötig, die althergebrachten gängigen Bilder weiterzuentwickeln.

Will man die Dynamik der Kommunikation von Menschen in Organisationen in einem kommunikationstheoretischen Modell fassen, das die hierarchische Struktur einbezieht, so bietet sich als Ausgang das weit verbreitete Modell Watzlawicks zur „menschlichen Kommunikation" (Watzlawick 1969) an. Es bedarf aber einer wesentlichen Erweiterung für die Kommunikation in der Organisation, insbesondere in ihrer hierarchischen Erscheinungsform. Ein entsprechendes Kommunikationsmodell für die Organisation wurde erstmals veröffentlicht in Happel (2000).

6.1   Ein Kommunikationsmodell für die Organisation

6.1.1   Was sagt die traditionelle Kommunikationstheorie zur zwischenmenschlichen Kommunikation?

Paul Watzlawick, ein „Großvater" der Kommunikationsforschung, benennt als ein Grundaxiom menschlicher Kommunikation, dass jede Kommunikation zwischen Menschen einen Inhaltsaspekt und gleichzeitig einen Beziehungsaspekt

(Watzlawick 1969, S. 53–56 und 79–89) enthält. Beide sind eng miteinander verwoben und trotzdem von unterschiedlicher Bedeutung, nämlich dergestalt, dass der Beziehungsaspekt den Inhaltsaspekt bestimmt und damit dem Inhalt erst den richtigen Sinn gibt.

Der Inhalt einer Nachricht kann also, vor dem Hintergrund verschiedener Beziehungen, unterschiedlich gewertet und verstanden werden. Wie eine Botschaft zu verstehen ist, wird erst aus dem Kontext der Beziehung deutlich. Dabei ist die Beziehung die grundlegendere Dimension in der Kommunikation, weshalb dieses Axiom häufig auch wie in Abb. 6.1 (z. B.: Schulz von Thun 1981, S. 199) dargestellt wird.

Im Weiteren stellt Watzlawick fest, dass die untere Beziehungsebene umso *weniger* thematisiert werden muss, je klarer und gesünder sie ist. Wenn also die Beziehung zwischen den Kommunizierenden von beiden Teilen gleichermaßen definiert wird, können sie sich verstehen, die Bedeutung der Inhalte wird klar und die Aufmerksamkeit kann in die inhaltliche Auseinandersetzung fließen.

Ist das nicht der Fall und besteht Unklarheit in der Definition der Beziehung, überlagert oder unterwandert dieser Konflikt der zugrunde liegenden Beziehungsebene die inhaltliche Kommunikation. Es kommt zu Beziehungsstörungen, Endlosdiskussionen, Kommunikationsblockaden, Rechthabereien, die eine Beziehungsklärung in der Metakommunikation, der Kommunikation über die Kommunikation, nötig machen (gut beschrieben bei Schulz von Thun 1981, S. 198 ff.).

6.1.2 Kommunikation in Organisationen: Unterscheidungen

Versuchen wir nun, Regeln der Kommunikation für die Organisationen zu entwickeln, so fällt der grundlegende Unterschied auf, dass Kommunikation dort nicht nur den zwischenmenschlichen Bedürfnissen nach Nähe und Distanz, emotionalem Austausch, gegenseitiger Annahme und Bestätigung dient, sondern dass Kommunikation dem durch das Organisationsziel vorgegebenen Auftrag und Ziel unterliegt, ja sogar nur deshalb entstehen kann, weil sich eine Organisation

Abb. 6.1 Inhalts- und Beziehungsaspekt „menschlicher Kommunikation"

zu diesem Zweck gegründet hat. „Kommuniziert wird zunächst nicht wegen der Beteiligten selbst, sondern eben wegen eines Dritten … Gäbe es kein Drittes, so fände Kommunikation in diesem Extremfall überhaupt nicht statt" (Lindner 1974, S. 259).

Im Gegensatz zu „primärkommunikativen" Kontakten im zwischenmenschlichen Bereich kann man zur Unterscheidung dazu von „sekundärkommunikativem" Verhalten (Lindner 1974, S. 260) in dieser von einer dritten Sache her initiierten Kommunikation sprechen. Diese beiden Kommunikationsformen sind sich vom Wesen her grundsätzlich entgegengesetzt, schließen sich aber gegenseitig nicht aus.

Das hat für die Kommunikation in der Organisation dann zur Folge, dass auch sie nicht zweckfrei, sondern ausgerichtet auf das Ziel der Organisation ist und, zusammenfassend gesagt, anderen Gesetzmäßigkeiten unterliegt wie die Alltagskommunikation zwischen Menschen. Schauen wir noch einmal in die Entstehung einer Organisation.

6.1.3   Eine Organisation entsteht

In der Geschichte der Entstehung von Organisationen, bei ihrem Älter- und Größerwerden werden Entscheidungs- und Machtfragen im Laufe der Zeit ausgehandelt und festgelegt. Irgendwann ist klar, wer etwas zu sagen hat und vor allem, wer wem etwas zu sagen hat – etwa im Sinne einer Anweisung- oder, in der Praxis oft noch relevanter, wer wem nichts zu sagen hat. Es wird geklärt, wer an welcher Stelle Entscheidungen trifft, wer in Entscheidungsprozesse einbezogen werden muss, wer wen berät und damit „nur" gehört werden muss. Und: Es wird geklärt, wer für welche Entscheidungen Verantwortung trägt, um das Organisationsziel zu erreichen.

Entscheidungen und Ergebnisse der Verhandlungen über diese Machtfragen schlagen sich quasi als „geronnene Kommunikation" in relativ stabilen, formalen Strukturen nieder, oft dargestellt im Organigramm einer Organisation. Diese Strukturen bilden die „Hardware" einer Organisation, die im Laufe der Zeit von den Personen, die sie geschaffen haben, unabhängig werden. Entscheidungskompetenzen, Machtpotenziale, Aufgabenprofile, Verantwortungsbereiche werden bestimmten Positionen zugeordnet, die dem Macht- und Verantwortungspotenzial entsprechend, in hierarchischen Ebenen übereinander angeordnet sind.

Nun aber findet Kommunikation nicht mehr wie bisher auf einer rein zwischenmenschlichen Ebene zwischen gleichen Personen statt, sondern von verschiedenen, hierarchisch einander zugeordneten Positionen aus, die durch unterschiedliche Verantwortlichkeit legitimiert und mit unterschiedlicher Macht

Abb. 6.2 Die drei Ebenen „Kommunikation in der Organisation"

ausgestattet sind und ihre eigene Wirkung entfalten. Die Positionen teilen sich subtil mit, sie „kommunizieren", ohne dass sie erneut ausdrücklich thematisiert werden. Die Kommunikation in Organisationen hat dann eine neue Dimension entwickelt, die selbst wieder auf das Beziehungsgeschehen zurückwirkt.

6.1.4 Die drei Ebenen des Kommunikationsmodells für die Organisation

Beziehen wir jetzt für die Kommunikation in Organisationen diese zusätzlich gewonnene Dimension der „geronnenen, verfestigten Kommunikationsabläufe" einander zugeordneter Positionen ein und versuchen, das oben stehende Modell Watzlawicks zu erweitern, so entsteht eine neue Kommunikationsebene der Positionen und Strukturen, für deren Verständnis ich das Modell in Abb. 6.2 vorschlage (s. Happel 2000, S. 188).

Es scheint auch hier bei dieser dritten Ebene der Kommunikation im übertragenen Sinn zu gelten, was Watzlawick für menschliche Kommunikation formuliert: „Man kann nicht nicht kommunizieren" (vgl. Watzlawick et al. 1969, S. 50 ff.). Sind es im zwischenmenschlichen Bereich die nonverbalen Elemente der Kommunikation und das Verhalten, das auch ohne Worte kommuniziert, so sind es im Bereich der Organisation zusätzlich die „geronnenen" bzw. gesetzten Strukturen und Positionen, die sich mitteilen. Unausgesprochen, aber vermittelt über Ton, Gestik, Mimik, Zuordnung der Sprechenden, Umfang der Nachricht usw. bestimmen sie die Kommunikation in Organisationen wesentlich.[1] Über sie

---

[1]Man beachte auch architektonische Vorgaben, wie Größe der Räume von Vorgesetzten, innenarchitektonische Maßnahmen, wie Ausstattungsvolumen für Chefzimmer, Kleiderordnungen im geschäftlichen Umgang, die genau diese Unterschiede präverbal vermitteln.

wird eine Wertigkeit der Nachricht übermittelt, eine Aussage über die Bedeutung der Nachricht für die Kommunikation und Zusammenarbeit gemacht. Über sie wird geklärt, ob eine Kommunikation eine Information unter Gleichen darstellt, die zur Diskussion einlädt, beratend angeboten wird oder ob sie eine Anweisung ist, die letztlich nicht zur Diskussion steht und zu befolgen ist. Sie beinhaltet also eine Aussage über die Machtverhältnisse zwischen den Beteiligten im Zusammenhang der organisationellen Aufgabe und der Stellung in der Hierarchie.

Eine andere Aussage über das Wesen von Kommunikation ist aus Watzlawicks Modell ebenso übertragbar: Wenn die grundlegende Ebene der Kommunikation, die Strukturebene geklärt ist, dann kann die Aufmerksamkeit, Arbeit und Energie auf die darüber liegenden Ebenen im Kommunikationsmodell verlagert werden, die Energie in die Beziehungsebene fließen und die Inhalte deutlich und klar auf der Inhaltsebene verhandelt werden. Dann wird erfahrbar, wie klare Strukturen wirken, gelungene Beziehungen auch in der Arbeit entstehen und Energie frei für die inhaltlichen Themen der Arbeit wird. Dann „läuft" die Arbeit, macht Spaß und Freude und führt im Sinne des Auftrags der Organisation zu produktiven Ergebnissen.

6.1.5   Die Strukturebene als eigenständige dritte Ebene?

Bleibt noch die Frage, ob diese Strukturdimension als eigenes Kästchen in diesem Kommunikationsmodell darzustellen ist oder nicht auch als Teil der Beziehungsdimension im mittleren Kästchen wiedergegeben werden kann. In vielen Teamgesprächen wird mit großer Vehemenz die Kommunikation auf der Beziehungsebene gehalten, die strukturelle Dimension abgespalten und das geronnene Verantwortungs- und Machtgefüge ignoriert.

Hier meine ich, dass die Eigenart der strukturellen Dimension in der Organisation so verschieden zu der mittleren Ebene der Beziehung ist, dass sie auch eine eigene Darstellung in dem Modell benötigt. Das spiegelt sich in vielen Kommunikationssequenzen des beruflichen Alltags und manifestiert sich sowohl in der Art und Weise der Kommunikation als auch in der Art der Themen, die aus den privaten Beziehungen im beruflichen Kontext auftauchen.

In der auf die Inhalts- und Beziehungsebene reduzierten Kommunikation wird oben beschriebene Gleichheit suggeriert. Vertrauen und Verstehen werden als Voraussetzung für erfolgreiches Handeln eingefordert. Vertrauen kann natürlich wichtiges Bindemittel und elementarer Energiespender sowohl im zwischenmenschlichen wie auch für berufliche Beziehungen sein. Aber bei einer Ausblendung der hierarchischen Dimension wird nicht bedacht, dass die Machtverhältnisse im beruflichen

Kontext allenfalls vorsichtiges Vertrauen erlauben und man z. B. einem Chef gegenüber, selbst auf dessen Nachfragen hin, nicht grenzenlos aus dem persönlichen Bereich erzählen will, was dann vielleicht irgendwann arbeitsrechtliche Konsequenzen haben kann. Umgekehrtes gilt vergleichbar für Persönliches zwischen Vorgesetztem und Mitarbeiter.

Oft wird „Offenheit" eingefordert, die aber nur reflektiert und gefiltert unter den Prämissen der aktuellen Machtverhältnisse und der arbeitsrechtlichen Implikationen im Team eingelöst werden sollte. Hier hat ein Vorgesetzter, eine Vorgesetzte ein höheres Verführungspotenzial, weil er oder sie sich als Vorgesetzte oder Vorgesetzter leichter tut, diese Offenheit zu fordern. Schließlich ist er oder sie doch der oder die Ranghöchste im Team und muss keine oder weniger Konsequenzen für seine Offenheit befürchten. Das unterscheidet ihn, bezieht man die hierarchische Dimension ein, von seinen Mitarbeitern. Auch wenn das so mancher Vorgesetzte selbst nicht wahrhaben will.

In den Themen so mancher Teams nimmt die Unterhaltung über persönliche Beziehungen und das Privatleben einen großen Raum ein. Das ist natürlich in begrenztem Maße menschlich, verständlich und wünschenswert. In Extremfällen kommt es aber zur Ausblendung des Arbeitskontextes und das Reden über das Privatleben mit persönlichen Schicksalsschlägen und Krankheiten nimmt ein überbordendes Ausmaß ein. Oft genug wird für eigene Krankheiten oder Krankheiten aus dem familiären Umfeld so viel Verständnis und Rücksicht gefordert, dass in manchen Teams die Krankheitsdynamiken Einzelner oder gar die ihrer Familienangehörigen bis hin zu denen von Hund und Katze die Steuerung des Systems übernehmen.[2] Wahre Krankheitseskalationen entwickeln sich und fragen danach, wer denn den höchsten Bedarf an Rücksichtnahme hat. Am dramatischsten, subtilsten und destruktivsten wirkt hier oft der Sog von Suchtkrankheiten und ihren ansteckenden Co-Abhängigkeiten. Alles muss sich den Notwendigkeiten einer Erkrankung unterordnen, die Notwendigkeiten der Arbeit bleiben auf der Strecke, oder bei einer überforderten und allein gelassenen Leitung hängen.

Die übertriebene Sorge um das Wohlergehen des anderen gerade in helfenden Berufen kann so weit gehen, dass im Team nur psychologisiert wird, gar „Psychotherapie gespielt" wird und damit der Beziehungsebene Priorität eingeräumt wird. Die Leitung und mit ihr die funktionale Struktur und die Arbeitsaufgabe haben dann, wenn überhaupt, nur noch nachrangig Platz. Die im Modell grundlegende und in der Praxis notwendige Priorität der strukturellen Dimension gegenüber der Beziehungsdimension wird dabei auf den Kopf gestellt, ihre Ordnungsfunktion

---

[2]Man verzeihe mir den sarkastischen Unterton. Natürlich hat eine Rücksichtnahme auf Krankheiten im beruflichen Kontext im rechten Maß seine notwendige Bedeutung.

nicht genutzt. Beruflich-sachdienliche Kommunikation wird dabei pervertiert. Eine effektive Zusammenarbeit kann so nicht funktionieren.

Das geschieht auch, wenn Freundschaften oder Partnerschaften im beruflichen Kontext entstehen oder gelebt werden. Kurz gesagt: Die Frau vom Chef im Betrieb, die eigene Freundin in der Abteilung, der Kumpel aus früherer Zeit in der Nachbarabteilung, alle Konstellationen, die zuerst durch Beziehung motiviert sind, verwirren.

In aller Regel ist durch eine solche Personalauswahl die Ordnung der Kommunikation auf den Kopf gestellt, weil in der privaten Beziehung selbstredend die Beziehungsebene vorgeht, man sich aber gleichzeitig in den beruflichen Rollen und Ordnungen begegnet. Für diese würde aber der Vorrang der sachdienlichen Organisationslogik gelten, und damit die untere Ebene im Kommunikationsmodell. Beteuerungen, dass man beides trennen werde, greifen zu kurz, da eine solche Beziehungskonstellation zumindest Fantasien im Umfeld weckt und zu Recht die Frage aufkommt, wieweit eine solche Prioritätensetzung in der Praxis durchzuhalten ist. Ein Gelingen privater Beziehungen im beruflichen Kontext scheint nur möglich, wenn diese bekannt sind und gleichzeitig transparent wird, dass die Beziehung im beruflichen Kontext diesen doppelten Boden hat. Es muss eingeräumt werden, dass das verwirren kann und dass man sich um die Einhaltung des Vorranges der Struktur bemüht. Und dass man gelegentlich in Zwickmühlen geraten wird, die man offen benennen wird. Ein sehr schwieriges und diffiziles Unternehmen.

Es gilt also auch hier ganz klar, die Priorität der unteren strukturellen Ebene und die Notwendigkeit ihrer Klärung im beruflichen Kontext anzuerkennen, damit Zufriedenheit auf der Beziehungsebene entstehen kann und die Energie in die inhaltliche Arbeit fließen kann. Die Logik, dass alle auf der Beziehungsebene erst zufrieden und glücklich sein müssen, damit sie eine gute Arbeit leisten können, ist – zumindest auf die Kommunikation in der Organisation bezogen – falsch und irreführend.

6.1.6   Von der Beziehungs- zur Strukturebene

Die Kämpfe an dieser Linie in der Kommunikation des beruflichen Alltags sind ergiebig und extrem dysfunktional. Der Übergang und die Öffnung hin zur strukturellen Dimension entsprechen dem oben geschilderten Wandlungsgeschehen zwischen Pionierphase und Differenzierungsphase mit all den beschriebenen potenziellen individuellen und gruppendynamischen Verweigerungen und Blockaden. Es ist letztlich wohl wieder der Kampf um die Sachdienlichkeit der Organisation, der Kampf gegen die Funktionalisierung des Menschen für die Organisation und die Hintanstellung der menschlichen Beziehungen gegenüber dem Bedarf der Organisation, der hier Motor ist. Von der Organisation her betrachtet bleibt aber die Systemerhaltung oberstes Ziel und die Struktur grundlegendstes Merkmal der Kommunikation.

Das wird durch die Tatsache verdeutlicht, dass die Strukturdimension unten im Modell dargestellt wird, praktisch als Basis aller weiteren Kommunikation. Ist das verstanden und akzeptiert, gibt es wieder Spielraum für reale und wahrhaftige Beziehungen im beruflichen Alltag, die die Sachdienlichkeit der Organisation realisieren und das Phänomen Macht einschließen. Wird die strukturelle Dimension ausgeklammert, sucht sich die Macht verborgene Kanäle im informellen Wettbewerb und schadet massiv. Eine Kommunikation mit dem Selbstverständnis als Gruppe oder Familie muss dem Organisationsbild der hierarchischen Struktur Platz machen. Diese Implantierung der Rollen- und Strukturebene in das Gespräch verlangt immer wieder viel Geduld, Ermutigung und oft genug fachliche Begleitung von außen. Ihre Etablierung produziert aber ein immenses und oft überraschendes Lösungspotenzial für Stagnationen, Konflikte und Mobbingprozesse in Arbeitsteams.

Marianne Hege, eine „Mutter der Supervision" hat Recht, wenn sie beklagt, dass wir bei der Arbeit in Organisationen „das Gesicht den Klienten zuwenden und den Rücken der Organisation". Diese Blickrichtung wollen wir im nächsten Kapitel ändern und in einigen Beispielen der Organisation und ihrer strukturellen Dimension Beachtung verschaffen.

6.1.7 Die Klärung kommunikativer Missverständnisse

Verwicklungen gibt es, wenn die Ebenen kommunikativ vertauscht werden oder innerhalb einer laufenden Kommunikation Struktur, Beziehung, Inhalt wechseln. Einige Beispiele möchte ich darstellen. Es sind „kommunikative Leckerbissen", die man sich auf der Zunge zergehen lassen möge, an denen man sich aber leider im beruflichen Alltag auch schmerzhaft die Zähne ausbeißen kann. Naturgemäß enthalten die dargestellten Versionen Ähnlichkeiten und verschwimmen. Ich versuche aber, unterschiedliche Akzentuierungen durch verschiedene Pointierungen zu verdeutlichen. Zunächst fast schon ein Klassiker:

Kommunikationsbeispiel 1

Als Ihr Chef befehle ich Ihnen, mich wie einen gleichwertigen Kollegen zu behandeln!

Man kann sich die verwirrten Gesichter förmlich vorstellen, die eine solche Anweisung – ob ausgesprochen oder nonverbal praktiziert – hervorruft. Dabei ist sie gerade in Non-Profit-Organisationen gar nicht so selten. Sie wird von einem Chef ausgesprochen, der signalisiert, dass er sein Chef-Sein nicht in den Vordergrund stellen will, ja von seiner Chefrolle keinen Gebrauch machen und ganz mit der kollegialen Ebene auskommen will. Gleichzeitig macht er aber in seiner Aussage doch von ihr dahin gehend Gebrauch, dass er die Beziehungsebene als zentral bestimmt und damit die strukturelle Ebene aushebelt und negiert. Er verhält sich strukturell gesehen wie ein Chef, der bestimmt und Macht aus seiner hervorgehobenen Position heraus ausübt. Beziehungsebene und Strukturebene widersprechen sich also und stellen eine kommunikative Falle dar.

Wie ist ihr zu entkommen? Nun, es gibt die Möglichkeit, zu akzeptieren, dass der Chef Chef ist und das auch bleibt. Damit wird die grundgelegte Strukturebene bestätigt und akzeptiert, dass er ein Chef ist, der mit einem egalitären Organisationsmodell arbeitet. Man kann sich also auf weite Strecken auf Kollegialität einlassen, sollte aber, ausgerüstet mit der Kenntnis des o. g. Kommunikationsmodells, wachsam dafür bleiben, dass das auf Dauer und ausschließlich nicht funktionieren kann, weil es nicht der Realität der Organisation und ihrer Struktur entspricht. Diese ist auch dem Chef vorgegeben, ob er das will oder nicht.

Mit diesem reflektiertem und distanzierten Blick muss man nicht überrascht, gekränkt oder verletzt sein, wenn er dann an anderer Stelle, zu einem anderen Zeitpunkt als Chef agiert. Die Kunst ist es dann, dem Chef nicht mit Ratschlägen und Besserwisserei die Führung aus der Hand zu nehmen, sich ratschlagend über ihn zu stellen und ihn strukturell zu entwerten. Das darf er sich schon deshalb nicht gefallen lassen, weil dadurch die vorgegebene Ordnung mit der Strukturebene als Grundlage auf den Kopf gestellt wird.

Benötigt wird also zuallererst die Akzeptanz der Struktur und des Vorgesetztenstatus des Chefs, damit man dann dessen kommunikative Vorgabe vielleicht als *sein* Programm, als *seinen* Anspruch verstehen kann und sich bewusst hält, dass Momente kommen müssen, in denen der Chef seinen kollegialen Anspruch nicht aufrechterhalten kann. Ein gefährliches Kommunikationsgeschehen, dessen „Ent-Wicklung" aber durchaus gelingen kann.

Eine zweite Möglichkeit des Umgangs mit der Anweisung ist, sie dahin gehend zu interpretieren, dass der Chef mit der zitierten Anweisung die eigene Zugehörigkeit zum Team sichern will. Das kann man ihm – mit einem erweiterten Teamverständnis, das hierarchieübergreifend denkt und ihn im Team Chef sein lässt – ohne Not bestätigen. Man akzeptiert ihn in seiner besonderen

Rolle und Position des Vorgesetzten und lässt ihn mit dieser Besonderheit dazugehören, wie das in „reifen" Teams, die sich der hierarchischen Unterschiede bewusst sind, erfreulicherweise auch gelingt.

Kommunikationsbeispiel 2

Als Ihr Chef erwarte ich, dass Sie meiner Meinung sind.

Hier liegt das Missverständnis in der Verwechslung der strukturellen mit der inhaltlichen Ebene. Die Macht der strukturellen Ebene wird auf der inhaltlichen Ebene genutzt, die Meinung der Leitung durchzusetzen. Der Chef erwartet eine Gleichschaltung auf der inhaltlichen Linie, der der Mitarbeiter, vielleicht sogar ein Experte in der zweiten Reihe des Teams, inhaltlich nicht zustimmen kann. Das kann der Chef – betrachtet man die inhaltliche Ebene – aber nicht verlangen, solange die Inhalte nicht ausdiskutiert sind. Es wäre eine Gleichschaltung einer Ideenvielfalt, die in der Realität weder gegeben noch nützlich und auch nicht notwendig ist. Statt Richtung zu weisen und transparent mit Vorgaben aus der Ober-Position zu führen verbindet er die Machtfrage mit der inhaltlichen Gefolgschaft. Er erspart sich auf diese Weise vermeintlich die Aufgabe der Führung und die damit verbundene Position des Alleinseins in der Führung.

Was ein Chef aber sehr wohl im Wettstreit der Inhalte verlangen kann, ist, dass sich die Position, die er vertritt in der Organisation durchsetzt und auch von nach geordneten Ebenen nach innen und außen vertreten wird. Es ginge dann nicht um die Zustimmung in der Sache, nicht unbedingt um die inhaltlich beste Lösung, nicht darum wer Recht hat, wohl aber um die Zustimmung auf der strukturellen Ebene, dass *er* eine bestimmte Entscheidung vertreten und verantworten muss, mit der er die Organisation in die Zukunft führen will und als Vorgesetzter hier auch die Richtung vorgeben darf. Er muss also nicht unbedingt im Sinne des nachgeordneten Experten/Mitarbeiters *inhaltlich* „Recht haben", wohl aber hat er auf der strukturellen Ebene das Recht, die Leitlinien zu bestimmen.

Dem zu folgen, muss dann nicht heißen, seine eigene Meinung aufzugeben, wohl aber die Richtung des Chefs als die richtungsweisende in der Organisation anzuerkennen. Die inhaltliche Kontroverse kann man dann – wenn die Struktur geklärt ist – immer noch und vielleicht zu einem anderen Zeitpunkt beratend zur Verfügung stellen. Nach dem Motto: „Man könnte es auch anders sehen, gleichzeitig akzeptiere ich Ihre Richtlinienkompetenz". Oder: „Ich möchte zu bedenken geben, dass …". Wird ein Ton gefunden, der den Chef in seiner Position bestätigt, die Strukturebene als grundlegend akzeptiert, werden die Ohren frei, inhaltliche Kontroversen sachdienlich in die Meinungs- und Entscheidungsfindung mit einzubinden.

Besonders schwierig wird dieses Unterfangen, wenn der Chef aus der Sicht des Mitarbeiters als schwach oder unwissend eingeschätzt wird oder gar selbst die Führungsposition aus ideologischen oder biografischen Gründen verweigert. Gerade dann führt kein Weg daran vorbei, eventuell in Nebentönen die Chefrolle und ihre Verantwortung und Entscheidungsbefugnis zu erwähnen, damit die Struktur und ihre Über-/Unterordnung zu bestätigen, und dann – beratend und von unten, seine Gedanken einfließen zu lassen. Dabei sollte man sich auch durch Verführungen von Chefs und Chefinnen nicht blenden lassen, die ihren Vorgesetztenstatus leugnen. Erst auf der Ebene einer akzeptierten Realität der Strukturen wird eine sachdienliche Kommunikation unter Beachtung der unterschiedlichen Macht- und Verantwortungsgrade möglich.

Kommunikationsbeispiel 3

„Wenn ihr mich mögt, dann wisst ihr, was ich meine"/„Als gute Mitarbeiter seht ihr das genauso wie ich und folgt mir ohne Diskussion".

Ähnlich, aber noch etwas verzwickter wird die Kommunikationsdynamik, wenn die Inhaltsebene mit der Beziehungsebene verquickt und die inhaltliche Übereinstimmung mit der Frage der Sympathie verknüpft wird. Die inhaltliche Dimension wird dabei zum trojanischen Pferd, das die Sympathien auf der Beziehungsebene subtil transportiert. Über die geforderte Zustimmung zur Meinung des Chefs macht dieser von der Möglichkeit Gebrauch, Zugehörigkeit zur Organisation informell und verdeckt zu regeln, ohne eine transparente und transparent verantwortete Entscheidung zu treffen.

Ist es einer Führungskraft endlich gelungen, mit einigen Wehen auf ihrem vorgesetzten (!) Stuhl die Führung zu übernehmen und Richtungen vorzugeben, trifft sie inhaltliche Entscheidungen nach bestem Wissen und Sachverstand. Sie äußert auch deutlich ihre Meinung, positioniert sich fachlich und möchte – ob ausgesprochen oder nicht – dass die Mitarbeitenden ihrer Meinung folgen. Im günstigen Fall ist das gedeckt durch ihre fachliche und personale Autorität, mit der sie zum natürlichen Trendsetter der Meinungsbildung wird.

Im ungünstigen Fall aber, wenn sie diesen Autoritätsvorsprung nicht besitzt und sich auch nicht auf ihre formale Autorität beruft, verbinden sich die drei Ebenen miteinander. Auf der Beziehungsebene ist die Leitung so mit ihren Mitarbeitenden verflochten, dass sie sich einen Unterschied in der Machtposition der Hierarchie gar nicht vorstellen kann. Manche Leitungskräfte unterstellen dann, dass loyale Mitarbeiter schon wissen, was im Sinne der Leitung richtig ist.

Genährt werden solche kommunikativen Missverständnisse, wenn Mitarbeiter oder Vorgesetzte, ausgesprochen oder unausgesprochen fordern, dass die Leitung auch gleichzeitig die beste Fachkraft sein muss oder die Leitung sich über den Anspruch legitimiert, es am besten zu wissen. Im ungünstigen Fall wird der strukturelle Macht- und Verantwortungsvorsprung dann über inhaltliche Entwertungen und Degradierungen inszeniert. Frei nach dem Motto: „Wenn du ein fachlich kompetenter Mitarbeitender wärst, kämst du zum gleichen Ergebnis! Tust du das nicht, bist du ein schlechter, fachlich unqualifizierter Mitarbeiter!"

Besonders destruktiv wird das Geschehen, wenn die Leitung sich fachlich minderwertig fühlt und diese Minderwertigkeit durch vermehrte Macht und Vehemenz auf der inhaltlichen Ebene zu überspielen versucht. Dann entsteht eine Paradoxie, die sich wie ein Virus in der Zusammenarbeit verbreitet. Die Angst vor einer Vorgesetztenmacht, die gegeben ist, aber nicht transparent für Führung genutzt wird, taucht in die inhaltlichen Diskussionen unter, generalisiert sich dort und macht freie Meinungsäußerung kaum mehr möglich.

Leitung in einem Team wird man zwar oft über den Weg als beste Fachkraft. Der dann gegebene Positionswechsel von der Fachkraft zur Leitung muss aber deutlich vollzogen werden: Man ist dann die „beste" (da einzige) Leitung, die Entscheidungen treffen muss. Die „beste Fachkraft" aber muss nicht mehr die Leitung selbst sein, sondern darf gern in der Mitarbeiterriege arbeiten und dort von der Leitung unterstützt werden. Sie kann dann dort ihre fachlichen Kenntnisse und Kompetenzen zur Geltung bringen und/oder der Leitung zur Beratung fachlich fundierter Entscheidungen zur Verfügung stellen. Eine Dynamik, bei der die Arbeit der Fachkraft unübersehbar wird und Wertschätzung, Sinn und Bedeutung für das Gesamt bekommt.

Vor vielen Jahren erzählte mir ein Leiter einer Familienberatungsstelle, der sehr qualifizierte Psychotherapeuten, aber auch viele Konflikte in seinem Team hatte, ganz stolz, dass er sich mit einem seiner Widersacher im Team im ständigen Dilemma befand. Sie stritten, wer denn der Beste (Fachmann) im Team sei. Er habe sich dann damit aus der Affäre gezogen, dass er ihm sagte, er wisse sehr wohl, wer der Beste (Therapeut) im Team sei, er werde es aber

nicht offen machen. Das Gleiche bestätigte ihm – verdeckt – der Psychotherapeut. Mit dieser vermeintlichen Klärung konnten sie weiterarbeiten.

Das Vorgehen zeugt zwar von einiger Raffinesse, wäre in dieser Form aber
gar nicht nötig gewesen, denn es ging strukturell nicht um die Frage, wer der
beste Psychotherapeut ist, sondern darum, wer die Leitung inne hat, wie sie
wahr genommen und akzeptiert wird, wie sich Leitung gegenüber den Fachkräften positioniert. Es ging also um die Klarheit, wo er seinen Vorgesetztenstatus einfordert und wo er fachlich verantwortbare notwendige Freiräume in
seinem Hause gewährt und vertritt. Dann könnte er sogar die gegebenenfalls
bessere fachliche Qualität eines Mitarbeiters gelten lassen und stolz auf seinen guten Mitarbeiter sein, ohne sich als Leitung auf kommunikativem Wege
selbst abzusetzen und die Fachlichkeit des Mitarbeiters zu unterminieren.

Die Ergebnisse inhaltlicher Entscheidung müssen also durchaus nicht
immer gleichgeschaltet sein. Das gilt gerade zwischen Experten und Leitung.
Zwischen Fachkräften und Vorgesetzten gibt es oft unterschiedliche Meinungen über die fachlich beste Lösung. In einem offenen Diskussionsprozess mit
gleichberechtigter Aussprache können auch die fachlich besten Argumente,
sowohl der Mitarbeiter wie auch die der Leitung, zum Tragen kommen.

Wenn aber die Leitung ihre eigene Meinung für die fachlich beste hält und
Mitarbeiter zur gleichen Einschätzung zwingt, bringt sie Mitarbeiter auf der
inhaltlichen Ebene dazu, die Meinung der Leitung für die Beste zu halten.
Damit nutzt sie ihre Positionsmacht, um zu überreden und zu nötigen. Überzeugen tut sie noch lange nicht. Und Führen im hierarchiebewussten Modus
tut sie damit auch nicht.

Was Mitarbeiter hier wieder tun können, ist, auf struktureller Ebene zu
akzeptieren, dass die Meinung der Leitung in diesem Fall relevanter ist und
„etwas richtiger", mehr „Recht" im Sinne von Macht hat, aber eben nicht auf
inhaltlicher Ebene sondern auf struktureller Ebene. Das heißt, sie können der
Meinung der Leitung insofern folgen, dass sie deren Meinung als führende
Idee für das weitere Handeln definieren, der sie sich loyal gegenüber verhalten, sie als strukturell gesetzte Vorgabe akzeptieren und als determinierte
Linie des Hauses vertreten. Ob ausgesprochen oder nicht kann man signalisieren: „Ich akzeptiere Sie als Vorgesetzten (Struktur) und schätze Sie sehr wohl
(Beziehungsebene). Gleichzeitig frage ich wie und was Sie als Vorgesetzter
wollen (Inhaltsebene). Dann kann ich mich ohne (eigene und fremde) Abwer-
tung führen lassen, egal, ob ich inhaltlich zustimme oder ablehne".

Das ist bei geklärter Kommunikation in sehr viel mehr Fällen ohne
Gesichtsverlust möglich, als das in der Regel vermutet wird. Nicht immer
geht es dabei um zentrale ethische Entscheidungen, die das eigene Gewissen

belasten, sondern eher um Entscheidungen, die das Unternehmen im Alltag handlungsfähig halten. Inwieweit abweichende Meinungen dann noch deutlich gemacht werden und noch einmal ein Diskussionsprozess eröffnet wird, bleibt dem diplomatischen Geschick des Einzelnen überlassen.

Ich rate deutlich, sich als Mitarbeiter hier nicht in eine inhaltliche Diskussion zu verstricken und sich verführen zu lassen, sondern der Leitung gegenüber deutlich die Ebenen zu trennen und deutlich zu machen, dass man die fachliche Entscheidung der Leitung als richtunggebend akzeptiert und sich danach richten wird, auch wenn man inhaltlich anderer Meinung ist.

Möglich bleibt natürlich der transparente gemachte Versuch, die Leitung für die eigene Meinung zu gewinnen und zu überzeugen, wenn die Akzeptanz der Struktur gegeben ist. Dann wäre es auch möglich, sich einen inhaltlichen Delegationsspielraum zu erbitten und die inhaltlichen Abwägungen, die fachliche Expertise z. B. in einem Positionspapier zur Entscheidung einzubringen.

Die Führungsverweigerung von Leitungen, das fehlende Aushalten des strukturellen Alleinseins in ihrer vorgesetzten Verantwortung für die inhaltliche Entscheidung, ziehen oft genug schmerzlich kränkende Diskussionen, fachliche Depotenzierungen und Dauerverletzungen in Arbeitsteams nach sich, wenn sie nicht sogar auf einer arbeitsrechtlichen Ebene enden.

Kommunikationsbeispiel 4

Ich folge dir, ... wohin **ich** will ...

Diese Kommunikation wird von Mitarbeiterseite oft mehr gelebt und praktiziert als tatsächlich ausgesprochen. Mit Vehemenz und tatsächlich auch innerer Überzeugung wird Führung vordergründig akzeptiert. Groß ist die Entrüstung, wenn die Bereitschaft, sich führen zu lassen, dann von außen infrage gestellt und das eigene Bild der Folgebereitschaft erschüttert wird.

Gleichzeitig wird aber eine Prämisse an die Bereitschaft, sich führen zu lassen, gestellt, dass nämlich diese Führung nur dann und auch nur so lange akzeptiert wird, wenn sie die persönlichen Bedürfnisse, Ansichten und Vorhaben der Geführten berücksichtigt. Es wird von der Leitung gefordert, dass sie diese inhaltliche Prioritätensetzung akzeptiert und ihren implizierten Vorgaben nachkommt.

Geführt wird dann nicht von oben, sondern subtil von unten. Die Leitung folgt letztlich dem Willen der Geführten. Dadurch wird auf der Strukturebene

das „Oben" mit dem „Unten" des Geführten ausgetauscht und stiftet Verwirrung auf der Beziehungsebene. Inhalte haben dann kaum eine Chance zur
sachgerechten Erörterung.

Eine Variante dieses Geschehens ist, dass die Vorgaben übergeordneter
Leitungsebenen und der Gesamtorganisation auf diese Weise nicht zum Tragen kommen. Das Team, genauer gesagt die Mitarbeiterebene kapselt sich von
der Organisation ab und verweigert den Diskurs mit den strategischen Zielsetzungen der Organisation. Stattdessen wird in vermeintlich bestem Wissen
und Wollen das Gesamt und seine Leitungsstruktur abgesetzt und durch die
eigenen Vorstellungen, was denn die Organisation wollen sollte, ersetzt. Ein
Staat im Staate entsteht, dessen fehlende Vernetzung im Laufe des Geschehens
zu Konflikten führen muss.

Die Lösung liegt auch hier in der Klärung der Frage, wer oben sitzt und
führt bzw. wer sich an welchen Stellen führen lassen muss. Ist das geklärt,
dann gibt es auch wieder Spielraum dafür, den Willen des Geführten zu hören
und sich damit auseinanderzusetzen, ohne sich von ihm dominieren zu lassen.

Wer etwas von dem Kartenspiel „Schafkopf" versteht, der weiß, dass dort
in der Regel der „Ober" den „Unter" sticht. Es gibt aber auch die zu vereinba-
rende Möglichkeit, einen „Wenz" zu spielen. Dann wird der Ober eingereiht in
die Reihenfolge der anderen Karten und der „Unter" erhält die höchste Position und „sticht" sogar den „Ober". So gesehen passt dann der in Organisationen gehörte provokante Satz zu einer verwirrenden kommunikativen Praxis:
„Hier spielen wir den Wenz". Die Ordnung wird dabei – ohne Absprache –
verdreht, oben und unten vertauscht, die Strukturdimension auf den Kopf
gestellt, formale Leitung durch die vermeintlich inhaltlich bessere Position der
Mitarbeitenden entmachtet.

6.2   „Wir da unten, ihr da oben": Projektionen – Übertragungen – Abhängigkeiten – Aufspaltungen

Innerhalb der Strukturebene, der basalen Dimension der Kommunikation nach
dem oben beschriebenen Kommunikationsmodell für die Organisation, sehe ich
zwei Möglichkeiten, zwei Richtungen der Strukturbildung.

Es ist zum einen das Organisationsmodell der Gleichheit. Diese wird im Organisationsbild auf einer horizontalen Linie oder als Kreis dargestellt. Sie drückt
das kollegiale Moment aus und entspricht, lege ich das oben beschriebene Organisationsentwicklungsmodell zugrunde, der Organisation in der Pionierzeit.

Ferner drückt sie das Organisationsbild von Gruppen und einer alltäglichen Kommunikation z. B. unter Freunden aus. Natürlich geschehen auch dort, unter dem Deckmantel der Gleichheit, Unterscheidungen und die Suche nach Ordnungen, die sich in den geheimen Ordnungsmustern informeller Hierarchien niederschlagen.

Die zweite Möglichkeit der Strukturbildung ist die Ordnung einer Vielzahl von Menschen in Bezug auf ihre Macht und Verantwortung in ein „Unten" und „Oben" der Hierarchie, also die Etablierung der vertikalen Dimension in der Zusammenarbeit und in der dafür nötigen sachdienlichen Kommunikation. So geschieht es im Organisationsbild eines hierarchisch angeordneten Organigramms einer Organisation.

Was sich hier einfach und einleuchtend liest, ist im Alltag einer Organisation nicht so einfach zu gestalten, geschweige denn auszuhalten. Das „Oben" und „Unten" als sachlogisches Organisierungsprinzip der Organisation öffnet in der beruflichen Kommunikation vielfältige Türen und Tore für Projektionen und Übertragungen, die sich deutlich von denen im kollegialen, eher geschwisterlichen Ordnungsmuster unterscheiden.

So tauchen in der beruflichen Kommunikation der Organisation hinter den aktuell handelnden Personen Vertreter aus früheren Beziehungen auf, die damals als Autoritätspersonen „oben" waren und sich auf bestimmte Weise gegenüber den Personen „unten" verhalten haben. Die Geschichte der Auseinandersetzung mit den damals aktuellen Personen wird auf die Gegenwart übertragen und bildet die Folie für die Wahrnehmung der aktuell handelnden Autoritätspersonen.

Väter, Mütter, Lehrer, Pfarrer, in ihrem Zugang zu den Kindern damals prägen über die gespeicherten Erfahrungen von damals die Verhaltens- und Kommunikationsmuster der zwischenzeitlich erwachsen gewordenen Mitarbeiter. Das gilt sowohl für Führungskräfte als auch für die zu Führenden im beruflichen Alltag. Die „alten Schallplatten", die alten Tanzlieder, die alten kommunikativen Muster werden reaktiviert und oft genug ungefiltert und einseitig auf den Arbeitsalltag in der Gegenwart übertragen.

So entsteht eine Dissonanz zwischen Mitarbeitern in einem Team, wenn der eine mit der Folie der Erfahrung einer ausschließlich autoritären, vielleicht willkürlich handelnden Person in das Rennen der Organisation geht zu einem Kollegen, der früher in seinem Leben eine Autorität unterstützend und fördernd erlebt hat und Vertrauen gewinnen konnte. Es ist ein Unterschied, wenn Willkür- und Gewalterfahrungen im Untergrund des eigenen Erlebens schlummern und im Alltag der Kommunikation in der Organisation geweckt werden zu Erfahrungen, die wohlwollende und vertrauensvolle Bilder wachrufen. Und es besteht noch mal ein Unterschied zu Erfahrungen, bei denen keine Autorität anwesend war, sei es aus schicksalhaften Gründen oder aus Gründen der Unfähigkeit, diesen Platz zu besetzen. Es sind genau diese Unterschiede, die in der Alltagskommunikation von Teams als Übertragungen geweckt werden, aufeinandertreffen und den Nährboden für Missverständnisse bilden. Mit ihrem Einfluss ist also fortlaufend zu rechnen.

Ganz zentral geschieht das in den Themen der Abhängigkeit und der sich daraus ergebenden Themen der Individualität und Freiheit: Wie hat jemand gelernt, mit Abhängigkeiten in Beziehungen umzugehen? Hat er gelernt, dass Abhängigkeiten grundsätzlich und ausschließlich schlecht sind, sein Leben beschneiden, unnötig einengen, vielleicht missbraucht werden? Dann wird er Abhängigkeiten auf der Ebene der beruflichen Kommunikation reflexartig bekämpfen und sich möglicherweise zu einem fortlaufenden Rebellentum entscheiden. Hat er aber im Lichte oben beschriebener positiver Autoritätserfahrungen gelernt, sich vertrauensvoll in vorübergehende Abhängigkeiten einzulassen, ohne dass er auf Dauer seine Individualität und Freiheit verliert, dann kann er freier mit dem „Oben" und „Unten" im Beruf umgehen. Es wird ihm eher gelingen, die dabei wirkenden Abhängigkeitsgefühle auszuhalten und sie sachdienlich und produktiv zu nutzen.

Das Thema Abhängigkeit scheint mir im psychologischen Zentrum des hierarchischen Prinzips zu stehen. Seine Akzeptanz und Bewältigung aus einer Erwachsenenperspektive wird zum Schlüssel für die positive Nutzung der Hierarchie. Der entscheidende Unterschied zwischen dem „Unten" und „Oben" ist dabei, dass „Unten" von „Oben" auf der emotionalen Ebene grundsätzlich abhängig ist, der Obere über den Unteren Macht ausüben kann, z. B. in Anweisungen, Personalauswahl, Personalverantwortung.

Kann jemand diese grundsätzliche Abhängigkeit akzeptieren, kann er sie als Teil der Realität und als Spielregel für die konkrete Zusammenarbeit annehmen, dann bekommt er Freiheit für darauf aufbauende Kommunikationsformen in einer relativen Abhängigkeit und in relativer Selbstständigkeit.

In der Kreisform hat von der Idee her keiner letzte Macht über den anderen. In der Fantasie hat jeder zumindest einen gleichen Teil an der „All"-Macht aller. Jeder lebt in der Machtvorstellung, mit einem Veto ein geplantes Vorgehen der Gesamtheit sprengen zu können. Alle haben (zumindest prinzipiell) das gleiche Recht, die gleiche Macht, niemand ist letztlich (strukturell) abhängig vom anderen. Freiheit und Selbstständigkeit wird absolut gesetzt und damit Abhängigkeit, Angewiesen Sein und Bindungsbedarf negiert und damit ein Grundexistenzial des Menschen und seiner sozialen Systeme ausgeblendet.

Äußerst hilfreich für den Umgang mit Abhängigkeit auch im organisationellen Kontext ist eines der Axiome der Themenzentrierten Interaktion. Sie versteht den Menschen als autonom *und* interdependent. Er ist beides im dialektischen

Wechselspiel, sodass man sagen kann: „Autonomie ... wächst mit dem Bewusstsein der Interdependenz ..." (Cohn 1980, S. 120). Oder mit anderen Worten: „Freie Entscheidung geschieht innerhalb bedingender innerer und äußerer Grenzen" (Cohn 1980, S. 120). Es gibt weder völlige Abhängigkeit in Organisationen noch absolute Selbstständigkeit und Freiheit. Beides geschieht in der relativierten und aufeinander bezogenen Form.

Auf der Ebene eines Teams stoßen nun die unterschiedlichen Organisationsbilder mit divergierenden Abhängigkeitsgraden aufeinander. Zwischen den Mitarbeitern untereinander oder zwischen Leitung und Mitarbeitern bestehen verschiedene mentale Modelle in ihren Köpfen, die den unterschiedlichen Phasen der Organisationsentwicklung entsprechen. Dabei geraten die verschiedenen Bilder unterschiedlicher Epochen der Organisationsentwicklung aneinander und die daraus resultierenden Kommunikationsarten in Konflikt.

Mit der Organisationsentwicklungsbrille (s. Abschn. 4.6) betrachtet, wird deutlich, dass die einen sich in ihren Organisationsbildern passend zur aktuellen Organisationsform weiterentwickeln müssen, nämlich dorthin, wo die anderen und die Organisation sich zwischenzeitlich schon weiterentwickelt hat. Das aber braucht immer wieder Reflexionsarbeit oder Klärungs- und Entwicklungshilfe durch Außenstehende, die etwa durch Supervision etabliert werden kann.

Ein wesentliches Mittel, die aktuelle berufliche Kommunikation relativ frei von Übertragungen in der Gegenwart zu halten, ist die Transparenz, mit der vorgesetzte Stellen über ihr Vorgehen informieren. Im Kontext des Gruppenmodells der Themenzentrierte Interaktion (TZI) (nach Cohn 1980, S. 59, 190) empfiehlt Ruth Cohn für die Leitung von Gruppen, nicht zu viel Schweigen zuzulassen, weil das die Projektionen auf frühere Autoritätsfiguren fördert. Vielmehr empfiehlt sie ein transparent gemachtes Vorgehen der Gruppenleitung, sodass eben das erwachsene Bewusstsein der Gruppenmitglieder angesprochen wird und ein neues, nicht regredierendes Lernen im Umgang mit Leitung geschehen kann.

Was Ruth Cohn für Gruppen formuliert, möchte ich auf die Kommunikation in der Organisation übertragen und als Schlüsselgröße für Leitungskommunikation empfehlen: Aktives Transparent machen des eigenen Leitungshandelns und der Motive dabei. Sich in der Leitungsrolle mitteilen, von Erwachsenem zu Erwachsenen. Das lässt die Mitarbeiter Wertschätzung auf der Erwachsenenebene erspüren und reduziert die Gefahr, dass sie gefühlsmäßig zu den ohnmächtigen Zwergen ihrer Kindheit werden.

Im Sinne einer „tertiären Sozialisation" in und durch die Arbeitswelt kann hier persönliche Weiterentwicklung eröffnet werden, ohne therapeutisieren zu wollen. Auf der realen Erwachsenenebene können durch transparentes Leitungshandeln Erfahrungen der eigenen partiellen Macht gewonnen werden, die

die alten Ohnmachtsgefühle überschreiben und in die Gestaltung der konkreten beruflichen Rollen und Positionen einfließen.

Freilich muss auf den kommunikativen Gehalt des „Transparent-Machens" und eine Gefahr hingewiesen werden: Im o. g. Kommunikationsmodell muss klar bleiben, dass die Leitung aus vorgesetzter Position spricht, also auf der Strukturebene oben ist. Diese Strukturfrage und Positionierung hat dann Auswirkung auf Ton und Stimme, auf Gestik und Mimik, Nähe und Distanz, mit der sie das „Oben" mit den gesprochenen Worten und entsprechendem Verhalten transportiert und ihren Führungsanspruch geltend macht.

Verleitet sie sich selbst oder lässt sie sich verleiten, sich zu *rechtfertigen,* so kippt insgeheim und sehr subtil und schnell die grundlegende Struktur zurück in das Bild des Kreises. Die Fragenden übernehmen dabei informell die Führung, sie diskutieren, fragen, wollen „doch nur verstehen". Sie *zwingen* den eigentlich Vorgesetzten zum Rechtfertigen, führen damit die Kommunikation an und kommen in eine „führende" Position. Ihre informelle „Oben-Position" widerspricht dann der formalen Positionierung, in der die Leitung oben ist. Dabei geht es dann nicht mehr um die Fragen auf der Inhaltsebene. Vielmehr werden diese zum Vehikel für Beziehungs- und Strukturfragen, die lauten: Bist du als Leitung stark genug, uns zu führen? Hältst du es da oben aus, allein zu sein? Können wir dir vertrauen? Die Leitung kommt erst wieder aus der Falle heraus, wenn sie ihre Position klar hat, klar macht und klar kommuniziert (siehe Entscheidungsraster Abschn. 6.4).

Diese Kipp-Muster immer wieder aufzuspüren, sachlich-zugewandt zurückzumelden und einer Meta-Reflexion zugänglich zu machen, ist ein Hauptgeschäft in vielen Supervisionen und Führungskräfteseminaren. „Oben" zu bleiben in der strukturellen Dimension der Kommunikation, die Ebene der Leitungsverantwortung für ein Team zu besetzen, ist die Aufgabe der Führungskraft. Aus ihr darf und kann sie nicht aussteigen, wenn sie klar kommunizieren will und ihrer vorgesetzten Position gerecht werden will.

Das Gleiche gilt umgekehrt auch für die Geführten: Wenn sie paraverbal in Stimme, Gestik, Mimik ihre Position des „Unten" signalisieren, ist die Kommunikation „in Ordnung" (!), stimmt mit der Ordnung der Organisation überein und die Auseinandersetzung kann sich um die inhaltlichen Fragen kümmern. Oft hilft, sich „one step down" zu positionieren, die Struktur zu akzeptieren und mit der Einhaltung der kommunikativen Spielregel die Beziehungen und die Kommunikation wieder zu verflüssigen. „Unten" bleiben sollten sie auch dann, wenn die Leitung selbst dazu verführt, alle positionellen Unterschiede zu negieren. Dann ist Vorsicht geboten und der *eigenen* Wahrnehmung und gewonnenen Einsicht in die hierarchische Grundlage der Kommunikation zu trauen.

Eine weitere Folge des „Oben" und „Unten" sind Aufspaltungen genau entlang dieser Zweiteilung, garniert mit sich verfestigenden und sich selbst reproduzierenden Projektionen. Die „unten" verstehen die „oben" nicht mehr in ihren Handlungslogiken, die „oben" sind tatsächlich so weit weg von der Basis, dass sie deren Erfahrungen nicht mehr miteinbeziehen und sich in ihren eigenen Perspektiven verengen und in Eigenlogiken verstricken.

Das eröffnet Projektionen und gegenseitigen Verfolgerspielen[3] Tür und Tor: Die „unten" verstehen die Entscheidungen der „oben" nicht mehr. Man hört dann Sätze wie „Die (oben) rücken immer weiter weg von uns, von den Klienten, vom Ursprungsauftrag". „Die denken nur ans Geld." „Wir", jetzt im einseitigen Gegenüber, „sind ihnen ja eh egal". „Dafür sind wir diejenigen, die den Hilfebedürftigen nahe sind und den eigentlichen Auftrag erfüllen." „Wir alleine wissen, was der Kunde wirklich will und braucht. Dafür sind wir doch da. Die Kompetenz ist auf unserer Seite." „Was wären die da oben überhaupt ohne uns. Wir sind die Maßgeblichen und werden nicht gehört."

Doch dabei wird die gegenseitige Abhängigkeit zwischen „unten" und „oben" vergessen. Immerhin wollen sie als Mitarbeiter ja auch ordentlich bezahlt werden, vergessen aber, dass aus einer rein zwischenmenschlichen Helferbeziehung längst eine gesellschaftlich legitimierte und geregelte Dienstleistung geworden ist. Diese ist über die Organisation und die, die „oben" sitzen, mit den gesellschaftlichen Zielen, Werten und Geldströmen verknüpft und vernetzt. Die Organisation und ihre Notwendigkeiten werden also bei solchen Aufspaltungen gerne geflissentlich übergangen.

Natürlich gehen diese Projektionsspiele, Übertragungen und Aufspaltungen auch umgekehrt von oben nach unten. Dann werden die „unten" als träge gesehen, als diejenigen, die keine Ahnung von Belegungszahlen haben, den Markt nicht kennen, die Entwicklung der Organisation blockieren, nicht an die Finanzen denken und damit deren Fortbestand gefährden.

Diesen negativen Momenten des „Unten" und „Oben" kann durch die positive Nutzung und Ausgestaltung der hierarchischen Struktur mit einer hierarchie*übergreifenden* Kommunikations- und Entscheidungsstruktur (siehe Kooperationsraster Abschn. 6.4) wirkungsvoll begegnet werden. Das Bild einer Leiter, eines Aufzugs, vielleicht in der Form eines Pater Nosters, der Informationen und Sachkenntnis hinauf- und hinuntertransportiert, der von verschiedenen Richtungen aus zu begehen ist, mag diese Möglichkeiten erahnen lassen.

---

[3]Siehe Modell des Dramadreiecks in der Transaktionsanalyse, bei dem „Verfolger", „Opfer" und „Retter" in einer für alle destruktiv endenden Beziehung und Kommunikation gefangen sind.

Freilich braucht es immer wieder Aufklärung, Ermutigung, vertrauensbildende Maßnahmen, um aus den inneren Übertragungsbildern der Vergangenheit ins Hier und Jetzt einer realen Kommunikation zu kommen. In Supervisionen geht es oft darum, die alten Bilder als für die Vergangenheit relevant und als damals beste Lösung zu definieren, gleichzeitig aber für das Heute Ergänzungen zu erforschen, neue Lieder der Kommunikation zu entwickeln, Vertrauen zu wecken und neue Schallplatten aufzulegen für eine aktuell sachdienliche Kommunikation in der Organisation.

6.3   Die Anordnung. Als Beendigung alter und Beginn neuer Kommunikationsmöglichkeiten

Es gibt einen interessanten Punkt im Übergang von einer am Kreis als Organisationsbild orientierten Kommunikation hin zu einer hierarchisch gestalteten Kommunikation. Er spiegelt sich in den Unterschieden von gleichberechtigter Diskussion, Erörterung, Überzeugung, hin zu dem Kommunikationsmodus der Anordnung und Anweisung wider. Das als Ende einer Kommunikation empfundene Kommunikationsmuster durch eine Anordnung wird oft beklagt mit der Bemerkung: „Wir haben hier ja sowieso nichts zu sagen". Die Anordnung ist also ein Schlusspunkt und Ende einer bestimmten Kommunikationsform, nämlich der Kommunikation in der Strukturvorstellung des Kreises mit den entsprechenden gleichberechtigten Entscheidungs- und Machtfantasien. Bergknapp sieht in Anlehnung an Neuberger den eigentlichen Zweck der Hierarchie als eine „Diskussions-Beendigungs-Institution" (Bergknapp 2009, S. 184). Auch Kühl sieht in dieser „Kommunikationsbeschränkung" (Kühl 2000, S. 125) einen entscheidenden Vorteil der Hierarchie für die Kommunikation in der Organisation.

Mit dem vermeintlichen Ende der bisherigen Diskussionen in Kreisform gerät die Kommunikation an einen toten Punkt. Schweigen. Die Vertikale zerteilt die horizontale Kommunikation und beendet sie. Punkt. Gleichzeitig öffnet sie an diesem Wandlungspunkt zu Neuem. Die bisherige horizontale Kommunikationsform im Kreis wird an und in diesem toten Punkt durch eine andere, neue, nämlich durch die vertikale Kommunikationsform in hierarchischer Struktur ergänzt und erweitert. Zeit der Wandlung, des Umorganisierens, des Rollenwechsels und Beginn einer neuen Kommunikation mit den komplementären Rollen des Hörens und Folgens (neumodern: des Führens und Sich-Führen-Lassens).

Oft genug liegt in diesem Wechsel die Lösung aus vielen fruchtlosen und teuren Endlosdiskussionen in Dienstgesprächen, Mitarbeiterkommunikationen und kränkenden Kommunikations-Eskalationen. Gleichzeitig entsteht durch die

Anweisung, die zu befolgen ist, eine Entscheidung, die aus einer Vielfalt von Möglichkeiten eine herausgreift und sie verbindlich setzt. Das macht nachfolgend Handlungen eines Teams möglich, verschafft ihm Handlungsfähigkeit und befreit aus mancher Stagnation.

Damit wird die kommunikative „Spiel"-Regel „wir entscheiden alles gleichberechtigt" ersetzt durch die neue Regel „wir haben unterschiedliche, hierarchisch angeordnete Verantwortungsgrade, nutzen sie, stehen zu dieser Möglichkeit und können sie verantworten". Ist eine solche Regel erst einmal gesetzt, ist das System verändert, wird neu und verfügt ab sofort über ein Mehr an Lösungsmöglichkeiten und Kommunikationsstilen.

Es ist also *ein* wichtiges und durchaus sachdienliches Führungsinstrument, eine Diskussion zu beenden, eine Entscheidung auf die höhere hierarchische Ebene zu heben, dort, „von oben", die Entscheidung zu treffen und ausdrücklich Verantwortung dafür zu übernehmen. Eine Begründung dafür in Konflikten könnte lauten, dass nun einmal das Konfliktgeschehen bis zu dieser oberen Ebene gelangt ist und auch dort entschieden und verantwortet werden muss. Die Tatsache, dass eine Diskussion bis zu dieser Ebene gelangt, kann ja als Hinweis auf die Notwendigkeit gedeutet werden, dass von dieser (übergeordneten) Ebene die Lösung getroffen werden muss, weil nachgeordnete Ebenen nicht das Potenzial zu einer Systemänderung hatten. Die Hierarchie und ihre Etablierung im System kann dann zu einer „Lösung zweiter Ordnung" verhelfen. Dabei geht es nicht zuerst um eine inhaltliche Lösung und darum, wer Recht hat oder wessen Meinung besser ist, sondern erst durch das Bestätigen der Struktur im Hintergrund wird geklärt, was weiterhin gilt und was nicht.

Eine mehr konsensorientierte Kommunikationsmöglichkeit, eine Diskussion zu beenden, besteht darin, aus vorgesetzter Gesprächsleitungsperspektive das Gesagte zusammenzufassen und daraus einen Vorschlag zu bündeln und mit diesem Vorschlag Führung zu übernehmen. Oft ist genügend Konsens und Unterstützung in Teams vorhanden – und Hoffnung auf Orientierung durch eine Leitung und Vertrauen zu ihr –, dass inhaltliche Entscheidungen auf diesem Wege getroffen werden können und diese dann auch ausgeführt werden. Insofern dient die Entscheidung von oben dem Fortbestand der Handlungsfähigkeit im Team.

Eine weitere weniger dramatische Variante von Führung ist das Äußern von Erwartungen aus der Position der (vorgesetzten) Leitung. Eine oft verschluckte und verschenkte Führungsmöglichkeit, die Klarheit ins System bringen kann und die Komplementarität der Rollen bestätigt.

Immer wieder beobachte ich in der Begleitung von Führungsprozessen, wie schwierig im Falle der Anordnung dieser „tote Punkt", dieses Schweigen auszuhalten ist. Es beinhaltet und inszeniert ja auch das Alleinstellungsmerkmal der

Leitung in diesem Moment. Man muss sich seiner Bedeutung an dieser Stelle auf der herausgehobenen Einser-Position schon sehr bewusst sein, seine Rolle klar haben, zu seiner alleinigen Verantwortung stehen, um die äußeren und inneren Anfeindungen in diesen Momenten auszuhalten. Auf dieser übergeordneten Position ist man nicht nur allein, sondern auch, da es sie nur einmal gibt, im Team durch die kollegiale Ebene nicht ersetzbar. Es sei denn durch Stellvertreter, die in der Hierarchie aufrücken und stellvertretend mit der formalen Autorität der Einser-Position die Steuerung übernehmen.

Oft kommt in diesen machtvollen Momenten mit dem Ende der äußeren Stimmen ein innerer Dialog in Gang mit inneren Zweifeln und Widerständen. Stimmen sind zu hören, die einflüsternd sagen, „Wie kannst du nur so autoritär (rücksichtslos, undemokratisch, unkooperativ, egoistisch) sein?" Die alten Schallplatten mit Kindheitsliedern zum Thema Autorität, Selbstwert, Positionierung schalten sich ein und es braucht ein gutes Standing, und ein positives, reflektiertes Verhältnis zu seiner eigenen Autorität (vgl. Abschn. 5.4), um sich innerlich selbst akzeptierend und äußerlich den Kommunikationspartnern gegenüber positiv zugewandt zu bleiben, die Spannung auszuhalten und die Führungsposition bei zu behalten.

Ich empfehle also Leitenden wärmstens, diese Schweigepausen und die stillen Momente zu studieren, die eigene Einsamkeit an diesem Punkt bewusst wahrzunehmen. Sie können sich bewusst machen, dass diese Momente notwendig für Entwicklungs*sprünge* in der Teamkommunikation und -entwicklung sind. Es sind die emotionalen Ausläufer des emergenten Geschehens der Selbstorganisation der Organisation, die hier wirken. Die Führung muss in der Hand behalten, das Schweigen ausgehalten werden, der Wandlungszeit ihre Zeit eingeräumt werden. Vielleicht kann sie innerlich auf Selbst-Unterstützung umschwenken und sich innerlich wohlwollend und gut[4] zureden und sich selbst erklären, warum das jetzt so nötig ist. Dann kann in der Folge entweder gehandelt oder mit anderen Themen bei geänderter Kommunikationsstruktur das Gespräch weiter aktiv fortgeführt werden.

Auch den Geführten ist zu raten, die Wendung in der Kommunikation auszuhalten, sich mit den Machtverlusten der eigenen Position anzufreunden und mit geänderter Verantwortung weiter am Geschehen des beruflichen Alltags teilzunehmen. Wenn sie in die neue komplementäre Rolle der Geführten schlüpfen und mit den Gefühlen des „Unten-seins" konfrontiert sind, müssen sie sich wegen des Verlustes nicht grundsätzlich entwertet fühlen und beleidigt zurückziehen. Ihnen

---

[4]Die Transaktionsanalyse verwendet hier – selbstredend – die Möglichkeit des „nährenden Eltern-Ichs".

kommt, wenn gewünscht, eine wichtige Beratungsfunktion aus nachgeordneter Position zu, deren Anhörung für Entscheidungsprozesse sehr zu empfehlen ist (siehe Abschn. 6.4 Entscheidungsmodus 2).

Die Macht, die dabei immer noch bleibt, die nicht mitentscheidet, wohl aber berät, diese Beratungs-„macht"(!) also, ist in der Praxis sehr viel bedeutender und effizienter, als das vielen klar ist. Die Voraussetzung ist – an den richtigen Stellen – die Abstinenz von falschen Machtansprüchen, das Freigeben der Entscheidungsposition und die Begrenzung auf den eigenen Platz.[5] Beratung ist dann deutlich zu unterscheiden von den Tätigkeiten der Leitung und des Entscheidens, kann diese aber sehr kompetent und komplementär beraten, begleiten und qualifizieren.

Wer also hat das letzte Wort? Der, der die Führung inne hat, sie nutzt und gestaltet, sich seiner Macht bewusst ist, seiner Verantwortung gerecht wird und am Schluss die Türe zumacht. Der Punkt, der dann gesetzt wird, ist zunächst Schluss*punkt*. Er wirkt wie ein toter Punkt,[6] mit vielen Gefühlen des Abschiedes. Er wird aber zum Wende*punkt* in der Kommunikation und – in vielen Momenten – zum Übergang vom Reden zum Handeln.

6.4 Entscheidungen in Organisationen: ein hilfreiches Entscheidungs- und Kooperationsraster mit Einladung zum Führen und zur Partizipation

Im Alltag eines Teams sind immer wieder Entscheidungen zu treffen. Getroffene Entscheidungen ermöglichen nachfolgend weiterführende Handlungen. Entscheidungen sind „anschlussfähig", wie es im systemtheoretischen Jargon heißt. Wie aber kommt es zu den nötigen Entscheidungen in Arbeitsteams?

Es gibt die interessante Hypothese, dass es eine der bedeutsamsten Aufgaben von Leitungen ist, ein Team, eine Organisation mit Entscheidungen zu versorgen (vgl. Zwack und Schweitzer 2009, S. 401). Wer Teams erlebt hat, die in Entscheidungsstagnation festhängen, wer Mitglieder von Organisationen erlebt hat, die

---

[5]Ich konstatiere das als jemand, der als Supervisor mit Beratung seine Brötchen verdient und immer wieder überwältigt ist wieviel mit dieser Beratungsmacht, wenn man sich denn darauf begrenzt, bewirkt werden kann.

[6]Im Konzept des „Impasse" beschreibt die Gestalttherapie diesen notwendigen Durchgang im gefühlsmäßigen Erleben. Spirituell gedeutet – Kritiker mögen mir diesen Exkurs verzeihen – hat das Erleben etwas vom Wandlungsgeschehen von „Tod und Auferstehung".

auf Entscheidungen warten, von denen ihr weiteres Tun abhängig ist, der kennt das Leiden und die Frustration der Mitarbeitenden und versteht das Zustandekommen fehlender Arbeitsergebnisse oder die daraus sich ergebende Produktion von Unproduktivität, wirtschaftliche Schäden inklusive.

Folgen wir der Prämisse, dass Leitung für Entscheidungen sorgen muss, so heißt das nicht, dass die Leitung selbst immer alle Entscheidungen treffen muss. Vielmehr kann sie auch in einem Team dazu verhelfen, unterschiedlich abgestufte Entscheidungen zu treffen, kann Entscheidungsspielräume delegieren, sodass – unter Beachtung übergeordneter Entscheidungskriterien – die Fachkompetenz nachgeordneter Ebenen in die Qualität von Entscheidungen einfließen kann. Und sie muss im Konfliktfall, bei dringenden Entscheidungen und bei Grundsatzentscheidungen, die sie nicht anders verantworten kann, will oder darf, selbst Flagge zeigen, entscheiden und Richtlinien vorgeben.

Eine pikante und häufige Fehlerquelle bei Entscheidungen in Teams ist die Propagierung und Verherrlichung des Teams oder Kollektivs als oberste oder gar einzige Entscheidungsinstanz. „Wir", so ist dann zu hören, „wollen doch alle das Gleiche". Das Entschiedene muss, da der Entscheidungsmodus in solchen Fällen selbstverständlich nicht hinterfragt wird, dann auch für alle gültig sein. Auch für die Leitung. „Das Team" wird subtil zur „Nr. 1", zum machtvollen Gegenspieler der formalen Leitung, wenn nicht sogar zu deren „Vorgesetzten".

Insgeheim arbeitet „das Team" nach den informellen Regeln der Macht mit der Gruppen- und Familienfantasie aus den Anfangszeiten der Organisation und jubelt dem Entscheidungsprozess die Gleichheitsfantasie unter. Die Leitungsebene als eigene formale hierarchische, gar übergeordnete Position wird entweder ausgegrenzt, ihr Inhaber als Teammitglied auf gleicher Ebene subsumiert oder gar nach „unten" gesetzt und – im übelsten Fall – wieder beansprucht, wenn es um die Durchsetzung der getroffenen Entscheidung anderen gegenüber geht. Im günstigsten der ungünstigen Fälle wird sie dann zum weisungsgebundenen „Sekretär" des Teams, im ideologischen Fall zum „Diener", im ungünstigsten Fall zur „Mistkübelfunktion" (Buchinger 1997, S. 41) des Teams degradiert und missbraucht.

Schaut man sich die Gruppendynamik dabei noch mal genauer an, so ist es in Wirklichkeit meist auch nicht „*das* Team" an sich, das gemeinsame Kollektiv, das entscheidet, sondern es sind die informellen, verdeckten, „geheimen Hierarchien", bei denen die „grauen Eminenzen" das Geschehen steuern, die Dienstältesten, die Schnellsten, die Schönsten, die Eloquentesten, die am meisten Leidenden usw. Sie setzen – vielleicht unbewusst aber durchaus nicht wirkungslos – auf ihre informelle Macht, die informelle Gefolgschaft der anderen Teammitglieder, auf die Macht der dann entstandenen Überzahl („Wir stimmen ab";

„die meisten sind dafür") und übergehen elegant die formale Struktur und mit ihr den formal legitimierten Leiter in seinem Alleinstellungsmerkmal mit hervorgehobener Verantwortung.

Ein anderes Beispiel misslingender Entscheidungsprozesse in Teams ist das Ganzheitsphantasma der Gruppe (!) und ihrer Mitglieder: *Alle* müssen – und das *vollständig* – zustimmen. Mit dieser Prämisse, hergeleitet aus der Gleichheitsfantasie der Anfangszeit und der daraus fantasierten gleichen Machtbeteiligung aller, unterfüttert mit dem Anspruch, keinen aus seiner fantasierten Veto-Allmacht herauszuwerfen, kommt ein Team nicht wirklich zu Entscheidungen. Es fällt immer wieder, kurz vor dem Verbindlich werden, zurück in ein „Ja – Aber". *Alle* Argumente müssen gehört und bedacht werden. *Jeder* muss zustimmen können. Keiner soll verlieren. Jeder hat – vermeintlich – gleiche Macht. Erst dann kann man – so die frustrierende Ideologie – zum Handeln kommen. Unterlegt ist diese Gruppenideologie mit dem unausgesprochenen, ja tabuisierten Einverständnis: „Wir brauchen keine Leitung".

Wie aber kann ein Team zu wirkungsvollen Entscheidungen kommen? Wie Entscheidungen treffen, die innere und äußere Prämissen einbeziehen, die Zeit haben für einen qualitativen, breit angelegten Prozess aber auch die Notwendigkeit schneller Entscheidungen im Blick behalten?

Hier hilft wieder der Einbezug der Hierarchie in die Entscheidungsmodi eines Teams und die dadurch transparent werdenden unterschiedlichen Macht- und Verantwortungsgrade. Es gibt ein sehr einfaches und gleichzeitig sehr wirkungsvolles Modell für solche Entscheidungsverfahren, das sich in unzähligen Team- und Führungsprozessen bestens bewährt hat. Ich nenne es „Kooperations- und Entscheidungsraster" (vgl. Lumma 1982, S. 225) (Abb. 6.3) zwischen Leitung und Mitarbeiter bzw. Mitarbeitern im Team, das die unterschiedlichen Verantwortungs- und Machtebenen sachgerecht berücksichtigt.

Entscheidungsmodus 1 beinhaltet zwischen Leitung und Mitarbeiterebene die einsame Entscheidung der Leitungskraft. *Sie* entscheidet, trägt die Verantwortung und muss andere nicht weiter informieren, bzw. weist deutlich an, was zu tun ist. Kommunikation findet hier zunächst quasi als „Selbstgespräch" im nötigen Selbstklärungsprozess der Leitung statt, der in klaren Richtungsentscheidungen und Vorgaben mündet. Allenfalls transparent gemacht werden kann die Entscheidung, ohne den Entscheidungsprozess noch einmal zu öffnen.

Entscheidungsmodus 2 beinhaltet eine Entscheidung, bei der die Leitung entscheidet, sich aber informieren lässt von ihren Mitarbeitern und diese wiederum von der getroffenen Entscheidung in Kenntnis setzt. Hier geschieht, bei geklärter

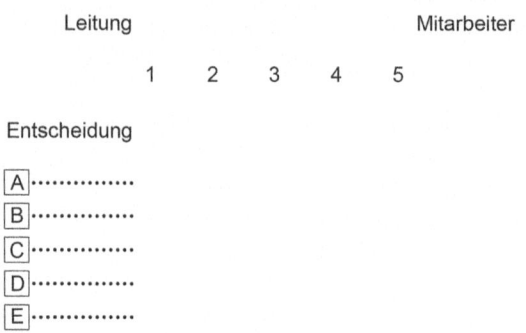

Abb. 6.3 Kooperations- und Entscheidungsraster

und transparenter Entscheidungsstruktur eine „interne Organisationsberatung" durch die Mitarbeiter, die sich jede gute Leitung nicht entgehen lassen und häufiger nutzen sollte, als das in der Praxis i. d. R. geschieht. Die Verantwortung und die Macht bleiben in diesem Falle „oben".

Die fachlich-inhaltliche Kompetenz sitzt in der Hierarchie von Organisationen und Teams oft unten, auf der nachgeordneten Ebene, bei den „Fach"(!)-Kräften und den ihnen zuarbeitenden anderen Berufsgruppen des Teams. Die Frage und die Aufgabe für die Leitung eines Teams bleibt, wie sie dieses Know-how ins Spiel bringen kann, im Spiel halten kann und bei Entscheidungen miteinbeziehen kann. Dabei ist es Mitarbeitenden häufig berechtigterweise sehr wichtig, mindestens gehört zu werden. Sie wollen nicht unbedingt, dass sich ihre Ansicht mit aller Gewalt durchsetzt. Ist ihre Argumentation gehört und verstanden, sind sie ihrer (Beratungs-)Verantwortung gerecht geworden, können sich innerlich zurücklehnen, die Begrenztheit ihres Postens und ihrer Verantwortung „genießen", und die Leitung mit dem weitergegebenen Know-how entscheiden und arbeiten lassen.

Hier gibt es aber auch ein großes Feld für Missverständnisse, zwischen Fach-Experten und Leitungs-Experten, wenn Mitarbeitende davon sprechen: „Ich würde … das so und so machen". Ersetzen sie damit die Leitung im Sinne von: „Ich weiß es am besten und deshalb musst du das auch so machen, wie ich es machen würde", so kann die Information als Anweisung gegenüber der Leitung missverstanden werden, gegen die sich eine Leitung dann natürlich, da die Kommunikation nicht der Struktur entspricht, wehren muss. Ist die hierarchische Struktur und Beziehung zwischen den beiden aber geklärt, kann der Rat der Fachkraftebene wesentlich für den Entscheidungsprozess der Leitung genutzt werden. Die Bedeutung (und die eigene Macht!) des „Rates" kann dann voll zur Geltung kommen, wenn klar bleibt, dass in diesem Entscheidungsmodus die Leitung letztlich entscheidet und verantwortet.

Entscheidungsmodus 3 liefert eine große Bandbreite für Konsens- oder Mehrheitsentscheidungen. Oft ist er die Basis für ein propagiertes „laterales" Führen. Er ist die vielleicht interessanteste Art, Entscheidungen im Team zu treffen. Hier wird bewusst auf eine Gleichberechtigung aller gesetzt und diese genutzt und jeder hat – treffend vielleicht mit dem Bild des „runden Tisches"[7] charakterisiert – gleiches Gewicht. Es sind *die* Entscheidungen, bei denen die inhaltlichen Argumente aller voll zur Geltung kommen, bei denen die Kraft der Argumente zählt, ein herrschaftsfreier Dialog entsteht, die bestmöglichste Lösung ausdiskutiert und gefunden wird. Die Leitung verzichtet bewusst auf ihren Machtvorsprung und nutzt ihre Verantwortung zugunsten einer hohen Beteiligung der Teammitglieder und einer hohen Qualität der Entscheidung, die sie dann gerne vertreten kann.

Der Nachteil dieses Entscheidungsmodus ist, dass er sehr zeit- und personalaufwendig ist. Das kommt aber der Qualität der Entscheidung zugute und hält die Identifikation der Mitarbeitenden mit den Entscheidungen hoch. Sie sind dann gut motiviert, die Folgehandlungen im Sinne der Entscheidung auszuführen und durchzutragen. Anweisungen von „außen" und „oben" sind dann nicht mehr nötig, da die Instruierung selbst von innen geleistet wird.

In diesen Modus fallen auch die viel geliebten, vermeintlich „demokratischen" Abstimmungen in Arbeitsteams, die sich aber oft genug als destruktiv erweisen. Gut sind Abstimmungen meiner Erfahrung nach im Team dann, wenn man sich vorher auf diesen Entscheidungsmodus vereinbart hat, Argumente ausgetauscht und gehört werden, sich jeder mit seinen Anliegen verstanden fühlt und dann mit dem Vertrauen in die Klugheit der Mehrheit der Gruppe das Recht überlässt, eine Entscheidung zu treffen. Hinter dieser Entscheidung kann dann jeder Einzelne stehen, auch wenn er inhaltlich seine Maximalposition nicht durchsetzen konnte. Im Sinne des Vorwärtskommens und der Handlungsfähigkeit des Teams stellt er seine partikulare Sicht der Dinge zurück, geht davon aus, dass seine Sicht im Entscheidungsprozess genügend berücksichtigt ist und in der Entscheidung gut aufgehoben ist.

Ein weiterer positiver Aspekt dieses Entscheidungsmodus ist, dass durch den Verzicht auf die hierarchischen Unterschiede das Wissen, die Bezüge, die unterschiedlichen Prämissen der beteiligten Ebenen praktisch hierarchieübergreifend

---

[7]In manchen Ordensgemeinschaften wird dieser Entscheidungsmodus selbstredend als „einmütig" beschrieben.

einbezogen werden. Die Sicht und das Wissen der Leitung in Bezug auf Finanzen, übergeordnete Richtlinien, die Ethik des Unternehmens, gesetzliche Vorgaben kann sich verschränken mit der fachlichen Sicht und der Alltagserfahrung der Mitarbeitenden zugunsten des gemeinsamen Auftrages.

Entscheidungsmodus 4 beschreibt die klassische Form der Delegation von Aufgaben und der damit verbundenen Entscheidungsrechte. Bei ihm wird die Entscheidung innerhalb kommunizierter Vorgaben an die nächste Ebene delegiert. Dieses Prozedere nutzt die positiven Aspekte der Delegation, bringt die Entscheidung auf die Ebene der inhaltlich höchsten Kompetenz und erweckt ein hohes Maß an Gestaltungsmöglichkeit und Beteiligung der Mitarbeitenden. Wichtig ist das Zusammenspiel mit den nötigen Informationen. Die Leitung, die vorgesetzte Stelle, berät und informiert über bestimmte Prämissen, die einzuhalten sind, gibt dann aber die Entscheidung frei an die nächste Ebene weiter. Diese informiert wieder die Leitung über das Ergebnis der Entscheidung. Egal wie dann entschieden wird: Die Leitung steht hinter der Entscheidung des Mitarbeiters, weil sie – etwa im Sinne eines kooperativen oder situativen Führungsstils – die Beteiligung der Mitarbeitenden gezielt sucht und will. Sie teilt Macht, ist „partizipativ" und macht den Mitarbeiter zum wichtigen Mitspieler und Verantwortungsträger in der Einrichtung.

Gerade in Non-Profit- Organisationen und insbesondere in wertorientierten kirchlichen Institutionen, die den Wert der Arbeit für das menschliche Sein als individuelle Sinnquelle und gesellschaftliche Teilhabemöglichkeit zu Recht propagieren,[8] muss diese Verantwortungsaufteilung immer wieder gefordert und auf Dauer etabliert werden, freilich ohne die anderen Modi außer Acht zu lassen und ohne die nötige Transparenz zu verlieren.

Ein markantes Beispiel aus meiner eigenen Berufsbiografie dient mir hier immer als Beispiel. Als junger angehender Leiter einer neu errichteten Beratungsstelle hatten wir zusammen mit Vorstand und Geschäftsführung zwei Bewerbungsgespräche für die Sekretärinnenstelle der Einrichtung. Zwischen den Zeilen war zu spüren, dass der Geschäftsführer die ältere Bewerberin aus der eigenen Gemeinde und Pfarrei bevorzugen würde und er machte mir ihre Kompetenzen „schmackhaft". Der erste Vorsitzende des Vorstands räumte mir aber die Letztentscheidung zwischen den beiden ein. Ich solle am nächsten Tag Bescheid geben. Ich entschied mich dann für die in meinen Augen kompetentere jüngere Dame,

---

[8]Im katholischen Kontext etwa in der Enzyklika „Laborem exercens" (Papst Johannes Paul II 1981).

informierte Geschäftsführung und Vorstand von der Entscheidung und hatte meine erste Personalentscheidung – in Delegation und nach Entscheidungsmodus 4 – getroffen.

Entscheidungsmodus 5 Hier bleibt die volle Entscheidungsbefugnis bei der nachgeordneten Ebene. Die Zuständigkeiten und Befugnisse sind so gut geklärt, dass die Leitung in diesem Fall auch nicht mehr informiert werden muss. Sie weiß, dass die Entscheidungsspielräume geordnet sind und in von ihr verantwortbarem Sinne geleistet werden. Auch hier kann die Expertise der strukturell nachgeordneten Stellen mit ihrem oft ganz eigenen Know-how in klaren Delegationen und geklärten Aufgabenbereichen zur Geltung gebracht werden und einen wesentlichen Beitrag für die Teamleistung erbracht werden.

Ein „gutes" Team, bzw. eine „gute" Leitung verfügt also nicht nur über *einen* immer wiederkehrenden Entscheidungsmodus, sondern über eine Vielfalt von Entscheidungsverfahren, für die die Leitung letztlich die Verantwortung trägt. Sie muss abwägen zwischen zeitlich knapp bemessenen Entscheidungen des Alltags, die dann wohl eher von ihr im Alleingang (Modus 1) oder nach Konsultation von Mitarbeitenden (Modus 2) getroffen werden und der breiten Fundierung einer Entscheidung im gesamten Team (Modus 3) mit hohem Kommunikationsaufwand. Sie muss entscheiden zwischen „Alleine tragen" und dem Durchsetzen von Entscheidungen auf der einen Seite und der Motivierung der Mitarbeitenden in einem gemeinsamen und qualitativ breit angelegten Entscheidungsprozess mit potenziell hoher Identifikation der Mitarbeiterebene nach „Modus 3", „Modus 4" oder gar „Modus 5".

Dabei sei noch mal auf eine Kommunikationsfalle hingewiesen, die häufig und schmerzlich passiert. Ein besonders markantes Beispiel aus einem Supervisionsprozess mit dem Kollegium einer Schule fällt mir hierzu ein:

Beispiel Kommunikationsfalle

In einer Schule steht ein Umzug bevor. Es stehen verschiedene Orte und Räumlichkeiten zur Auswahl. Die Schulleitung bittet die Lehrer am Morgen, sich doch in der Mittagspause die möglichen Räumlichkeiten für die zukünftige Schule anzuschauen.

In der Sitzung am Nachmittag entsteht ein engagiertes Diskutieren und Abwägen der Möglichkeiten und die Tendenz der Entscheidung geht in eine Richtung, die der Leitung nicht passt. Die Mitarbeiter gehen davon aus, dass sie – gleichberechtigt – mit entscheiden dürfen. Man kommt zu keiner Entscheidung und vertagt auf den nächsten Tag. Abends aber ruft die zuständige Schulbehörde an und fordert ultimativ eine Entscheidung, die die Leitung alleine treffen muss. Sie entscheidet in ihrem Sinne – und gegen die Mehrzahl der jetzt abwesenden Lehrkräfte. Das aber bringt ihr am nächsten Tag einen Sturm der Entrüstung ein und die Lehrer fragen verärgert, warum sie sich dann die Mühe gemacht, ihre Mittagspause geopfert haben und in den potenziellen Räumlichkeiten waren.

Gemäßigter wurde die Stimmung erst, als die Schulleitung einräumte, dass sie eigentlich immer schon die Entscheidung in der Hand behalten, aber das Know-how der Kollegen für ihre Entscheidung nutzen wollte, sich also von ihren Mitarbeitenden beraten lassen wollte (Modus 2). Das aber war ihr selbst noch nicht klar und sie konnte es deshalb auch nicht transparent machen. So verstand sie, dass die Mitarbeitenden mit einer größeren Mitbestimmungsmöglichkeit (Modus 3) gerechnet hatten und nun zu Recht frustriert, entmachtet und verärgert waren. Sie entschuldigte sich für den kommunikativen Mangel und die Unklarheit im Entscheidungsprozess und versprach, in Zukunft zunächst für sich zu klären, welchen Modus der Entscheidung sie verantworten möchte und das dann auch transparent zu kommunizieren. Die Meinung der Mitarbeiter hatte also sehr wohl Gewicht als Beratung nicht aber im Sinne einer Mitentscheidung.

Hinweisen möchte ich noch darauf, dass dieses Entscheidungsraster nicht nur in hierarchischen, also vertikal geordneten Strukturen anzuwenden ist. Es lässt sich auch sehr gut in horizontalen Kooperationen mit anderen Einrichtungen oder zwischen Subsystemen einer Organisation nutzen, wenn es um gleichberechtigte Zusammenarbeit geht. Das kann sein, wenn als Leitung Doppelspitzen etabliert werden, das kann sein, wenn in partnerschaftlichen Kooperationen jeder Teil[9] einen eigenständigen Part ausfüllt.[10]

Im Gegensatz zur Anwendung in Teams, bei denen die vorgesetzte Ebene die Entscheidungsmodi verantworten muss, muss in solchen „lateralen" Konstellationen „partnerschaftlich" verhandelt werden, welche Entscheidungen jeweils nach welchem Modus getroffen werden.

---

[9]Lateinisch „pars" als Bestandteil von „Partnerschaft".

[10]So z. B. in durchaus unterschiedlichen, aber gleichberechtigten „Erziehungspartnerschaften" zwischen Kindertagesstätten und Eltern, bei denen jeder Teil eigene Entscheidungshoheiten kontrolliert und verantwortet, sich dabei aber durch den anderen Part beraten lassen kann.

6.5 Verantwortung im Kontext der Hierarchie

Die Kehrseite solcher Entscheidungsbefugnisse im Team- und Organisationsalltag ist, dass damit auch die Verantwortung für die Entscheidungen getragen werden muss (vgl. Modell 7.4 in Abschn. 7.1). Eine geklärte Entscheidungsstruktur korreliert also mit einer Klarheit, wer welche Entscheidung zu verantworten hat, und wem gegenüber er sie verantworten muss.

In vielen Konflikten des Arbeitsalltags geht es letztlich darum, schädliche Verantwortungsdiffusionen aufzulösen und Verantwortlichkeit zu klären: Wer verantwortet diese oder jene Entscheidung? Wo endet meine Verantwortung, wo beginnt deine? Man probiere es aus, in Konflikten sich zu positionieren, zu seiner Entscheidung zu stehen: „Ich verantworte das!". Viele Streits werden sich beruhigen, wenn diese Frage beantwortet ist oder zumindest einer weiteren Klärung der Verantwortlichkeit im institutionellen Gefüge zugeführt wird.

Es ist leider fast Alltag in vielen Teams, dass Verantwortung nicht auf *der* Ebene getragen wird, wo sie gedacht ist und von der Struktur her auch hin gehört. Das führt zu Verzerrungen im Kompetenzgefühl bis hin zu dessen Verlust, Ohnmachtserfahrungen oder Allmachtsfantasien, Überheblichkeiten im Sinne von Verhebungen[11] im Tragen von Verantwortung, Reduzierung von Leistungen und den dann ausbleibenden Erfolgen in der beauftragten Arbeit.

Die Organisation hat hier mit ihrer hierarchischen Struktur schon lange eine Ordnungsmöglichkeit zugrunde gelegt, die nur mit Schäden übergangen werden kann. Besser ist, sie für die Ordnung der Verantwortung zu nutzen. Sie bedient sich dabei unterschiedlicher, hierarchisch übereinander geordneter Verantwortungsebenen. Klassischerweise gibt es in vielen Arbeitsteams, wenn denn geordnet, die Leitungsebene, die Fachkraftebene und die Helferebene.

Zu den Anfängen vieler Gruppen und Teams sind diese Unterscheidungen nicht so wesentlich. Durch die Fortentwicklung der Teams als Teile von Organisationen, durch strengere finanzielle Maßgaben der Kostenträger aber werden die unterschiedlichen Aufgaben der beruflichen Rollen auf den verschiedenen Ebenen klarer unterschieden, definiert und zugeordnet. Bezahlt werden nur *die* Tätigkeiten, die den speziellen Handlungsmöglichkeiten entsprechen und den Level der Verantwortlichkeit als Hilfskraft, Fachkraft oder Leitung spiegeln.

---

[11]Mit (psycho-)somatischen Niederschlägen in der Orthopädie vieler Mitarbeitenden wie Rückgratbeschwerden, chronischen Verspannungen, Bandscheibenproblemen.

So kann in pädagogischen Feldern die untere Ebene der Pfleger und Helfer eine große Bedeutung für ein Team erlangen, wenn sie zunächst die Verantwortung für den alltäglichen Umgang mit den Klienten übernimmt. Neben den oft kontinuierlichsten Beziehungen zu den Personen der Zielgruppe im Alltag gehören dazu die daraus sich ergebenden Aufgaben der Pflege, wie etwa Körperpflege, Raumpflege. Damit leisten die Mitarbeitenden dieser Ebene einen wesentlichen Dienst am Gesamt des Teams. Ist die Erfüllung dieser Aufgabe gewährleistet, gibt es der Fachkraftebene Freiraum zu deren originärer Arbeit der fachlichen Konzipierung, schriftlichen Dokumentierung, pädagogischen Reflexion und Steuerung zu kommen. Damit können die Fachkräfte auf ihrer Ebene ihrer Verantwortung gerecht werden. Oft genug habe ich erlebt, dass Mitarbeitende auf der Helferebene wesentlich erleichtert sind, wenn sie aus der fachlichen Verantwortung der Fachkraftebene entlassen werden, ihren eigenen Verantwortungsbereich der Helferaufgabe entsprechend erhalten und dort mit ihren Talenten wuchern können. Die konkrete Delegation von Aufgaben verstärkt diesen Prozess. Die oft negativ konnotierte „Stellenbeschreibung" der unteren Ebene als „Fußvolk" bekommt dann in einer positiven Wendung die wertvolle Bedeutung als „Basis" der Arbeit, als Grundlage, die darauf aufbauend, fachliches, pädagogisches, therapeutisches Handeln überhaupt erst möglich macht und zur Blüte kommen lässt.

Auf einer mittleren Verantwortungsebene der Fachkräfte liegt dann – in Kooperation mit der Leitungsebene – die Verantwortung für die profilierte Umsetzung der pädagogischen Konzeption und Ziele in die Alltagsstrukturen des Teams. Dabei können die Mitarbeitenden der Helferebene gezielt für einzelne Aufgaben eingesetzt und wertschätzend einbezogen werden, soweit das von der Fachkraft verantwortet werden kann und die Mitarbeiter der Helferebene dazu bereit sind.

Hierarchisch über der Fachkraftebene im Team anzusiedeln ist dann die Leitungsebene, deren primäre Aufgabe es ist, die Letztverantwortung für das Team zu tragen, den Überblick über die delegierten Verantwortlichkeiten zu wahren, die Vernetzung und die Abpufferung nach außen und oben sicherzustellen, das Team zu steuern und mit der gestellten Aufgabe zu verknüpfen.

Sind diese Verantwortungs- und Handlungsebenen grundsätzlich geklärt, können Ausnahmen in den individuellen Fähigkeiten und entsprechend aktuellem Bedarf nach oben und unten wohltuend für alle zugelassen werden. In Notlagen können vorübergehend von Helfern Fachkraftaufgaben, von Fachkräften Steuerungsaufgaben oder ergänzend Pflegeaufgaben wahrgenommen werden, die aber bald wieder in die formale Ursprungsordnung zurückgeführt werden müssen. Solche Ausnahmen bleiben dann Ausnahmen, die die Regel bestätigen und nicht außer Kraft setzen. Die grundlegende Ordnung bleibt gewahrt und macht produktive Kooperation möglich.

So hat *jede* Ebene ihre Aufgabe für das Gesamt und muss in der Kommunikation berücksichtigt werden. Nach einem alten Wortspiel um Verantwortung[12] steckt in dem Wort Verantwortung der Begriff „Antwort geben". *Jede* Ebene wird im Team gebraucht, *jede* Ebene und die auf ihr angesiedelten Berufe muss/müssen sich einbringen, *jeder* Mitarbeiter muss „Antwort geben" für Bedarfslagen, für die er mit seiner Rolle und auf seiner jeweilige Ebene Experte ist und die er auf seiner Ebene am besten be- und verantworten kann.

So hat jeder Mitarbeiter eine „partielle Verantwortung" (vgl. Cohn 1980, S. 205) für das Ganze und niemand ist ganz „verantwortungs-los". Gleichzeitig ist aber auch niemand alleine für alles verantwortlich. Eine Einladung der Hierarchie zur Partizipation und gleichzeitig zur begrenzten (!) Verantwortung: ein wesentlicher Schutz vor Überforderung und Burn-out.

6.6 Delegationskontinuum: Vorgaben und Spielräume

In der hierarchieübergreifenden Zusammenarbeit eines Teams sind die Machtbefugnisse unterschiedlich auf die Hierarchie-Ebenen verteilt. Die Entscheidungen der vorgesetzten Ebene bedingen die Entscheidungsspielräume der Mitarbeiter. Die Vorgesetzten bestimmen den Rahmen, dazwischen entstehen – verantwortete – Spielräume für den Mitarbeiter. Werden diese „Spielregeln" nicht benannt, kommt es zu Machtkämpfen um Befugnisse und Verantwortlichkeiten im beruflichen Alltagsgeschäft.

Eine Grafik wie in Abb. 6.4 kann als Reflexionsmöglichkeit dafür dienen, sich der jeweiligen Vorgaben und Spielräume gedanklich klar zu werden. Sie ist hilfreich beim Delegieren zwischen Hierarchieebenen. Man kann mit ihrer Hilfe miteinander und gegenseitig das Verhältnis von Vorgabe und Spielraum transparent klären.

Oft kommt es im Laufe von Team- und Organisationsentwicklungen vor, dass man vermeintlich die gleiche Rolle ausübt, sich aber gleichzeitig die Position im Machtgefüge verändert und damit auch die Freiheitsgrade der eigenen Rolle. In Abb. 6.4 verschiebt sich die eigene Position nach oben. In der Entscheider-Rolle bekommt man mehr weisungsgebende Aufgaben, die Komplementärrolle mehr

---

[12]Ich kenne es aus der Gestalttherapie Fritz Perls.

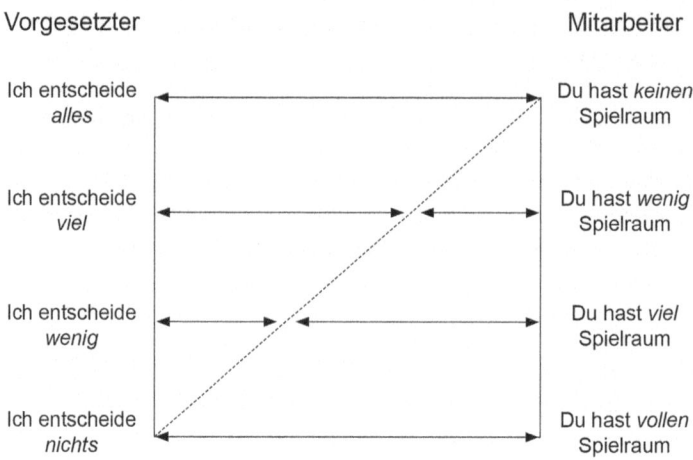

Vorgesetzter   Mitarbeiter

Ich entscheide   Du hast *keinen*
alles   Spielraum

Ich entscheide   Du hast *wenig*
viel   Spielraum

Ich entscheide   Du hast *viel*
wenig   Spielraum

Ich entscheide   Du hast *vollen*
nichts   Spielraum

Abb. 6.4 Delegationskontinuum. (Nach Antons 1976, S. 149)

weisungsgebundene Aufgaben. Ein gutes Beispiel für eine solche Veränderung geschieht, wenn eine Fachkraft mit mehr Koordinierungs- oder Vertretungsaufgaben betraut wird.

Bleiben wir zunächst bei der Mitarbeiterperspektive mit dem abnehmenden Spielraum; ein schmerzlicher und verlustreicher Prozess, der häufig von massiven Kämpfen begleitet wird. Zu Recht hat man das Gefühl, es werde einem etwas genommen, man werde beschnitten. Tragischerweise wird in vielen Fällen der Verlust schön geredet und nicht als das bezeichnet, was er ist: eine Reduktion der Macht, eine Reduktion der Gestaltungsmöglichkeiten, ein Abschied aus einer bedeutenderen Position hin zu nachgeordneten Aufgaben oder zu Positionen mit geringeren Freiheitsgraden und Entscheidungsmöglichkeiten.

Solche verlustreichen Wandlungszeiten werden erst erträglich, wenn es gelingt, sie zu verstehen und einen Sinn darin zu entdecken. Der ist oft gegeben durch die notwendig gewordene Weiterentwicklung der Struktur. Die wiederum ist vorgegeben durch Wandlungen z. B. in Finanzierungsfragen. So wurden in der letzten Zeit in verschiedenen Bereichen sozialer und pflegerischer Arbeit von den Geldgebern zunehmend eine deutlichere Unterscheidung zwischen – höher bezahlten und besser ausgebildeten – Fachkräften und den mitarbeitenden Pflegehilfskräften gefordert. Ein Verständnis der sich daraus entwickelnden Team- und Organisationsdynamik kann helfen, sich mit solchen Beschneidungen anzufreunden, sich der notwendigen Abschieds- und Trauerarbeit zu stellen und die neue (reduzierte) Macht- und Verantwortungsfülle zu akzeptieren. Es kann gelegentlich auch bedeuten, dass man feststellen muss, dass die ehemalige Stelle sich so gewandelt hat, dass man sie verlässt und andernorts nach gestaltungsreicheren und machtvolleren Plätzen sucht. Natürlich ist es auch hilfreich, zu bleiben, sich mit reduzierter Macht anzufreunden, mehr nach Anweisung zu arbeiten und dafür weniger Verantwortung zu tragen. Das kann z. B. im Sinne eines „Downsizing" für ältere Arbeitnehmer eine Möglichkeit sein, sich wieder mehr auf ausführende, weniger auf steuernde Aufgaben zu besinnen.

In meiner supervisorischen Arbeit mit Pflegehelfern wurde dieser Verlust immer wieder erlebt und beklagt. Freilich mit unterschiedlichsten Ausgängen: Einige wenige suchten nach einer Weiterqualifizierung, um ihre geschätzte langjährige Erfahrung in den Rahmen einer formalisierten Ausbildung zu bringen. Sie konnten sich damit im hierarchischen Gefüge nach vorne entwickeln und besser bezahlt werden. Andere fanden sich murrend mit der erlebten Kränkung ab, wieder andere beklagten weiter die Ungerechtigkeit, dass sie im Bedarfsfall dann doch – allerdings ohne formale und finanzielle Wertschätzung – die Arbeit der Fachkräfte machen mussten. Die meisten aber entdeckten, dass sie mit dem Weniger an Macht auch wesentlich weniger Verantwortung hatten. Das konnten nach Jahren der eigenen und strukturellen Überforderung als befreiend erlebt werden und setzte immer wieder viel Energie frei für private Hobbys und Talente jenseits der Vermarktungsgesetze beruflicher Arbeit. Ein überraschender aber wesentlicher Beitrag zu ihrer individuellen Work-Life-Balance und für die Bedeutung ihrer Profession im Gesamtgefüge ihrer Teams.

Natürlich ist die Kehrseite dieser Dynamik zwischen Entscheider und Empfänger der Entscheidung, dass es auch jemanden gibt, der *mehr* entscheiden muss/darf, mehr Verantwortung tragen muss/darf, mehr Befugnisse der Steuerung bekommt. Es ist im Alltag durchaus nicht immer so, dass sich jeder darüber freut, wenn er damit maßgeblicher und wichtiger wird. Viele (angehende) Leitungskräfte brauchen die ausdrückliche Erlaubnis und Unterstützung, sich deutlicher zu positionieren, mehr Einfluss auszuüben, den eigenen Freiheitsgrad zu nutzen und damit zwangsweise über das Handlungsrepertoire der anderen zu entscheiden. Die Frage: „Was wollen/möchten *Sie?*" kann als Anleitung dienen, in Selbstklärungsarbeit den eigenen „Willen" und fachlichen Verstand herauszudestillieren und ihn vorzuziehen. Dann kann es gelingen, sich Richtlinienkompetenz zuzusprechen und die Aufgabe der Führung anzunehmen.

Oft genug benötigt es dazu Ermutigung von außen, die zur Aufgabe für eine Beratung von außen wird. Ein nicht eben kleiner Teil von Leitungsberatung und Coaching besteht dann tatsächlich darin, sich der vermehrten Verantwortung zu stellen und die Chancen bewusst zu nutzen. Die Abb. 6.4 kann das plastisch erläutern und die Prozesse des Anfreundens mit der Leitungsrolle unterstützen.

6.7 Aufgabenprägung

Jeder Aufgabe im Teamalltag geht ein Appell voraus, ein inhaltliches Vorzeichen, das die Tonlage der Arbeit kennzeichnet. Ich will auf der Ebene dieser Vorzeichen nochmals das hierarchische Geschehen verdeutlichen.

Aufgaben unterscheiden sich im Teamkontext, ob man sie machen „muss", oder ob man sie machen „darf". Des Weiteren gibt es Aufgaben, die man machen „kann" und Aufgaben, die man gerne machen „will". Getrieben von absolutierten Selbstverwirklichungsgedanken dehnen wir Menschen aber gerne den „Ich will… "-Teil aus, lassen ihn ausufern und machen ihn zum alleinigen Prinzip unseres Arbeitens.

Die Matrix in Abb. 6.5 versucht diese Facetten einzufangen und zu differenzieren. Die Klärung des Vorzeichens einer Arbeit ist in vielen Fällen immens bedeutend und notwendig für die Arbeit, erst recht für die Zusammenarbeit.

Die Frage: „Ist das eine Anweisung?" z. B. deutet klar auf eine Aufgabe des oberen linken Quadranten hin und auf das Vorzeichen: „Du musst …!". Häufig sind aber im beruflichen Alltag Anweisungen nicht deutliche Anweisungen. Sie kommen als verdeckte Wünsche oder werden gar nicht ausgesprochen, verbunden mit der Hoffnung, die Mitarbeiter ersparen der Führungskraft das Anweisen und erraten schon, was diese will. „Gute Mitarbeiter wissen, was ich meine", so lautet die fatale mentale Trübung, die folgerichtig einen hohen Interpretationsspielraum lässt und kommunikativ Verwirrung stiftet.

Gerne werden solche verdeckten Anweisungen von den Empfängern dann auch verdeckt gehalten, in einen anderen Quadranten „umgedeutet", um auf die-

ich muss	ich darf
ich will	ich kann

Abb. 6.5 Die Vorzeichen einer Aufgabe

sem Wege mehr Freiheitsgrade für sich zu ergattern. Der Ärger folgt auf den Fuß, wenn notwendige Aufgaben mit dem Vorzeichen „du musst…!" nicht erledigt werden und die übergeordneten Ebene in Verantwortungsschwierigkeiten kommt. Dann sind die Mitarbeiter aus der Sicht der Leitung häufig „schlechte Mitarbeiter", weil sie nicht im Sinne der Leitung gedacht haben und möglicherweise zu anderen Ergebnissen kommen. Sie haben sich die Freiheitsgrade genommen, die Aufgaben anders auszuführen, wie es die Leitung wollte. Dann den Fehler den Mitarbeitern vorzuwerfen, ist unlauter, hätte doch die Leitung deutlicher und klarer machen müssen, dass es sich um eine Anweisung handelt, deren Umsetzung ein Muss ist und die dann gegebenenfalls auch überwacht und kontrolliert wird.

Die fehlende Identifikation von Arbeiten als „Muss"-Arbeiten aber hat noch andere weitreichende Folgen. Häufig kommt es in Führungsprozessen zu Verwechslungen auf der linken Seite von Abb. 6.5 von „Ich will-" und „Ich muss"-Vorzeichen. Dabei wird solange nach der Lust (ich will) für eine Aufgabe gesucht, und erwartet, dass mit genügender Lust die Aufgabe leichtfalle. Der Denkfehler dabei ist, dass eine Aufgabe, die eigentlich das Vorzeichen „ich muss" hat, subtil in den „Ich will"-Quadranten verschoben wird.

Dann wartet man vergeblich darauf, genügend überzeugt und motiviert zu werden, bis die Arbeit vermeintlich Spaß macht. Die Aufgabe „muss" (!) aber ausgeführt werden, auch wenn sie im Konfliktfall von dem Ausführenden nicht „gewollt" wird und ihm nicht zuerst Spaß macht. So lautet die Spielregel im Spiel „Organisation".

Die Akzeptanz der Notwendigkeit und des Muss-Vorzeichens vor einer Aufgabe hilft weiter. Dann kann eine Anweisung zur Anweisung werden, indem ich mich dafür entscheide, sie zu akzeptieren. Damit bestätige ich im Sinne des o. g. Kommunikationsmodells die hintergründige hierarchische Struktur. Dass ein Muss das Vorzeichen der Ausführung ist, dass ich es nicht gerne tue, aber die Notwendigkeit der Spielregel anerkenne, gibt mir dann den Spielraum bei moralischen oder fachlichen Bedenken, diese auf der Beziehungsebene und inhaltlichen Ebene zu äußern, ohne die Struktur infrage zu stellen. Ich kann dann, wenn ich moralisch in einen Engpass komme, deutlich machen, dass ich die Anweisung zwar ausführe, das aber nur mit Bauchgrimmen oder Bedenken.

Sehr viele Kommunikationsprobleme in Teams und v. a. in Führungsprozessen entstehen aus dieser Verwechslung von „ich muss" und „ich will" und stiften Kommunikationsverwirrungen und Arbeitsblockaden.

Für die anderen Vorzeichen „ich kann", „ich darf" und „ich will" gilt, dass es natürlich beflügelnd ist, wenn wir mit diesen Vorzeichen unsere Potenziale in die Arbeit einbringen können. Allerdings ist es gut, wenn gefiltert ist, dass diese

Aufgaben wirklich in diese Quadranten fallen und damit in geklärtem Delegationsspielraum (siehe Abschn. 6.6) stattfinden.

Der Muss-Teil einer jeden Stelle „muss" also präsent gehalten und eingehalten bzw. eingefordert werden, damit von einer Stelle aus der wesentliche Beitrag für die Gesamtaufgabe der Organisation geleistet werden kann.

Eine Variante der Verweigerung des Muss-Teils einer Aufgabe entdecke ich oft an unvermuteter Stelle. So manche Führungskraft weigert sich, aus missverstandener Kollegialität, in die Leitungsrolle hineinzuwachsen, sie anzunehmen und Leitung zu übernehmen, auch wenn es die Größe oder das Alter einer Einrichtung längst nötig macht. Sie versucht durch Überzeugen, Abfragen der Wünsche von Mitarbeitern Führung aus der Vorgesetztenposition zu vermeiden und spielt sie in die Hände der Geführten zurück. Diese Führungskräfte[13] brauchen dann deutlich den Hinweis, dass sie an dieser Stelle nicht wählen können, sondern führen *müssen*. Sie können zwar gegen diese Notwendigkeit (erfolglos) kämpfen, letztlich müssen sie aber akzeptieren, dass die Führungsaufgabe mit Führen verknüpft ist und sie müssen sich nach dieser Vorgabe ihrer Position richten.

Manchmal hilft in Beratungsprozessen auch die positive Konnotierung von Führung: Sie „dürfen" führen. Die Position in der Hierarchie enthält nicht nur die Notwendigkeit, sondern auch die Erlaubnis, führen zu dürfen. Die ausgesprochene und akzeptierte Erlaubnis hilft dann, sich selbst zu autorisieren (vgl. Zwack und Schweitzer 2009, S. 404) und die entsprechenden Handlungen und Töne im Führungshandeln zu finden.

Der oft zitierte Satz von Alfred Herrhausen: „Führen muss man wollen" ist damit doppelt zu deuten. Er betrifft dann nicht nur die, die Lust haben zu führen und „führen *wollen*", denen der Führungswillen vielleicht schon in die Wiege gelegt und/oder durch eine entsprechende Sozialisation verstärkt worden ist. Der Satz besagt auch, dass es auf der Leitungsebene diese Notwendigkeit zu führen gibt. Sie ist ein *Muss,* und man kann letztlich nicht mehr wählen, wenn man auf vorgesetzter Ebene unterwegs ist. Das ist die Vorgabe der Struktur, ob man will oder nicht.

Was dann aber tun, wenn man nicht will? Letztlich *muss* man sich – mit Einsicht – durchringen und die Notwendigkeit akzeptieren. Ist die Führungsposition angenommen, kann man sich *für* die Ausgestaltung der Leitungsrolle entscheiden, in sie hineinwachsen und dann auch führen „*wollen".* Dann verändert sich das Vorzeichen vor der Tätigkeit: Als Leitungskraft *muss* ich führen. Ich richte mich an dieser Notwendigkeit aus, gleichgültig ob ich „will", im Sinne von Lust haben,

---

[13]Manchmal nenne ich sie „Führungsverweigerungskräfte" oder etwas vorsichtiger „Halb-Leiter".

oder ob ich mich durch Einsicht und Entscheidung zu diesem Wollen durchgerungen habe. Ist diese Vorgabe verstanden und akzeptiert, dann habe ich immer noch genügend Spielraum, im Sinne eines zu entwickelnden situativen Führungsstils, meinen Leitungsstil mit hierarchischen und kollegialen Anteilen zu mischen und ihn sachdienlich und situativ aus hervorgehobener Position zu gestalten.

Natürlich gibt es dann, wenn die Struktur verstanden und akzeptiert ist, auch noch einen sehr angenehmen und wesentlichen Teil hierarchischer Führung: Leitung *darf* auch Aufgaben vergeben, die Erlaubnisse beinhalten, Belohnungen darstellen. Aus dem entstehenden Vertrauen heraus kann sie Talenten Spielraum geben, die dann mit Beauftragung, mit Rückendeckung durch die Leitung und innerhalb der formalen Struktur ausgeführt werden können. Auch diese positive Variante von Hierarchie vermittelt klar das dahinterliegende gültige Strukturmodell und mündet in einem hoffentlich gut ausgeprägten „Führen durch Spielräume", die von der Leitung gewährt wird und die Mitarbeiter in ihre Potenziale bringt: ein wesentlicher Teil humaner Arbeitsgestaltung und partizipativer Führung.

6.8   Verbindlichkeiten herstellen

Viele Teams leiden an der Unverbindlichkeit in der Umsetzung ihrer Entscheidungen. Immer und immer wieder suchen sie nach Verbindlichkeit, nach einer gemeinsamen roten Linie für ihre Handlungen. Entweder sie müssen diese noch gemeinsam entwickeln, oder: Sie haben sie schon getroffen und erinnern sich nicht mehr an die früher getroffenen Entscheidungen. Es wird vergessen, was einmal beschlossen war. Man bringt das Besprochene nicht auf den Punkt und setzt Entscheidungen nicht in Handlungen um. Geronnene Teamentscheidungen, zu denen ein Team durch welchen Entscheidungsmodus auch immer gefunden hat, werden nicht umgesetzt. Die gemeinsamen Entscheidungen verfallen bald schon wieder in inhaltliche Einzelfacetten, das Team in Cliquen mit Partikularinteressen. Im Alltag macht wieder jeder, was er will. Die Handlungsfähigkeit leidet, Frustration breitet sich aus. Erfolge werden zum Fremdwort. Verzweifelt sind die Versuche, diese Verbindlichkeit wieder herzustellen. Gleichzeitig wird im Kampf um die individuelle Freiheit mit dem handlungsleitenden oder besser handlungsvermeidenden Organisationsbild des Kreises wieder alles offen, Verbindlichkeit und die Autorität einer Entscheidung untergraben.

Gelegentlich gibt es Phasen in Teams, in denen lange diskutiert wird und kurz vor der Entscheidung, manchmal – noch destruktiver – auch erst danach, kommt ein bedeutender neuer Aspekt zur Geltung, der mit einem kräftigen „ja … aber

...“ alles vorher Besprochene und Entschiedene wieder über den Haufen wirft. Es ist, wie wenn dunkle Kräfte das Team zurückwerfen in das Frühstadium der Organisationsentwicklung. Dort wird dann mit dem unterlegten Bild der Gruppe und der vermeintlichen und propagierten vollständigen Teilhabe aller am Entscheidungsprozess jegliche Weiterentwicklung mit aller bewussten und unbewussten Kraft bekämpft.

Fantastisch sind in diesen Zeiten die Appelle an die Individualität des Einzelnen, die es gilt zu verteidigen: „Jeder muss sich an der eigenen Nase zupfen“, „Wir sind doch alle erwachsen, da braucht es keine Zentrale“, „Das können wir auch ohne Leitung“. Die Individualität treibt Blüten und verhindert eine notwendige Team- geschweige denn Organisationsentwicklung.

Was in solchen Zeiten gar nicht in den Sinn kommt, weder bei Geführten noch bei Führenden, ist die Möglichkeit, Entscheidungen verbindlich zu machen, sie durchzusetzen, ihre Ausführung zu kontrollieren. Kontrolle ist in vielen Sozialberufen ähnlich tabuisiert wie Macht und Autorität. Allenfalls im modernen Anglizismus und in einer betriebswirtschaftlichen Anleihe des „Controlling“ schleicht es sich hin und wieder durch die Hintertüre in den Berufsalltag von Non-Profit-Organisationen ein. Dann freilich wird das „Controlling“ umso exzessiver und mit dem Nimbus, auf der Höhe der Zeit zu sein, propagiert.

Übersehen wird, dass genau diese Kontrolle benötigt wird, um Verbindlichkeit im Handeln herzustellen, die eigentliche Aufgabe zu erfüllen, Erfolge mit einem Team zu erreichen. Übersehen wird auch, dass Kontrolle einen Moment der Beachtung und Wertschätzung der Arbeit und des Platzes des Mitarbeiters und seiner Person und Arbeit beinhaltet. Eine wesentliche Funktion von Kontrolle.

Kontrolle gelingt aber selten auf horizontaler Ebene von Kollege zu Kollege. Hier gibt es ja auch keine Macht über den anderen, außer dem moralischen Appell an Gemeinschaftsgeist, Professionalität und Teamfähigkeit. Sind diese Trumpfkarten verspielt, merkt man doch, dass man so nicht weiterkommt. Was aber hilft dann?

Dringend nötig ist, in Ergänzung horizontaler Versuche, die vertikale geronnene Macht der Hierarchie, die die Entscheidungen im Blick behält, ihre Durchführung einfordert, für den Erfolg durchsetzt und die getroffenen Entscheidungen verbindlich macht. Mit anderen Worten, es wird Führung benötigt, die die Verbindlichkeit einfordert und durchsetzt. Die eingeforderten Handlungen entziehen sich dann dem Bereich der „Ich will“- oder „Ich darf“-Aufgaben und fallen klar und deutlich in die Spielregel „ich muss“. Die Entscheidungen werden zu Vorgaben, deren Einhaltung kontrolliert und notfalls mit dem Hinweis auf potenziellen Machtmittel oder deren Einsatz auch durchgesetzt. Die Scheu vor solchem Vorgehen ist aber in aller Regel genauso groß, wie die Wirksamkeit, wenn man sich denn dann doch dazu durchgerungen hat. Dann weht „ein anderer Wind". Was kann bei der Sicherstellung von Kontrolle und der Herstellung von Verbindlichkeit helfen? Vorgesetzten sei der alte Ratschlag empfohlen, der da lautet: „Bewache deine Intervention!" Das freilich ist nur aus der hervorgehobenen Position in der Hierarchie möglich. Anweisungen müssen im Blick behalten werden und ihre Umsetzung überprüft werden. Ist die Verbindlichkeit geklärt, dann ist deutlich, dass es ernst gemeint ist. Dann entsteht auch wieder Spielraum für abgestufte Möglichkeiten der Kontrolle, z. B. der Delegation von Kontrolle. Es *können* mit hierarchischer Macht ausgestattete Kollegen auf kollegialer Ebene kontrollieren, Termine überwachen, die Fachlichkeit überprüfen. Es *kann* zur Verschriftlichung von getroffenen Entscheidungen kommen, sei es in Protokollen, die von allen unterschrieben werden, sei es in der Erinnerung in der nächsten Teamsitzung. Es können Abläufe des Verhaltens durchgesprochen und schriftlich fixiert werden. Eine dezente Form des Verbindlich-Machens und eine praktizierte Möglichkeit, Entscheidungen auf Dauer zu stellen, ist z. B. das Laminieren der vereinbarten Abläufe und ihr Sichtbarmachen am Ort der alltäglichen Praxis. Eine andere Möglichkeit ist das Festhalten in „Handlungsplänen" und „Prozessen" in Managementsystemen, deren Einhaltung verbindlich ist und überprüft wird.

Egal wie, wirksam wird die Kontrolle oft erst dann, wenn sie von vorgesetzter Stelle initiiert und mit vertikaler Durchsetzungsenergie gespeist wird, also das Organisationsbild der hierarchischen Struktur das Handeln leitet und die Spielregel bestimmt. Dann kann die vertikale hierarchische Kraft fließen und Beschlossenes zur Durchführung bringen. Ist die Struktur hier geklärt und eine Leitung als Leitung in ihrer hervorgehobenen Verantwortung akzeptiert, dann kommuniziert sie in Wort und Tonfall entschieden. Sie macht deutlich, was sie will und was sie verantworten kann, was also verbindlich für das Handeln des Teams ist. Dann braucht es außer der Klarheit der Struktur erstaunlich wenig psychischen Aufwand, diese Verbindlichkeit zu gewährleisten.

6.9 Wirkung einer geklärten Struktur auf die Zielgruppe eines Teams

Non-Profit-Organisationen arbeiten in einem Bereich, in dem die Gestaltung von Beziehungen notwendig ist für die Ausführung und den Erfolg der gesamten Aufgabe. Doch Beziehung alleine genügt nicht. Es braucht das Unterstützende der Struktur, damit die Beziehungen bei geklärter Struktur kraftvoll aufgeladen sind und wirken können. Es braucht die Antwort auf die Fragen der Klienten: „Bist du stark genug, mich zu halten?", „Hast du genügend Rückhalt im Team und bei deiner Leitung, um mir ein sicheres Beziehungsangebot zu machen?" „Sind die Regeln klar, nach denen ihr handelt und verfolgen sie alle in gleichem Maße?"

Teams der Kinder-, Jugend-, und Behindertenhilfe haben neben dem Betreuungsauftrag auch einen pädagogischen Auftrag. Sie sollen Entwicklungen begleiten, initiieren, korrigieren. Immer wieder erlebe ich dabei die Schmerzen einer Überindividualisierung des einzelnen Mitarbeiters und seiner Fähigkeiten, wenn man an dieser Stelle nur auf der Beziehungsebene denkt und handelt. Oft an den Jüngsten im Team, aber nicht nur dort, greifen Kinder, Jugendliche und junge Erwachsene mit Verhaltensauffälligkeiten oder psychischen Krankheiten den einzelnen Mitarbeiter heraus, fordern ihn mit provozierendem und aggressivem Verhalten und Gewalt. „Den Letzten beißen die Hunde" ist dann gelegentlich die schmerzliche Realität der Neuen und vermeintlich Schwachen und „Letzten" in den Teams. Und das gelegentlich im wörtlichen Sinn des Wortes „beißen".

Der Einzelne, auf sich gestellt, kann sich redlich bemühen, Autorität zu entwickeln, die rechten, sicheren Töne zu finden, Verhalten zu entwickeln und Rückgrat zu zeigen. Oft aber reichen persönliche und fachliche Autorität und das „individuelle Rückgrat" des Einzelnen nicht aus. Was gesucht wird, ist die geklärte -hierarchische- Teamstruktur im Rücken des Einzelnen, die den Mitarbeiter nicht im Stich lässt, ihn formal autorisiert und „hinter ihm steht". Was benötigt wird, ist, dass das Team „wie eine Eins" als Einheit wirkt. Regeln werden überindividuell vereinbart, glasklar formuliert und einheitlich durchgesetzt. Egal welcher der Mitarbeitenden gerade betroffen ist. Ein Team signalisiert dann, dass es auch hinter dem Jüngsten und „Schwächsten" steht und damit ein ernst zu nehmendes Gegenüber für den Halt suchenden Klienten bietet. Es zeigt, dass das Team der Mitarbeitenden zusammen mit der Leitung „der Bestimmer" der Situation ist und meistens über *eine* Handlungsoption mehr verfügt, um die pädagogische Führung dort zu behalten wo sie hingehört. Darin besteht dann das strukturell abgesicherte personale Angebot und das strukturelle Angebot eines „sicheren Platzes" für die „Klienten". Beides gibt Sicherheit in der Beziehung und Orientierung für die weitere Entwicklung.

Begegnet ein orientierungsloser Jugendlicher allerdings dem Chaos eines Teams, einem ungeordneten, strukturlosen Haufen an Mitarbeitern, so ist er maßlos überfordert und sein Orientierungsbedarf greift ins Leere. Der Strukturhunger in der Psyche bei Klienten in Jugendhilfemilieus oder bei bestimmten Krankheitsbildern sucht eine geklärte Struktur als Antwort auf die eigene innere Unordnung. Machtvoll überschießendes Verhalten hat den Sinn und fragt danach, wer stark genug ist, den Einzelnen zu halten, ihm die elterliche Sicherheit zu geben, die ihn Kind sein lässt in geschütztem, sicherem Rahmen einer Einrichtung und von dort aus Entwicklungen ermöglicht. Es ist eine verzweifelte und zugegebenermaßen oft sehr verdeckte Suche nach Halt und Orientierung. Als „Systemsprenger" fordern sie heraus, wollen die Grenzen wissen und das so lange, bis sie diese erfahren – nicht als Gegengewalt, wohl aber als Klarheit in der Struktur und Festigkeit in der Beziehung.

Gerade kleine „Machos", oft mit kulturellem Migrationshintergrund und entsprechender Sozialisation, suchen den „Obermacho", dem sie vertrauen und folgen können. Sie suchen die stabile elterliche (Team-)Achse, in die sie sich als Kinder einhängen können und sich auf der Kindposition einlassen können. Mir kommen Kinder in Erinnerung, die es in von mir begleiteten Teams geschafft haben, durch ihre Verhaltensauffälligkeiten bis hinauf zur Leitung zu suchen, zu fordern und dort letzte Sicherheit zu bekommen. Es ist das – überindividuell – geklärte Rückgrat der Organisation, das Organigramm, die Struktur, die letztlich in der Person der Leitung und in der von ihr formal beauftragten Struktur der Mitarbeiterschaft die Antwort gibt.

Es hat dann nichts mit der fehlenden Fachlichkeit und Schwäche einzelner Mitarbeiter zu tun, wenn in diesen Auseinandersetzungen mit herausfordernden Klienten erst der Einsatz der Hierarchie, sprich Leitung greift. Mit der ihr eigenen Autorität und Positionsmacht hat sie in diesen Sondersituationen andere Möglichkeiten, auf Klienten einzuwirken, und setzt andere psychische Übertragungsmuster in Gang. Diese Chance sollte sie auch nutzen.

Die korrespondierende Wirkung zwischen der Steuerungsfähigkeit einer Einrichtung in der Leitungsstruktur und der Steuerungsfähigkeit von Menschen mit Borderline-Erkrankung beschreibt anschaulich Lohmer (2002, Kap. 9, S. 153–169).

Oft genug steht hinter solch suchendem Verhalten die „Einrichtungsfrage": Kann ich hier bleiben? Haltet ihr mich aus? Passt eure Konzeption mit der spezifischen Ausstattung an Professionen, Personalschlüssel, fachlichen Kompetenzen noch zu meinen Problemlagen? Ist hier ein sicherer Platz? Passt euer Raumangebot[14] zu meinem Bedarf? Passe ich noch in die Zielgruppe? Das sind Fragen, die die Leitungebene in Beratung mit Fachdiensten und Teams entscheiden und verantworten und differenziert in der Einrichtung nach unten vermitteln muss.

Die Systemfrage freilich muss und kann dahin gehend beantwortet werden, dass das gewünschte Verhalten aufgezeigt wird, bei dem ein Bewohner, ein Klient in der Einrichtung bleiben kann. Und als Kehrseite, wann er sein Recht zu bleiben verspielt. Man stelle sich eine Karte vor, die auf der einen Seite grün, auf der

---

[14]Häufig heiß diskutiert in der pädagogischen Nutzung eines „Time-Out-Raumes".

Rückseite rot gefärbt ist. Die grüne Vorderseite dieser Karte signalisiert klar: „Du darfst bleiben, wenn du ... z. B. dich an bestimmte Regeln hältst, die Gewaltfreiheit gegenüber Mitarbeitern und Bewohnern gewährleistest, Sachen nicht beschädigst" usw. Werden die Regeln nicht eingehalten, erfolgt der deutliche Hinweis auf die rote Rückseite der Karte und letztlich das Einschreiten „der Hierarchie" und ihrer Stellvertreter mit dem Verweis auf die Grenzen der Einrichtung, bis nötigenfalls zur machtvollen Beendigung der Zusammenarbeit und dem Abschied aus der Einrichtung.

Ist diese Entscheidung klar getroffen, die Machtfrage geklärt, dann wird deutlich, *wer* bestimmt, wer bleiben kann und wer gehen muss, welches Verhalten erwünscht und welches sanktioniert wird, wer in der tragenden Rolle der „Eltern" oben ist und Verantwortung für das Kind übernimmt und, wer als „Kind" unten sitzt und Empfänger der Entscheidung ist. Dann kann man die geklärte hierarchische Macht einsetzen zu klar abgestuften Konsequenzen in reflektierten pädagogischen Maßnahmen, die gespeist sind von vertikaler Durchsetzungsmacht der hierarchischen Struktur. Dann entsteht pädagogischer Handlungsspielraum für den Einzelnen im Sinne des Teams und der Zielsetzung einer Einrichtung. Eine im Team entwickelte Stufenleiter der Konsequenz kann wirken, weil sie formal autorisiert und strukturell abgesichert ist. Die Konsequenzen folgen dann einheitlich und deutlich, so sicher wie das Amen in der Kirche.

Die zentral wirksame Botschaft hinter den einzelnen Maßnahmen ist die Beziehungs- und Strukturbotschaft: „Wir sind stark genug, dich zu halten; wir sorgen für dich; wir wollen dir einen sicheren Platz bieten, an dem du dich entwickeln kannst!". Oft genug habe ich erlebt, wie Verhaltensauffälligkeiten bei Kindern, Jugendlichen und auch Erwachsenen in sich zusammenfallen, wenn diese klare, eindeutige, hierarchieübergreifende Antwort eines Teams zusammen mit ihrer Leitung gefunden wird.

Sicher ist dabei auch das Bewusstsein nötig, dass man sich als Einzelner im Team im Organigramm auf einem Platz befindet, der „unten" ist in Bezug zur übergeordneten Leitung, dass man aber – genau dort – eine bedeutsame, aber doch begrenzte Verantwortung hat. Wird die Begrenztheit in der Unter-Position und die damit einhergehende Abhängigkeit ausgehalten und die Grenze der eigenen Verantwortung thematisiert, kommt komplementär dazu die Verantwortung der übergeordneten Leitung ins Spiel.

Hier verwischen leider oft Verantwortungsgrenzen, sei es von unten her durch pädagogische Allmachtsfantasien oder Scham, die eigene Begrenztheit mitzuteilen oder von oben her durch ein Verweigern der Verantwortungsübernahme und Verschieben der eigenen – wirtschaftlichen oder konzeptionellen – Verantwortung nach unten. Sich des eigenen Platzes in der Hierarchie bewusst zu werden und sich auch in der Unten-Position auszuhalten, setzt aber die Möglichkeit in Gang, nach oben hin zu bitten und den Schutz- und Fürsorgeauftrag der oberen Ebene ins Spiel zu bringen. Deren Verantwortung wird durch diese Begrenzung auf die eigene Ebene deutlicher sichtbar und leichter abfragbar.

Ein Slogan kann hier zur Leitidee werden:

Ich trage meine Verantwortung ... und lasse dir deine.[15]

Sich der Begrenzung der eigenen Verantwortung auf der zugedachten hierarchischen Verantwortungsebene bewusst zu werden, hilft, die übergeordnete Ebene in ihre Verantwortlichkeit zu bringen und damit die hierarchische Kraft der Struktur sachdienlich zur Geltung zu bringen.

Gelegentlich geschehen hier für einzelne Mitarbeitende schmerzliche Erfahrungen des Alleingelassen-Werdens, sei es von Kollegen im Team oder von der gemeinsamen Leitung. Man identifiziert sich von oberster Stelle zuerst mit den Klienten oder finanziellen Argumenten. Die Klienten bekommen Recht, in falsch verstandenem Mitleid wird ihre Hilfsbedürftigkeit priorisiert, die Fähigkeit zur Verantwortung für ihr Verhalten wird ihnen abgesprochen, das Hilfsangebot grenzenlos ausgedehnt. Und das gerade in kirchlich geprägten und christlich motivierten Angeboten. Es wird „Du" gesagt, bevor das „Ich" und „Wir" formuliert und vergewissert ist.

Ich betone aber die notwendige Reihenfolge in der Beziehung: Erst muss man „ich" sagen, bzw. ein Team „wir" sagen können, seine Struktur geklärt haben und wissen, wer man ist, wo der Auftrag liegt, wo die Wirkmächtigkeit eines Teams, einer Einrichtung und seiner legitimen Grenzen sind und wie man diese notfalls mit formalisierter hierarchischer Macht durchsetzen kann, bevor man „Du" sagen kann und dem Klienten ein adäquates Angebot der effektiven Hilfe anbieten kann. Erst sind die „Eltern" in der psychodynamischen Entwicklung da, die dann den Raum für „Nachkommen" auf der Kind-Ebene bieten. Ein so profiliertes Team mit intern geklärten Regeln und geklärtem Einbau in das hierarchische Rückgrat der Organisation wird sich handlungsfähig erleben, wird über den Weg der erlebten eigenen Wirksamkeit Ausstrahlung zeigen und attraktiv sein für weitere Klienten, andere Kooperationspartner und potenzielle Kollegen.

Die Einheitlichkeit des Teams, der „gemeinsame Strang", der „rote Faden", konzeptionell abgesichert, muss also immer wieder erarbeitet werden und wirkt

---

[15]So der Titel eines themenzentrieten Gruppensupervisionsangebotes von mir, der durch die Psychologie der Familien-Aufstellungsarbeit inspiriert ist.

dann weit über den Einzelnen hinaus. Er stärkt dem Einzelnen das Rückgrat und hilft ihm, als ein Teil des Teams zu agieren. Wenn ein Team zu dieser Gemeinsamkeit gefunden hat, wirkt die Unterstützung durch die Struktur tragend. Dann kann Hierarchie dem Auftrag des Teams dienen und wirkt gleichzeitig nach innen hin schützend für die Mitarbeiter. Hierarchie kann ihre protektive Funktion zum Schutz gegen Burn-out zur Geltung bringen.

Manchmal können Mitarbeiter diese geforderte Gemeinsamkeit eines Teams nicht aufrechterhalten. Sie scheuen die Verbindlichkeit, verweigern dem Team, der Leitung, den getroffenen Regeln die Gefolgschaft. Dadurch wird die Leistung eines Teams immens geschmälert, Entwicklungen des Teams immer wieder zurückgeworfen, die Erfüllung des pädagogischen Auftrags verunmöglicht. Bei Teams, die hier nicht wirklich weiterkommen, immer wieder „zurückfallen"(!), auch mit fachlicher Hilfe von außen nicht zu effektivem Arbeiten gelangen, ist – leider – auch an Krankheiten einzelner Mitarbeiter im Team zu denken, konkret an die Rückfall(!)problematik von suchterkrankten Mitarbeitern.

Ist eine solche Erkrankung im Team wirksam, so hat aus meiner Erfahrung ein Team aus sich heraus keine reelle Chance, einen stabilen Boden unter die Füße zu bekommen, eine Struktur zu entwickeln und in eine wirkliche Team-Entwicklung zu kommen. Vielfach werden Kollegen und Teamleitungen eher co-abhängig, als dass sie die Erkrankung identifizieren und sich gegen diese stemmen. Dann hilft auch Beratung und Supervision nur begrenzt, allenfalls im Benennen des Geschehens und im Drängen auf die klare Information an die Leitung. Deren Aufgabe bleibt, den erkrankten Mitarbeiter zielgerichtet einer fachlichen Hilfe von außen zuzuführen[16] und einen suchtfreien Arbeitsrahmen sicherzustellen. Das schafft dann wieder einen stabilen Boden für die Entwicklung des Teams, verhilft zu gemeinsamen Eindeutigkeiten im Handeln gegenüber den Klienten, die Grundlage für ein stabiles Beziehungsangebot werden kann.

Literatur

Antons, K. (1976). *Praxis der Gruppendynamik. Übungen und Techniken.* Göttingen: Hogrefe.

Bergknapp, A. (2009). *Supervision und Organisation. Zur Logik von Beratungssystemen.* Wien: Fakultas.

---

[16]Immer mehr Sozialeinrichtungen verfügen erfreulicherweise mit einer „Suchtvereinbarung" über ein wirkungsvolles Instrumentarium.

Buchinger, K. (1997). *Supervision in Organisationen. Den Wandel begleiten.* Heidelberg: Carl-Auer.

Cohn, R. C. (1980). *Von der Psychoanalyse zur Themenzentrierten Interaktion. Von der Behandlung einzelner zu einer Pädagogik für alle.* Stuttgart: Klett-Cotta.

Happel, H. (2000). Supervision in der Organisation Kindergarten. In Bayr. Landesverband katholischer Tageseinrichtungen für Kinder (Hrsg.), *Jahrbuch 2000* (S. 182–194). München: Bayerischer Landesverband katholischer Tageseinrichtungen für Kinder.

Kühl, S. (2000). *Das Regenmacher-Phänomen. Widersprüche und Aberglaube im Konzept der lernenden Organisation* (S. 122–131). Frankfurt: Campus.

Lindner, T. (1974). Primäre und sekundäre Kommunikation in der gruppendynamischen Praxis. *Zeitschrift für Gruppendynamik, 4,* 259.

Lohmer, M. (2002). *Borderline-Therapie* (2. Aufl.). Stuttgart: Verlag für Medizin und Naturwissenschaften.

Lumma, K. (1982). *Strategien der Konfliktlösung. Ein Trainings-Paket für systematische Krisenintervention mit Methoden der Humanistischen Psychologie.* Eschweiler: Lumma & Kern.

Morgan, G. (1997). *Bilder der Organisation.* Stuttgart: Klett-Cotta.

Schulz von Thun, F. (1981). *Miteinander reden. Störungen und Klärungen* (Bd. 1). Hamburg: Rowohlt Taschenbuch.

Watzlawick P., Beavin J. H., & Jackson D. D. (1969). *Menschliche Kommunikation. Formen, Störungen, Paradoxien* (4. unveränderte Aufl.). Bern: Huber.

Zwack, J., & Schweitzer, J. (2009). Bausteine systemischer Führungskräftetrainings. *Organisationsberatung-Supervision-Coaching OSC, 16*(4), 399–411.

„Hierarchie spezial": ausgewählte Themen aus dem beruflichen Alltag

7

Zusammenfassung

Der Gang in die Praxis steht an. Hierarchie wirkt beim Auf- oder Abstieg in den Strukturen und beim Wechsel von Rollen. Ohne Hierarchiebewusstsein können die Rollen des Stellvertreters, die Aufgabe von Koordinatoren, die Neubesetzung einer Leitungsrolle nicht gut bewältigt werden. Auch „graue Eminenzen" kommen nicht zur Ruhe, wenn ihnen kein begrenzter Platz in der Hierarchie angeboten wird. Zum erfolgreichen Gestalten von Hierarchie benötigt es den Abschied aus altgedienten Kampfbeziehungen, die Bewältigung des Alleinsein in der Leitungsrolle, die Klärung von Strukturen und den Abschied vom Kollektivmythos als Organisationsbild. Dann kann auch Vertrauen entstehen und Kommunikation befruchtend wirken.

Schlüsselwörter

Vertrauen · Stellvertreter · Koordinatoren · Graue Eminenz · Leitung · Einsamkeit in der Leitungsrolle · Kollektiv-Mythos · Neue Leitungsrolle

Einige Themen der Zusammenarbeit in Arbeitsteams, in Führungsprozessen und in der Ausgestaltung von Rollen und Positionen begegnen mir immer wieder in der Praxis der Supervision und des Coachings. Ich möchte sie unter der Perspektive „Hierarchie" beleuchten und relevante Praxistipps geben.

© Springer Fachmedien Wiesbaden GmbH 2017
H. Happel, *Hierarchie als Chance*,
DOI 10.1007/978-3-658-15789-0_7

7.1 Noch Kollege oder doch schon ein bisschen Chef? Zur Dramatik von Stellvertreterpositionen

In unzähligen Teams bleiben Fragen der Vertretung der Leitung ungeklärt. Oft, weil damit einhergehende Strukturentwicklungen „hinter dem Rücken der Handelnden" vonstattengehen und nicht transparent werden, oder auch nicht transparent gemacht werden sollen. Das Machtvakuum um und hinter dem Leiter ist dabei nicht nur in dessen Abwesenheit zu spüren, sondern lauert auch hinter vielen Teamkonflikten: Es geht genau um die Frage, wer ist die „Nummer zwei" in Team? Wer „hat den Hut auf", wenn die Leitung nicht am Platz ist. Hier kämpfen dann informelle Hierarchien „erfolgreich" um die Beantwortung, solange die Frage nicht über eine transparente formale Entscheidung beantwortet wird. Verdeckte Stellvertreterfragen sind es dann häufig, die hinter vielen anders benannten Eingangsanliegen für Supervisionsprozesse, aber auch in den Ungründen von Mobbingvorwürfen und Burn-out-Verläufen zu finden sind.

Man hört die kreativsten Ideen und Beschreibungen in der Praxis, die die Funktion von Stellvertretern umschreiben. Es ist fantastisch, wie vielfältig, kreativ und oft mit einem Schmunzeln in den Mundwinkeln das Dilemma von Stellvertretern umschrieben wird: „meine rechte Hand", „Schichtführung", „diensthabende Fachkraft", „Abwesenheitsvertretung", „Informantin", „... schreibt den Dienstplan ..." usw. Auch die Schwierigkeiten, in einem Organigramm für einen Stellvertreter den rechten, realen und wirkungsvollen Platz zu bestimmen, deuten auf das strukturelle Verwirrungspotenzial um diese bedeutende und durchaus entscheidende Rolle für gelingendes Teamarbeiten hin.

Die formalrechtliche Regelung in Stellenbeschreibungen hinkt hier der Entwicklung in der Praxis oft – notgedrungen – hinterher. Sie muss zu einem bestimmten Zeitpunkt festgeschrieben werden und braucht eine lange Gültigkeitsdauer. Sie ist zu einer bestimmten Zeit gesetzt und muss beachtet werden. Die Praxis ist aber in ihren Entwicklungen notwendigerweise kurzfristiger und schneller. Ihre Erfordernisse setzen sich mittelfristig durch und schaffen sich *die* Strukturen, die für eine zielgerichtete Erledigung der Team-Aufgabe in der aktuellen Gegenwart nötig sind. Das Arbeitsrecht hat dann – so meine ich – auf Dauer gesehen keine wirkliche Chance, solche notwendigen Strukturbildungen *nicht* zu akzeptieren und zu vollziehen. Bis es allerdings so weit ist, besteht oft Unklarheit in der Struktur, Auseinanderdriften von Verantwortung und Befugnissen und daraus folgend: Leid und Kampf zwischen Beteiligten, Energieverlust und Leistungsschwund für die Teamaufgabe.

Das Dramatische dieser Stellvertreterrolle lässt sich besser verstehen, wenn wir mit dem Kommunikationsmodell (siehe Abschn. 6.1) und dem Wissen um

Hierarchie an die Klärung gehen. Der Kollege war gerade noch Kollege, stand auf gleicher Ebene, stand fachlich zur Seite, musste bei inhaltlichen Diskussionen genau wie jeder andere diskutieren, überzeugen, sich argumentativ durchsetzen. Er hatte keine besondere Macht und Verantwortung. Auch er war der Leitung unterstellt.

Durch die Hervorhebung in die Sonderrolle bekommt er aber nicht nur zusätzliche Aufgaben und Befugnisse. Was ihn oder sie ferner auszeichnet, ist die Nähe zum Chef/zur Chefin, die besonderen Informationen, die von dort her zu bekommen sind, die Schnelligkeit, mit der er/sie von Entscheidungen erfährt, und die hervorgehobene Möglichkeit, seine eigene Sicht der Dinge bevorzugt auf die entscheidendere Ebene zu transportieren. Die Nähe zur Macht wird größer, ebenso wie die Notwendigkeit, etwa bei Abwesenheit der Leitung, sich im Konfliktfall auch mit Macht durchzusetzen. Der Stellvertreter verlässt damit die kollegiale horizontale Ebene und steigt auf in der vertikalen Dimension der Hierarchie. Die Person bleibt die gleiche, ihre Position aber verändert sich und damit auch die Kommunikation in ihrer neuen Rolle und der kommunikative Gehalt dessen, was sie sagt.

In der Entwicklung eines Organigramms kann das folgendermaßen dargestellt werden (siehe Abb. 7.1):

Beginnen wir mit der idealtypischen ersten Phase eines kleinen Teams und gehen wir von „geordneten Zuständen" aus. Mitarbeiterebene, Leitungsebene, übergeordnete Ebene sind klar voneinander abgegrenzt und – hoffentlich – durch Kommunikationsstrukturen wieder aufeinander bezogen.

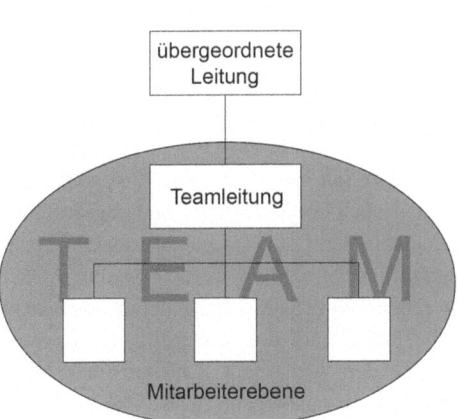

Abb. 7.1 Darstellung einer idealtypischen Teamstruktur zu einem bestimmten Zeitpunkt

Phase 2

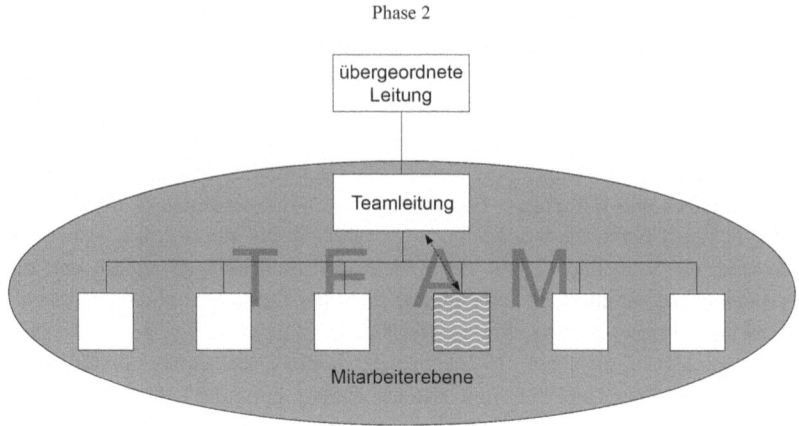

Abb. 7.2 Darstellung des vergrößerten Teams

Durch erfolgreiche Arbeit wächst die Einrichtung und sie wird auf der horizontalen Mitarbeiterebene vergrößert. Der Anfall an Leitungs- und Steuerungsaufgaben in und für das Team wird größer. Die Teamleitung zieht sich immer mehr aus der alltagspraktischen Arbeit heraus, um der übergeordneten Steuerungsverantwortung gerecht zu werden. Sie positioniert sich mit mehr Macht und höher im Organigramm, um den Überblick über das erweiterte Geschehen noch zu haben. Dadurch entsteht ein größerer Abstand von der Mitarbeitenden-Ebene, der dazu führt, dass der Kontakt zu Mitarbeitenden und zur Alltagsarbeit immer dünner wird, wenn nicht gar verloren geht. Dieses Vakuum wirkt und es ist nahe liegend, es durch einen Mitarbeiter x zu ersetzen, der z. B. schon längere Zeit durch gute Arbeitsleistung auffällt und dann mit vermehrten Aufgaben betraut wird (siehe Abb. 7.2).

So langsam entwickelt sich aus dem „Nur-Kollegen" auf der Mitarbeiterebene ein Mitarbeiter, der auch ein Mehr an Gestaltungsbefugnissen benötigt und, zumindest in Abwesenheit der Leitung, auch formale Weisungsmacht, um der übertragenen Verantwortung gerecht zu werden. Dadurch wächst zwischen Leitung und Mitarbeiterebene eine neue Ebene heran (siehe Abb. 7.3). Kollege X kommt nicht mehr nur als X^1 auf der Mitarbeitenden-Ebene vor, sondern wird gleichzeitig hierarchisch den vorherigen Kollegen übergeordnet und ihnen als stellvertretende Leitung weisungsberechtigt als X^2 vorgesetzt. Die gleiche Person kommt also auf zwei Stühlen der Organisation vor und muss von dort unterschiedliche Kommunikationsstile gestalten.

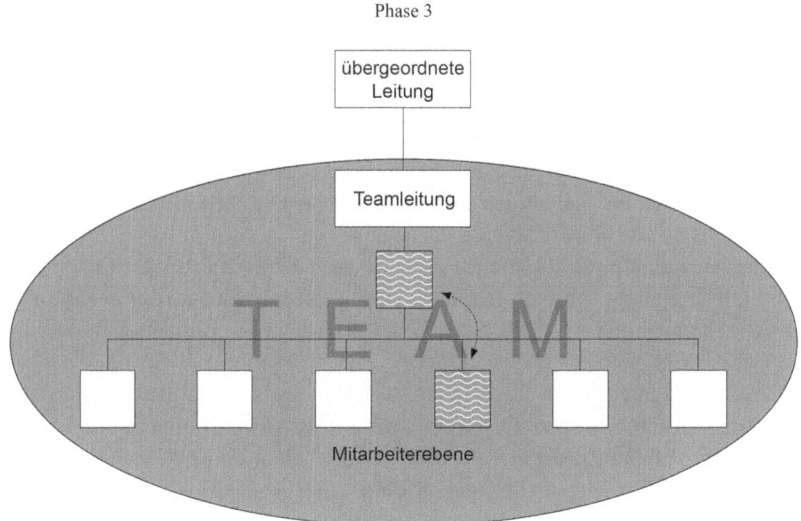

Abb. 7.3 Die gleiche Person auf zwei Positionen

Damit wird die gleiche Person, bzw. ihre Position vorübergehend mit struktureller, hierarchischer Macht der übergeordneten Ebenen ausgestattet, was die bisher geltende Teamdynamik der vermeintlichen kollegialen Gleichheit infrage stellt und erschüttert.

Dass das zu Verwirrungen führen kann, lässt sich leicht nachvollziehen. Fragen auf der kollegialen Ebene tauchen auf, wie: Was ist das eigene Wort jetzt noch wert? Was das der Eben-noch-Kollegen? Fühlt er sich jetzt als etwas Besseres? Ist er es gar? Warum wurde *er* ausgewählt und nicht ich? Ich bin doch fachlich besser, dienstälter, habe mehr Arbeitsstunden. Außerdem war ich bisher mit der Chefin befreundet. Zählt all das jetzt nicht mehr? War alles schlecht? Was ist, wenn ich die Stellvertretung übergehe und mich gleich mit der Chefin in Verbindung setze?

Aber um all diese v. a. emotionalen Beziehungsfragen geht es bei der Positionierung einer Stellvertreterposition nicht, zumindest nicht als Hauptanliegen. Vielmehr geht es um die funktionale Sicherstellung von Arbeitsabläufen in der Geschwindigkeit des Alltags, bei Abwesenheit der Leitung oder zu ihrer Unterstützung.

Dramatisch ist diese Rolle besonders bei „Abwesenheitsvertretungen", deren zugestandenen Befugnisse und Machtvorsprünge ja nur zeitweise gelten. Bei Rückkehr der Leitung muss die Stellvertretung wieder – laut Struktur – aus der vertikalen übergeordneten hierarchischen Position auf die kollegiale Ebene des Teams zurück. Nicht selten wird dem „Jetzt-wieder-Kollegen" deutlich spürbar gemacht, dass er sich mit dem Ausflug auf die höhere Leitungsebene auch ein Stück entfremdet hat und auf der Beziehungsebene jetzt nicht mehr so ganz willkommen ist und nicht mehr so ganz dazugehört.

Dramatisch ist diese Rolle auch deshalb, weil Leitungen bei der Benennung von Stellvertretern – öfter als gedacht – ihre „Personalentscheidung" nicht transparent benennen und vertreten. Sie scheuen davor zurück, vermeintlich um niemanden zurückzustoßen und zu kränken. Sie scheuen davor zurück, weil sie informelle Hierarchien im Team nicht verletzen wollen und den Vorwurf der Bevorzugung fürchten. Das Team darf dann in Abwesenheit erraten und erstreiten, wie die Struktur denn nun gedacht ist. Das gilt auch, will man eine Stellvertreterposition wieder rückgängig machen und die durch sie gewährleisteten Funktionen auf verschiedenen Personen verteilen.

Nötig ist das Transparent-Machen der – hoffentlich aus sachdienlichen Erwägungen und nicht aus Freundschaft – getroffenen Entscheidung. Bei der Auswahl empfehlen sich eine ausdrückliche Beachtung und die Benennung informeller Hierarchien. So wird häufig der Dienstälteste mit Stellvertreteraufgaben ausgewählt, weil er die meiste Erfahrung hat, oder der Mitarbeiter mit der größten Stundenzahl, weil er die meiste Zeit ansprechbar ist, oder der am höchsten Ausgebildete, weil er in der Ausbildungshierarchie gewürdigt werden soll. Auch das Übergehen solcher Hierarchien ist möglich, wenn denn die geheimen Hierarchien genügend deutlich angesprochen und gewürdigt werden, die Entscheidung transparent begründet und Verantwortung für die Entscheidung von der Leitung übernommen wird.

Bei auf Dauer etablierten Stellvertretern können die Aufgaben zwischen Leitung und Stellvertretung auch auf Dauer aufgeteilt werden. In der Praxis ergibt sich häufig eine gruppendynamische Entwicklung, dass die Stellvertretung als psychosozialer „Innenminister" mit großer Nähe zum Team fungiert und die Leitung als „Außenminister" viel außer Hause wirkt, die nötigen Kontakte pflegt und sich um Finanzmittel kümmert. Hier kann eine bewusst und sorgfältig gestaltete und transparent gemachte Konstellation des Leitungssubsystems immens hilfreich und gewinnbringend für ein Team und dessen Organisation sein. Es wirkt – im gelungenen Fall – Spaltungen entgegen, verknüpft unterschiedliche Teilziele der Gesamtaufgabe und kann sie in die Gesamtausrichtung integrieren. Notwendig wird dann freilich ein eigener regelmäßiger Gesprächsort zwischen den beiden

sowie eine Eigenzeit für das neue Leitungs-Subsystem, die fest installiert und ver-
pflichtend und transparent für die Beteiligten vereinbart werden.

Geklärt sein sollte bei der Bestellung von dauerhaften Stellvertretungen
auch die Struktur zwischen den beiden Leitenden. Seltener wird es sich um
eine Doppelspitze mit gleichberechtigten Partnern auf der gleichen Hierarchieebene handeln. Ist das der Fall, dann müssen sich beide – mit erhöhtem Kom-
munikationsbedarf – in der Führung absprechen und einen Konsens herstellen.
Diese gemeinsamen inhaltlichen Eckpunkte müssen dann quasi die Führung des
Geschehens übernehmen. Die Betonung, das gibt die Struktur der Gleichwertig-
keit beider Leitungen dann vor, liegt dabei auf *müssen*.

Eine andere Möglichkeit der Zuordnung ist, dass der Stellvertreter in der Hierarchie nachgeordnet wird. In diesem Fall benötigt er Delegationsspielräume und
klare Absprachen mit eigenen Entscheidungsbefugnissen. Dann kann anhand des
Kooperationsrasters (siehe Abschn. 6.4) geklärt werden, wo er dem Chef gegenüber weisungsgebunden ist und „sich richten" muss, wo er aber auch in der
Duade beratend tätig werden kann, wo er gleichberechtigt mit entscheiden, oder
in delegierter Verantwortung selbst entscheiden kann.

Will man die Stellvertreterposition nicht zu sehr hervorgehoben gestalten und
ist die vertikale Hierarchisierung im Hintergrund nicht so gravierend fortgeschrit-
ten, kann im Dienstplan die Macht und Verantwortung auch funktional an einen
„diensthabenden Mitarbeiter" delegiert werden: Dann ist vormittags eine andere
Person Vertretung als nachmittags, oder bei bestimmten Aufgaben hat der eine
oder die andere die Verantwortung und damit „den Hut auf". Dabei ist dann wieder der erhöhte Abstimmungsbedarf unter den Vertretungen zu berücksichtigen.

Zu betonen bei der Etablierung einer Stellvertreterrolle ist die Notwendigkeit,
der Rolle nicht nur Aufgaben und Pflichten zuzuordnen, sondern sie auch deutlich
mit den entsprechenden Befugnissen und formaler Macht auszustatten. Die über-
tragene Arbeit/Verantwortung lässt sich – im Ideal – wie in Abb. 7.4 darstellen (in
freier Verwendung der „Delegationstrias", Rosenstil 1994, S. 58 ff.).

Abb. 7.4 Die Trias von Aufgabe – Pflichten – Befugnissen

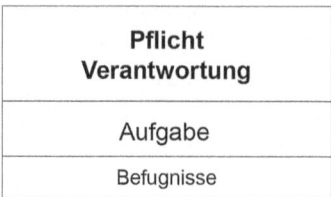

| Pflicht |
| Verantwortung |
| Aufgabe |
| Befugnisse |

Abb. 7.5 Die ungleiche Verteilung von Verantwortung und Befugnissen

Leider sieht die Realität auf Stellvertreterstühlen aber oft so aus, dass Verantwortung, Aufgaben und Befugnisse sehr ungleich verteilt sind (Abb. 7.5).

Dabei ist die Verantwortung – gerade durch die Abwesenheit der Leitung – riesengroß und die Steuerungsaufgaben sind gerade dann besonders nötig. Die Aufgabe ist ungenau definiert, nicht begrenzt, ausufernd. Die mit der Stellvertretung Beauftragten versuchen – im Organisationsbild zwischen kollegialer Ebene und Vorgesetztenebene hin und her schwankend – durch inhaltliche Diskussionen zu überzeugen, was oft in Endlosdiskussionen und Machtkämpfen endet.

Das Leiden und Ausbrennen auf solch ungeklärten Positionen ist offensichtlich. Sie werden zum Nährboden für Verletzungen, Kränkungen bis hin zu Mobbingprozessen, die dann letztlich vermeintlich den Sinn haben, die Ordnung (wieder-)herzustellen. Die Stellvertreter werden dabei zu nicht ernst genommenen „Chamäleons des Teamgeschehens". Nicht wenige engagierte Fachkräfte scheitern an einer solch diffusen Stellvertreteraufgabe und verlassen das Team.

Will man die Frage der Kapitelüberschrift „Noch Kollege oder doch schon ein bisschen Chef?" jetzt beantworten, so könnte das dahin gehend geschehen, dass sich die Position des Stellvertreters nicht in ein Entweder-oder aufspalten lässt, sondern mit einem Sowohl-als-auch selbstbewusst beantwortet werden kann. Und für ständige Vertretungen könnte es dann heißen: „Noch Kollege *und* auch Chef (für bestimmte Aufgaben)". Für Abwesenheitsvertretungen vielleicht: „Kollege und (vorübergehend) Chef".

7.2 Koordinatoren als „institutionelle Mogelpackungen" in den Übergangsstadien

Ähnliche Komplexitätsgrade erreicht das organisationsdynamische Geschehen mit dem Einsatz von Koordinatoren. Sie werden eingesetzt, um für eine kollegiale Ebene eine Bündelung der Informationen und Beziehungen zu erreichen und

Phase 1   Phase 2

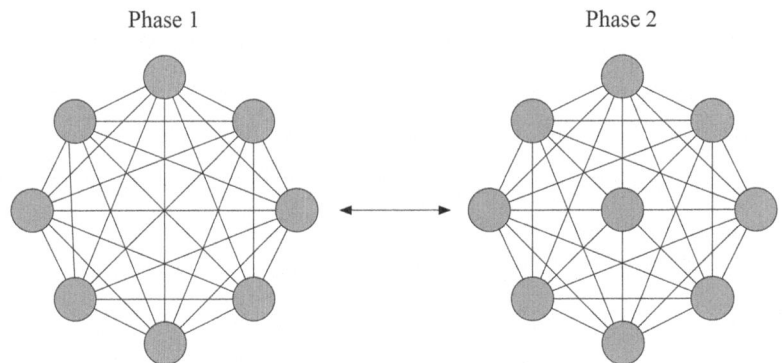

Abb. 7.6 Ein Mitarbeiter wird zu Koordinierungsaufgaben in die Mitte des Teams gesetzt

um diese Ebene in der Kommunikation nach oben und außen zu verbinden. Als Sprecher oder Ansprechpartner sollen sie für ein Team mit *einer* Zunge sprechen, eine Vielfalt von Meinungen auf den Punkt bringen und in das größere Ganze der Organisation integrieren. Es wird dabei an der Kreisform als Organisationsbild festgehalten, weitgehend gleiche Befugnisse aller suggeriert, der Koordinator in die Mitte der Gruppe gesetzt. Wie das im Organisationsbild aussehen könnte, zeigt Abb. 7.6.

Dort hat er ein Mehr an Vertrauen auf der kollegialen Ebene im Team, bekommt aber mit der Zeit ein Mehr an Information zwischen den Ebenen, und einen Vorsprung in der informellen Vernetzung mit der nächsthöheren Ebene in der Organisation. Gleichzeitig ist diese Dynamik der Zentrierung so schwach, dass eine leichte hierarchische Erhebung für die angestrebten Zwecke genügt und man noch keine eigene Hierarchie- und Leitungsebene etablieren wird. Natürlich werden hier auch Kostengründe berücksichtigt, die für eine neue Leitungsposition entstehen könnten.

Was aber trotzdem passiert ist, dass die Zentralfigur in der Mitte auf Dauer doch immer mehr herausgehoben wird und zwangsläufig doch etwas mehr Macht bekommt, um ihre Aufgabe zu erfüllen. So erhebt sie sich im Organisationsbild aus der Ebene der Kollegen heraus auf einen Platz, der leicht über der kollegialen Ebene anzuordnen ist. Eine hierarchische Entwicklung nach oben kommt in Gang, die Position des Koordinators wird zum Vorläufer einer neuen Hierarchiestufe.

Blickt man nun von der Seite auf dieses Gebilde, dann kann man schon die leichte hierarchische Erhebung in der Mitte des Kreises erahnen (siehe Abb. 7.7).

Phase 3

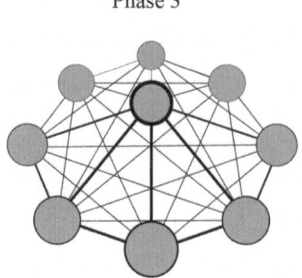

Abb. 7.7 Die Koordinatorenrolle erhebt sich aus der kollegialen Ebene

Phase 4

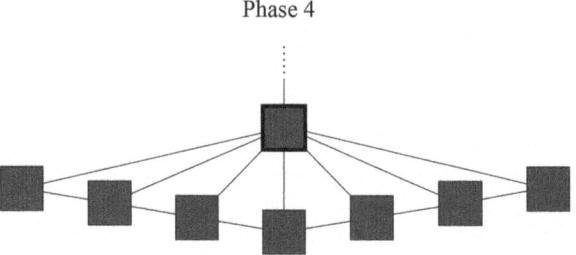

Abb. 7.8 Eine neue Hierarchiestufe entsteht

Es entsteht mit diesem Perspektivenwechsel das Bild eines Organigramms, das nun eine eigene Hierarchieebene (siehe Abb. 7.8) beinhaltet.

Bis zur nächsten Entwicklungsstufe einer klar positionierten eigenen und neuen Hierarchieebene ist es dann – zumindest grafisch – kein weiter Weg mehr (siehe Abb. 7.9).

Koordinatorenstellen sind also oft ein Indiz für eine nötige Weiterentwicklung der Struktur. Im Organisations-Entwicklungs-Bild enthalten sie ein Nicht-mehr einer vergehenden und ein Noch-nicht einer kommenden Struktur. Sie deuten eine neue zukünftige Leitungsebene mit den jeweiligen Pflichten und Befugnissen an, ob man das zum jeweiligen Zeitpunkt schon wahrhaben will oder nicht. Insofern werden sie zum Platzhalter einer zukünftigen Entwicklung.

Leider werden sie oft zu „institutionellen Mogelpackungen", die Notwendigkeiten der strukturellen Weiterentwicklung (noch) verschleiern, deren Vorboten sie doch schon deutlich sind. Besonders schmerzlich ist die Position, wenn ein Koordinator mit den Verantwortlichkeiten der Zukunft belastet wird, die Übertragung der Befugnisse und Macht aber hinterherhinkt. Helfen kann die Gewissheit,

Phase 5

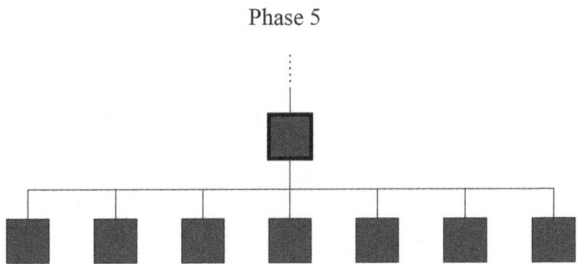

Abb. 7.9 Eine neue Hierarchiestufe ist entstanden

dass Teams, Abteilungen, Organisationen größer und älter werden, die Effizienz irgendwann nach dieser Hierarchisierung in der organisationalen Struktur verlangen wird und eine neue Leitungsebene entsteht.

Beispiel für die Weiterentwicklung der Strukturen und die psycho- und organisationsdynamischen Implikationen
Besonders eindrücklich ist mir die geschilderte Veränderung in der Begleitung verschiedener Teams eines Sozialamtes vor Augen.

Ein Sozialamt eines Landratsamtes vergrößert sich über die Jahre hin zunehmend. Nun ist ein Landratsamt ja nicht gerade ein neues Gebilde, das mit den beschriebenen Pionier-Prozessen zu den Anfangszeiten einer Organisation zu charakterisieren wäre. Aber an den Entwicklungen von Subsystemen, Untereinheiten der Behörde lassen sich die gleichen Entwicklungen erkennen und Organisierungsprinzipien beschreiben, wie sie bei der größeren Organisation auch entstehen.

Ein Kreis von fünf Kollegen hatte die Aufgaben des Sozialamtes für den Landkreis zu erledigen. Da die Anzahl der Aufgaben mit der Zeit anwuchsen, wurden im Laufe der Zeit auch neue Kollegen angestellt, die in verschiedene Teams aufgeteilt und bestimmten Regionen des Landkreises zugeteilt wurden. Um die Aufgaben innerhalb der Regionalteams effektiv zu steuern und gut mit den Geschwisterteams der Nachbarregionen zu vernetzen, wurde die Steuerungsfunktion in den Teams an einen Koordinator vergeben: Seine Aufgaben umfassten, neben den alltäglichen sozialpädagogischen Arbeiten auch die Sonderaufgabe der Vernetzung der Kollegen innerhalb des Teams sowie mit den Geschwisterteams und mit der Gesamtorganisation.

Diese Sonderrolle brachte den Koordinator des supervidierten Teams zunächst verdeckt, dann deutlicher, immer näher zu den Zentren der Macht, der Amtsleitung des Sozialamtes, ja zum Landrat hin und entfernte ihn langsam aber stetig aus dem kollegialen Kreis der anderen Sozialpädagogen. Zunehmend unterschied er sich von den Kollegen in seiner Verantwortlichkeit und in seinen Befugnissen. Die frühere Gleichheit in den Rollen wurde zumindest irritiert. Die Zeiten des direkten Kontaktes mit den Klienten wurden weniger, die kollegialen, informellen Kontaktzeiten verringerten sich, die Argumentationslinien des benannten Sozialpädagogen im „Team" wurden dort immer fremder und näherten sich gleichzeitig verdächtig den Argumentationsweisen der Vorgesetzten.

Die Steuerungsanteile im Team nahmen zu, die Nähe zur Amtsmacht nach oben wurde, verdichtet durch eine Krisenzeit und durch häufige Besprechungen mit der Amtsleitung, ausgebaut. Bei gleich bleibender beruflicher Sozialisation als Sozialpädagoge und z. T. immer noch gleicher Klientenarbeit wurde der Koordinator den altvertrauten Kollegen gegenüber kaum spürbar fremder und „verschiedener" und: Mit der Zeit wurde aus der Sonderrolle Koordinator eine eigene Position im Gefüge der Organisation, mit veränderten, eigenen Machtbefugnissen und Entscheidungskompetenzen. Mit der nun veränderten Positionsmacht wurden die Koordinatoren den Kollegen innerhalb der Teams übergeordnet: Eine eigene Hierarchieebene war entstanden, ein vorgesetzter Koordinator geboren.

Jetzt hatten sich die Plätze der Kollegen im Team verändert. Sie arbeiteten nicht mehr auf gleicher Hierarchieebene, sondern aus früheren gleichgestellten Kollegen waren Vorgesetzte und Mitarbeiter auf zwei verschiedenen hierarchischen Ebenen geworden. Das machte besonders auch deshalb zu schaffen, weil sie doch bis vor Kurzem noch gute Freunde waren, und einer der Kollegen dem jetzigen Koordinator sogar den Weg ins Amt geebnet hatte. Mit der Hierarchisierung der beruflichen Positionen aber hatte eine Verschiedenartigkeit und Fremdheit in den Beziehungen Einzug gehalten, die nicht mehr unter einen Hut zu bringen war mit der auf der freundschaftlicher Beziehungsebene geltenden Gleichheit und Sympathie. Durch die berufliche Beziehung war eine neue, für die Erledigung der Aufgabe notwendige Dimension der Über-/Unterordnung getreten, die nicht nur die Beziehung unter andere Paradigmen stellte, sondern damit auch die Regeln der Kommunikation. Nur eine transparente Behandlung dieser Verschiebungen machte den beiden Kollegen die Veränderung in ihrer Beziehung deutlich, die privaten Kontakte wurden beibehalten, aber deutlich reduziert.

Diese Organisierungsform der Koordinatoren dient also der Komplexitätsreduktion eines größer werdenden Teams und hat dort natürlich einen sinnvollen Platz.

Sie kann dann gut genutzt werden, wenn Konsensentscheidungen auf einer Ebene gefunden werden sollen und diese weiter transportiert werden sollen. Schwierig wird der Platz allerdings, wenn er mit zunehmender Zeit – und das scheint aus der Organisationsdynamik heraus fast zwangsweise der Fall – von oben genutzt wird, neben Informationen auch Anweisungen nach unten weiterzugeben und umzusetzen, ohne den Posten mit den nötigen Befugnissen auszustatten. Dann kommt man auf diesem Platz in eine Zwickmühle mit einer Doppelbotschaft, die von oben lautet: „Leite!"; „Vertrete unsere Position nach unten!" und von unten her möglicherweise: „Leite nicht zu sehr!"; „Bleib einer von uns und verrate uns nicht!" Spätestens dann ist es Zeit, die Befugnisse der Koordinatoren zu klären und mit Leitungs- und Weisungsbefugnissen deutlich in der Hierarchie zu platzieren, und zwar bevor die betreffenden Mitarbeiter auf solchen Stühlen ausbrennen und in ihrer Aufgabe scheitern.

7.3 Kampfbeziehungen zwischen Unten und Oben, Leitung und Mitarbeiter

Immer wieder begegnen einem Supervisor in der Praxis festgefahrene Beziehungen, sei es zwischen Kollegen oder zwischen Vorgesetzten und Mitarbeitern. Ein Konflikt hat sich vertieft und ausgebreitet, eine Lösung scheint nicht mehr möglich. Wenden wir unser Kommunikationsmodell an, so ist leicht zu verstehen, dass dabei möglicherweise ein Konflikt auf einer Ebene gelöst werden soll, auf der er partout nicht zu lösen ist. Auch nicht bei vermehrter Anstrengung und Eskalation der Machtmittel. Die verschiedenen Ebenen haben sich „verdrillt" (für zwischenmenschliche Beziehungen sehr anschaulich dargestellt in Schulz von Thun 1981, S. 198 ff.) und mit Gewalt aufgeladen.

Man stelle sich ein Seil vor, das aus drei einzelnen Strängen mit verschiedenen Farben gebildet wird – ein Symbol für die drei Ebenen des Kommunikationsmodells. Das Seil ist fest und stabil und an beiden Enden ziehen die Konfliktparteien nach Kräften. Jeder will gewinnen, Recht haben, sich durchsetzen. Es entsteht eine Rangelei und mit ihr eine bestimmte Art von Beziehung, eben eine „Kampfbeziehung", die ihre eigenen Gesetzmäßigkeiten entwickelt. Im Blick aufeinander steigen die Gefühle von Wut und Verzweiflung. Die Angst, zu verlieren, nimmt zu. Der Kampf wird verbissener und verbissener. Jeder wartet auf den anderen: Soll der Gegenüber doch aufhören, soll *er* doch nachgeben, soll *er* doch endlich einsehen, dass ich Recht habe. Ein Ende mit einem Verlierer und einem (vermeintlichen) Gewinner wird angestrebt. Verlieren tun aber letztlich beide, denn die Beziehung zwischen beiden wird verlieren und ihr Ende finden. Vielleicht ist das gelegentlich der Grund dafür, dass man doch nicht so ganz gewinnen will, weil man den anderen – auch im Arbeitskontext – dann verlieren würde bzw. ein Arbeitsverhältnis dann konsequenterweise auch arbeitsrechtlich beenden müsste. Schaut man von außen auf das Geschehen, so sieht man, wie sehr das Zugseil nicht nur Mittel zur Auseinandersetzung ist, sondern beide Kampfparteien auch verbindet. Das Seil, als Bild für die Beziehung der beiden, hält die Kontrahenten fest, verknüpft, verlängert und vertieft die Kampfbeziehung. Diese Verlängerung, Ausdehnung und Stabilisierung der Kampfbeziehung gehört dann – leider – zum Wesen der Beziehung der Beteiligten. Selten findet eine so weit eskalierte Beziehung ohne Hilfe von außen ein gutes Ende.

Geht es bei solchen Konflikten vordergründig um die Fragen: Wer hat Recht? Wessen Idee ist die bessere? Wer trifft die bessere Entscheidung? Wer ist mehr Experte?, so geht es im Organisationskontext und in vielen Auseinandersetzungen in Arbeitsteams und Führungsprozessen vielmehr um die Fragen: Wer hat welche Entscheidungen zu verantworten? Wer ist wozu legitimiert? Wer hat mehr Macht über den anderen und kann anweisen (anstatt endlos zu diskutieren)? Wer sitzt oben, wer unten in der Hierarchie? Die Inhaltsebene wird umso mehr zur Schaubühne von Beziehungs- und Machtkämpfen, umso weniger dort die Lösungen liegen.

Diese Fragen sind aber nur zu beantworten, wenn man das Seil loslässt, aufhört zu kämpfen und beginnt, die Situation und die verworrenen Dimensionen der Beziehung zu „entdrillern". Aus dem einen Seil werden dann die drei Ebenen der Kommunikation, die ich oben beschrieben habe und deren Akzeptanz der Schlüssel für Veränderungen ist. Wenn auf der grundlegenden, strukturellen Ebene geklärt ist, wer welche Verantwortung und Entscheidungsbefugnis bei einer anstehenden Entscheidung hat, bekommt die Beziehungsebene Spielraum und die inhaltliche Ebene wird wieder frei. Sie kann – ohne Überlastung – genutzt werden für die gegenseitige Beratung und Suche nach der bestmöglichen inhaltlichen Entscheidung bei geklärter Struktur und Beziehung.

Besonders dramatisch und folgenreich sind solche Kampfbeziehungen zwischen Mitarbeitern und Vorgesetzten, wenn sie in arbeitsrechtlichen Maßnahmen enden. Oft ist dann der Mitarbeiter der (vermeintliche) Verlierer, der infolge des dann geklärten Machtverhältnisses auf der arbeitsrechtlichen Ebene die Organisation verlassen muss.[1] Es verliert aber auch die Leitung, wenn sie in Gegenabhängigkeit zum Mitarbeiter nicht frei und unabhängig, sondern selbst rebellisch auf

---

[1]Zur Vereinfachung lasse ich die Möglichkeiten eines Personalrates, einer Mitarbeitervertretung bei diesem Kampfgeschehen außen vor, der sich oft einseitig instruieren und binden lässt anstatt die Position eines eigenständigen „Dritten im Bunde" zu behaupten und diese für eine kreative Lösungsentwicklung zu nutzen.

die Rebellion[2] reagiert und die Infragestellung der Struktur durch den Mitarbeiter nicht adäquat aufgreift. Gleichzeitig verliert auch die Organisation nicht nur einen Mitarbeiter, sondern auch an Reputation, wenn es zu solchen arbeitsrechtlichen Eskalationen kommt.

Aufhören freilich – so eine gute Botschaft – kann jede der Streitparteien von jeder Seite der Beziehung aus. Und zu jeder Zeit. Das Beenden des Kämpfens als Systemregel kann vonseiten des Mitarbeiters geschehen, wenn er den Macht- und Verantwortungsvorsprung der Chefebene akzeptiert. Der Konflikt kann auch vonseiten der Vorgesetzten gelöst werden, wenn er seine Souveränität behält, um seinen Machtvorsprung weiß und frei entscheidet, ob er diesen nutzt oder sich, aus hervorgehobener Position, zu einem Machtverzicht durchringt. Man muss sich nicht abhängig am Seil festhalten und auf den anderen warten, sondern kann von jeder Seite des Seils loslassen, den Modus „Kampf" beenden. Dann kann man eine neue Systemregel finden, die durch die Akzeptanz unterschiedlicher, hierarchisch zugeordneter Verantwortungs- und Machtebenen gekennzeichnet ist und Grundlage für eine neue Beziehung wird.

Beispiel Kampfbeziehung

Eine Leiterin einer dreigruppigen Kindertagesstätte klagt in der Supervision, dass es ihr in den drei Gruppen der Einrichtung nur in sehr unterschiedlichem Ausmaße gelinge, klar zu kommunizieren. Immer wieder verstricke sie sich in Machtkämpfe mit Kollegen. Das hinterlasse viel böses Blut. Ein Blick auf die Geschichte des Teams und der Einrichtung ergibt Folgendes: Nach einer rasanten Entwicklung ist die Einrichtung in den vergangenen Jahren von einem eingruppigen Kindergarten zu einer dreigruppigen Kindertagesstätte „explodiert". Sie selbst sei als Berufsanfängerin in den Zeiten des Übergangs von der ein- zur zweigruppigen Einrichtung als Fachkraft in einer Gruppe eingestellt worden. Durch die Vergrößerung habe sich die frühere Leitung die Führung der Einrichtung nicht mehr zugetraut und nicht mehr antun wollen und den Stuhl freigemacht. Sowohl die Personen, die zu dieser Zeit Kollegen waren als auch der Träger haben sie ermutigt, die Leitung zu übernehmen.

Bald danach wurde die dritte Gruppe aufgebaut. Sie musste/durfte – in Kooperation mit dem Team – das Personal dafür auswählen bzw. bei der Einstellung der neuen Kollegen entscheidend mitwirken. Heute merkt sie, dass es ihr sehr unterschiedlich gelingt, sich aus den Gruppen herauszuhalten und Arbeitszeit für die Erledigung ihrer Leitungsarbeiten freizubekommen. Sie

---

[2]„Gegenübertragung" im psychoanalytischen Sinn.

komme immer wieder in Stress, weil ihr die Prioritätensetzung nicht so recht gelinge. Das belaste sie sehr.

Ein genauer Blick eröffnet, dass dieses Geschehen besonders auffällig bei den beiden „alten" Gruppen ist. Während ihr das Delegieren bei den neu eingestellten Kollegen der dritten Gruppe gut gelinge und sie sich aus der Alltagsarbeit gut heraushalten könne, fange sie bei den alten Kollegen aber dann das Diskutieren an. Alsbald habe sie das Gefühl, sich bei den Kollegen im Kreis zu drehen und zu keinen Lösungen zu kommen. Es entsteht Streit und Kampf, wer denn Recht habe und was infolge dessen die Richtung sei, in die das Team gehen solle.

Wir arbeiten heraus, dass sie dort zu Beginn wohl aus geklärter Leitungsposition heraus spreche und ihre Ideen äußere, dann aber immer wieder umkippe. Es sei wie eine Rutschbahn, die sie aus der Höhe der Leitungsposition in den inhaltlichen Alltagskampf der kollegialen Diskussionen zurückführe. Sie verstehe nicht, warum sie das mache.

Im supervisorischen Gespräch entdeckt sie, dass sie sich bei den neuen, von ihr eingestellten Kollegen in der dritten Gruppe leichter tue, auf der 1-er Position, also „oben", vor-gesetzt im wörtlichen Sinne des Wortes, zu bleiben. Bei den älteren Kollegen, die sie ja aus früheren Zeiten in anderen (kollegialen[3]) Positionen noch kennt, sei die Verführung groß, das Alleinsein und Sich-Behaupten auf der hervorgehobenen 1-er Position zu vermeiden. Sie suche dann die Wärme und Nähe der alten Beziehungen, anstatt sich deutlicher zu separieren. Es gelinge ihr nicht, eine neue professionelle Distanz zu etablieren und die Beziehungen dementsprechend zu gestalten.

Aus der kollegialen Ebene heraus sei es aber dann sehr viel anstrengender, Dinge als Leitung durchzusetzen. Wenn das hierarchische Gefüge, wie bei der neuen dritten Gruppe, klar sei, könne sie ihre Eigenständigkeit behaupten und diese werde auch von den Teammitgliedern verstanden und akzeptiert. Dann könne sie sich wieder in veränderter aber freier Position der Leitung als Teil des Teams fühlen. Aber den Weg nach oben, entgegen den Kräften der „Rutschbahn", müsse sie immer wieder alleine gehen. Da sei dann viel alleinige Selbstklärungsarbeit nötig und die fortlaufende Klärung der Frage, was *sie* denn wolle, was *sie* vorschlage und was *sie* verantworten könne.

---

[3] … und die frühere Chefin führte noch deutlich „undeutlicher" mit vielen kollegialen Elementen, konnte auch zu Pionierzeiten und bei kleinerer Einrichtung und größerer Nähe zu allen Mitarbeiten mehr im direkten Kontakt, mit mehr kollegialen Momenten und mit natürlicher Autorität Führung ausüben.

Sie versteht das emotionale Geschehen gut, da sie das Gefühl der inneren Unabhängigkeit ja aus dem Umgang mit der neuen dritten Gruppe kennt. Und sie versteht auch, dass weg von der alten Beziehungsdefinition mit den Gefühlen der Kollegialität eine Neubestimmung der Beziehung mit mehr Distanz vonnöten ist. Dann werden aus den „Kollegen" auf gleicher Ebene „Mitarbeiterinnen" auf unterschiedlichen hierarchisch zugeordneten Positionen. Dann könnte ihr auch mit einer inneren Verabschiedung aus der Kollegen-Ebene eine deutliche Prioritätensetzung zugunsten der Leitungsrolle gelingen.

Eine schmerzensreiche Variante dieser Kampfbeziehung ist die Verweigerung der Vorgesetztenposition durch den Chef/die Chefin. Dabei setzt sich ein Vorgesetzter bei bestimmten Themen zunächst mit aller Macht, die ihm zusteht, durch. Gelegentlich genügt dazu auch schon der Wink mit der ihm zustehenden Macht. Wenn die Entscheidung durchgesetzt ist, verlässt er die hervorgehobene Machtposition und versucht auf der kollegialen Ebene inhaltlich doch noch Recht zu bekommen für Inhalte, die er durch die Vorgesetztenposition durchgesetzt hat.

Es kommt zum Kampf zwischen den beteiligten Parteien, der keinen Ausgang finden kann, solange nicht die kommunikative Verwirrung verstanden und gelöst wird. Dann kann realisiert werden, dass der Vorgesetzte seine Vorgesetztenposition verspielt, wenn er sich auf kollegial-gleiche Ebene begibt und dort inhaltlich diskutiert (siehe auch den Unterschied im „Modus 2" und „Modus 3" des Entscheidungsmodells in Abschn. 6.4). Der „Leitungstiger", als der er dabei zunächst aufgetreten war, landet als Bettvorleger im Alltag eines Teams und die Kampfbeziehung wird zum Schaden aller fortgesetzt.

7.4 Graue Eminenzen

Auch die Rolle der „grauen Eminenzen" ist mit den erläuterten Beziehungs- und Organisationsdynamiken und einer prozessdynamischen Zeitperspektive besser zu verstehen.

Das Drama grauer Eminenzen ist, dass sie in der Vergangenheit eines Teams viel Wissen und Erfahrung gewonnen haben und dieses damals und dort auch relevant für die Einrichtung war. Sie halten ihr Wissen und ihre Erfahrung aus alten Tagen fest und beeinflussen mit informellen Machtinstrumenten das aktuelle organisationale Geschehen im Hier und Heute. In der neuen Zeit aber findet all das nicht mehr den passenden Ort und die adäquate Form.

Weil sie vom Nutzen ihrer Erfahrung überzeugt sind, können sie sie nicht aufgeben. Sie fühlen gar durch die lange Verbundenheit besondere Verantwortung für die Einrichtung. Denn tatsächlich haben sie in den vergangenen (Pionier-)Zeiten ja tragende Funktionen ausgefüllt und zum Fortbestand der Teams wesentlich beigetragen. Das gilt selbst dann, wenn sie damals als institutionalisierte Gegenkräfte als Opposition zur offiziellen Leitung fungierten und damit das inhaltliche Kräftegleichgewicht der Organisation in Balance gehalten haben. Oft wirken sie in der Gegenwart verdeckt als Kulturträger der früheren Zeit, vielleicht mit Vermächtnissen und Delegationen früherer Chefs und deren Sympathisanten „beauftragt". „Früher war alles besser",[4] so hören wir dann bei ihnen und ihren alten Kollegen in der Neuzeit eines neuen Chefs, einer neuen Zeit, einer neuen Führungskultur. Die in ihren Klagen verpackte Erfahrung findet so allerdings nur schwer den gebührenden Platz für eine Weiterentwicklung der Organisation.

Das muss zu Konflikten führen, bei denen noch nicht einmal die Waffengattung geklärt ist. Zählt noch die alte Münze von Beziehung und Nähe der Pioniertage, hochgelobt als „Wärme", missbraucht aber auch in Seilschaften, privaten Connections, informellen Netzwerken, „Vitamin B"? Oder greift schon aufgrund der Organisationsweiterentwicklung die eher formale Kommunikation und Kultur eines Nachfolgers, die dann oft als funktional und „kalt" beklagt wird? Bösartige Kämpfe entstehen, die leider oft mit Verletzungen bis hin zu psychosomatischen Krankheiten, arbeitsrechtlichen Konsequenzen und/oder dem Ausscheiden eines der Kontrahenten enden. Das kann sowohl die grauen Eminenzen als auch neue Leitungen treffen. Damit freilich ist weder eine sachdienliche Weiterentwicklung der Struktur noch der beteiligten Personen initiiert, geschweige denn der Aufgabe der Organisation gedient.

Auch hier gilt, wie bei den „Kampfbeziehungen" (siehe Abschn. 7.3) beschrieben: Lösungen sind von beiden Seiten möglich. Es kann sowohl die Erfahrung des Dienstälteren in der Organisation abgefragt, wertschätzend gewürdigt und genutzt werden, wenn gleichzeitig die strukturelle Verantwortung geklärt und die Entscheidungsmodi akzeptiert sind. Dann kann es mithilfe einer geklärten hierarchischen Struktur zu einem guten fruchtbaren Miteinander kommen.

Ein Motto kann bei der Klärung helfen: „Aus Grau mach Schwarz und Weiß!" Das Graue *muss* in der Weiterentwicklung in das Schwarz und Weiß eines Organigramms und eines klar umrissenen Platzes überführt werden. „Das Graue" hat dabei seinen Nutzen, wird sogar aufgewertet durch die Verdeutlichung im

---

[4]Diese Klage, für die es wohl in den allen Zeiten Gründe und Protagonisten gibt, verstehe ich als Entwicklungsverweigerung bzw. als Blockade und Not, versehen mit dem Aufruf, die Klagenden bei der nötigen Weiterentwicklung wertschätzend zu unterstützen.

Schwarz der Positionsbeschreibung. Das macht klar, in welchen geklärten, schwarz gezeichneten Befugnissen die graue Eminenz wirken kann. Auch die Beauftragung und formelle Benennung mit einzelnen Spezialaufgaben, in denen die graue Eminenz dosiert und organisational abgesichert ihre Kompetenz einbringen kann, kann zu einem friedlichen Miteinander verhelfen. Gleichzeitig signalisiert das Weiße und andere Kästchen, wo die graue Eminenz nichts zu suchen hat, verzichten muss und Platz lassen muss für andere, Anderes und Neues.

Diese Einsicht in die Organisationsentwicklung ist also mit Verlust und Wandlung zu bezahlen und wird mit dem Gewinn eines aktualisierten stabilen Platzes in der Organisation und mit Zukunft belohnt.

7.5 Vom Kollegen zum Chef: So schaffen Sie den Rollentausch!

Um es gleich vorweg zu sagen: Der bewusste Abschied von der bisherigen Hierarchiestufe und der vertrauten fachlichen Arbeit als Hauptaufgabe ist der „Gewinnbringer" bei diesem Karrieresprung.

Mitarbeiter, die aus einem Team heraus mit Führungsaufgaben betraut werden, zögern oft aus gutem Grunde, diese Aufgabe zu übernehmen. Intuitiv, oder im guten Falle wohl wissend, spüren sie, dass nichts mehr so sein wird, wie es vorher war. Werden sie innerhalb eines Teams befördert, so ist damit die Entwicklung einer neuen Hierarchiestufe verbunden. Diese schleust auch ein neues Machtgefälle in die Zusammenarbeit mit den bisherigen Kollegen. Denn genau genommen werden damit aus vorher gleichberechtigten Kollegen jetzt Mitarbeiter. Diese wollen, sollen und müssen aus einer neuen Hierarchiestufe herausgeführt werden. Zumindest lautet so die neue Auftragslage an Rolle und Position des neuen Chefs – bei gleichbleibenden Personen.

Mit der Betreuung von Führungsaufgaben ergibt sich zwangsweise die Frage nach dem Vorgesetztenstatus. In vielen Supervisionsprozessen erlebe ich, wie Mitarbeiter lange vermeiden, die Vorgesetztenposition einzunehmen und versuchen, aus gleicher Ebene zu führen. Das ist sehr wohl eine Zeit lang möglich, v. a. wenn der Mitarbeiter in der neuen Position zugleich auch erfahrenste, vielleicht sogar dienstälteste Fachkraft ist. Dann speisen die bewährte informelle Hierarchie und die hohe Fachlichkeit eine natürliche Autorität und das „Amt". Daran kann man sich erfreuen, lange „von der Seite" überzeugen und „lateral" führen.

Irgendwann aber ist dieser Vorsprung aufgebraucht, es kommen neue Kollegen hinzu oder die Vorgaben von oben geraten deutlicher in Widerspruch zu den Teaminteressen. Die zunehmende Entfremdung zur Fachkraftebene durch die

Unterschiedlichkeit der Aufgaben und Funktionen tritt deutlicher in den Vordergrund, die alten Fantasien und mentalen Gleichheitsmodelle für die Zusammenarbeit tragen nicht mehr, die Führungsarbeit durch Überzeugung wird immer schwieriger und endloser. Spätestens dann benötigt es einen bewussten Wechsel der Position aus der Mitarbeiterebene in die Führungsposition. Dort, in der neuen hierarchischen Position, sind im Bedarfsfall Mittel hierarchischer Durchsetzungsmacht zu erkennen und sachdienlich für die Aufgabenstellung zu nutzen. Das Schöne dabei ist, dass der neue Platz der Leitung in der Regel schon vorhanden ist und nur besetzt werden muss.[5]

Damit einher geht natürlich zwangsweise ein emotionaler Abschied aus der kollegialen Ebene in eine fremde Rolle und Position. Soll dieser Abschied gelingen, muss er verstanden, bewusst durchlebt und gestaltet werden. Hilfreich ist hierbei, ihn in Ritualen zu inszenieren oder in symbolhaften Handlungen darzustellen. Im günstigen Fall ist dann die Energie frei, um in neuer, gewandelter Beziehung und neuer Zuordnung und unter Beachtung der unterschiedlichen Machtbefugnisse und Verantwortungsgrade der unterschiedlichen Hierarchiestufen zu einer neu geordneten wirkungsvollen Teamarbeit zu kommen.

Der Wechsel von der Fachkraft in die Leitungsrolle hat aber nicht nur einen Wechsel in der Position zur Folge, sondern auch einen Wechsel in den Aufgabenstellungen. Zunehmend werden Verwaltungsaufgaben gefordert, Vertretungsaufgaben fordern Raum und Zeit, Statistiken müssen bewältigt, neue gesetzliche Vorgaben oder Durchführungsvorschriften müssen in der Praxis gewährleistet, die inhaltlich-fachliche Arbeit in die Sprache der Finanzen und Verwaltung übersetzt werden. Die Schere in den Aufgabengebieten, zwischen den bisher vertrauten Aufgaben der Fachkraft und den neuen, fremden Leitungsaufgaben, die im Herkunftsberuf weder gelernt noch gewürdigt wurden und durch die ursprüngliche Berufsmotivation nicht mehr gedeckt sind, geht auseinander. Die Fachprofis von gestern sind gefährdet, Führungsamateure im Heute zu werden, wie Theo Gehm warnend schreibt (vgl. Gehm 1997, S. 232).

Dieses Auseinanderdriften der Aufgabengebiete führt zu einem neuen Lern- und Entwicklungsbedarf und deren Bewertung. Oft genug werden die neuen Leitungsaufgaben von den Fachkräften eines Teams als nachrangige Verwaltungsaufgaben betrachtet und als dienend für die fachliche Arbeit gesehen. Damit wird die angehende Leitungskraft gleichsam auf eine nachgeordnete Position einer Verwaltungskraft reduziert, der man – aus der Ebene der hochgelobten Fachkraftschiene – sagen muss, was sie machen soll. Gleichzeitig wird sie dabei mit der

---

[5]Im Unterschied zu den oben beschriebenen Vertretungsrollen und Koordinatorenstellen, die eben auch noch nicht als „Leitung" mit eigener Hierarchiestufe gedacht sind.

Steuerungs- und Orientierungsfunktion auch ihres in der Struktur gedachten hierarchischen Vorgesetztenstatus beraubt. Auf ihrem berechtigten Gefühl, das Ganze verantworten zu müssen, bleibt die frisch gekürte Leitung dann leidend sitzen.

Nicht wenig Supervisionsarbeit ist damit beschäftigt, angehenden Leitungskräften zu dieser hervorgehobenen Positionierung zu verhelfen. Die Vorgesetztenposition muss – wie schon mehrmals verdeutlicht wurde – eingenommen werden, damit die richtige Töne gefunden, die Kommunikation deutlich und kräftig wird und man sich, wo nötig, sachdienlich durchsetzen kann, bzw. die Fürsorgefunktion des Vorgesetzten gewährleisten kann.

Gleichzeitig ist damit auch ein partieller Abschied vom Herkunftsberuf vonnöten. Das ist häufig gerade deshalb in Non-Profit-Organisationen besonders schwierig, weil im Einsatz für bestimmte Menschen die Ursprungsmotivation der Helfer, das emotionale Feuer für die Arbeit liegt, die Kraft und Orientierung für den Berufsweg gab und gibt. Helfen kann hier – z. B. in der Supervision –, zu verdeutlichen, dass auch Führungsaufgaben für *die* Menschen gemacht werden, für die man sich zu Beginn engagieren wollte. Das gilt auch, wenn man durch den Wechsel zur Leitungsposition in zunächst berufs- und fachfremden Führungstätigkeiten landet und auf einer fremden Hierarchieebene. Dort kann man dafür mit veränderter Verantwortlichkeit und vergrößerter Macht für die ursprünglich gewählte Zielgruppe tätig werden.

Nötig ist auf der Ebene der Alltagsarbeit eine klare Prioritätensetzung zugunsten der Leitungs- und Führungsarbeit. Gerade weil die vertrauten fachlichen Arbeiten einfacher von der Hand gehen, weil der (partielle) Abschied von der Fachkraftrolle nicht vollzogen wird, weil die Fachkraftarbeiten im Team in Ermangelung neuer Bewertungsmaßstäbe höher angesehen werden, weil bei Personalmangel der Wert der fachlich-inhaltlichen Arbeit intensiver und näher erfahren wird, setzen viele mit Leitungsaufgaben betraute Fachkräfte keine oder die falsche Prioritäten. Sie ziehen die Arbeit im Herkunftsberuf der Leitungsaufgabe vor, fallen immer wieder in die alt vertrauten Denk- und Handlungsschemata zurück.

Die Zusammenhänge zwischen fachlicher Arbeit und Leitungsaufgaben bei dieser problematischen Prioritätensetzung lässt sich gut an dem Modell in Abb. 7.10 darstellen.

Einer Fachkraft mit 100 % Fachkraftanteilen ihrer Arbeit zu einem Zeitpunkt x_0 werden zu einem späteren Zeitpunkt x_1 30 % Steuerungsarbeiten übertragen. Aufgrund der oben beschriebenen Vorliebe und falschen Prioritätensetzung bei Einzelnen und in Teams geschieht es dann häufig, dass die Fachkraft entsprechend ihrer beruflichen Ursprungsmotivation die 100 % vertrauter inhaltlicher Beziehungsarbeit beibehält, die 30 % Steuerungsanteile aus dem normalen

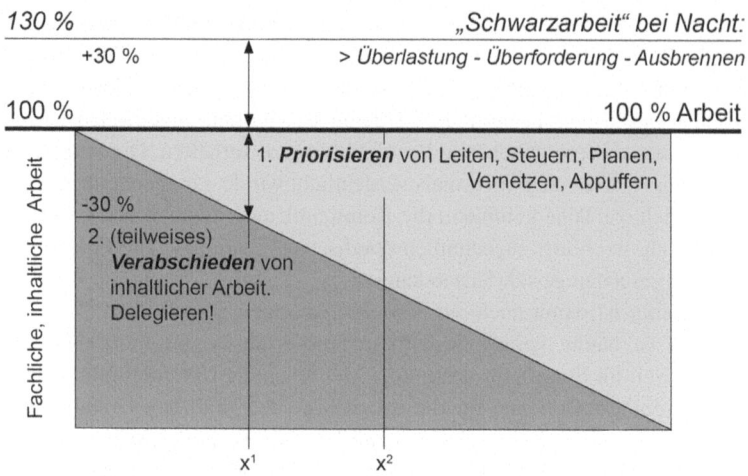

Abb. 7.10 Leitungsanteile versus Mitarbeiteranteile einer Leitungstätigkeit. (Nach Künkel und Watermann 1993, S. 62, Grafik „Position und Aufgabenverteilung")

Arbeitsgeschehen herausnimmt und auf die 100 % Fachkraftarbeiten aufstockt. Gleichzeitig versucht sie sich über ein qualitativ hochstehendes, mengenmäßig mit den übrigen Fachkräften vergleichbaren Ausmaß an Fachkraft-Arbeit zu legitimieren, vermeintlich, um mehr Respekt und Autorität für die Leitungsanteile ihrer Stelle zu erhalten. Sie kommt damit in eine leidvolle, da wirkungslose Beweisspirale eines Mehr-Desselben, die zu Unzufriedenheit führt und den Weg ins Burn-out ebnet.

Wenn es aber gelingt, bewusst und gezielt Abschied zu nehmen von der Priorität der Fachkraftrolle, dann wird die überbordende nächtliche „Schwarzarbeit" begrenzbar, die eh keiner sieht und würdigt, wohl aber an den Grenzen der eigenen Belastbarkeit rüttelt. Sie wertschätzt mit der veränderten Prioritätensetzung ihre Steuerungsarbeit, macht sie, ihrer hervorgehobenen Position in der Hierarchie entsprechend, zur Priorität. Spätestens zum Zeitpunkt x_2 verändert sich ihr Selbstverständnis von der Fachkraft hin zu einem neuen Beruf, der Leitung. Von diesem neuen Verständnis her muss sie dann ihr Arbeitsfeld umstrukturieren und auf die neue Prioritätensetzung einstellen, auch wenn das Kollegen nicht gerne sehen und die übergeordnete Leitungsebene häufig kritisch beäugt. Es gehört dann zu einer ihrer ersten und wichtigsten Aufgaben, die Notwendigkeit dieser Prioritätensetzung transparent zu machen und kraftvoll durchzusetzen.

Aus meiner Erfahrung in der Begleitung unzähliger Teams und Leitungskräfte kann ich deutlich sagen: Fehlende Leitungs- und Führungsfunktion haben grundsätzlich einen höheren Verlust für die Gesamtleistung eines Teams wie das Fehlen einer konkreten Fachkraft. Die Ausrichtung auf die gemeinsame Aufgabe, die Strukturierung der Kommunikations- und Entscheidungswege, die mangelhafte Vertretung und Vernetzung der Klienten- und Teambedürfnisse nach außen, unausgegorene Personalentscheidungen, fehlende Personalführung und -entwicklung schlagen deutlich stärker auf der Verlustseite in der Leistungsbilanz eines Teams zu Buche als so manche inhaltliche fachliche Arbeit.

Das Fehlen der Steuerung durch falsche Prioritätensetzung und Verweigerung der Vorgesetztenposition in der Hierarchie verhindert also, dass die Potenziale der Fachkraftebene richtig zur Geltung kommen. Es wird damit letztlich zum Motivationskiller der Mitarbeiter und raubt dem Team eine wichtige Quelle, sich selbst als wirksam zu erleben und Erfolge zu haben. Ein wichtiger Schutz gegen Burn-out.

7.6   Führen als emotionaler Hungerjob: von der Einsamkeit der Leitung

Menschen, die mit einer Leitungsaufgabe neu betraut werden, verlassen also notgedrungen den ihnen vertrauten Platz in der Hierarchie. Mit der Übernahme von steuernden und übergreifenden Aufgaben übernehmen sie eine andere Position und werden dort mit neuen, oft eigenartigen Gefühlen konfrontiert. Sie steigen in der Hierarchie auf und das kostet seinen Preis.

Was passiert genau dabei? Zuerst einmal verlieren sie ein Stück Zugehörigkeit zur früheren Arbeitsebene und zu der dort gewohnten, alten Gruppe. Sie werden herausgehoben und zahlen die Besonderheit dieser neuen Position mit einem Verlust der Gefühle von Heimat, von Nestwärme und von emotionaler Nähe – allen häufig anders lautenden Beteuerungen zum Trotz. Sie unterscheiden sich in Zukunft von den bisherigen Kollegen auf früher gleicher Ebene.

Mit dem Verständnis des hierarchischen Prinzips wird deutlich, was hier genau geschieht: Natürlich bleiben die Menschen, die hier zusammenarbeiten, die Gleichen. Das zu betonen, entspringt oft einer kollegialen Teamphilosophie. Aber es gibt auch eine deutliche Veränderung: Sie verlassen nämlich die gemeinsame Hierarchieebene, die alte, kollegiale Ebene in der Organisation und betreten eine neue Hierarchiestufe. Auf dieser sind sie nun allein, obwohl sie in den alltäglichen Arbeitskontexten vielleicht noch im bisherigen Team bleiben. Sie nehmen andere Plätze wahr, Plätze, die in ihrem Verantwortungs- und Gestaltungsgefüge von den vorherigen unterschieden und häufig mit Machtpotenzialen ausgestattet sind, die sie den Kollegen überlegen sein lassen, und die vielleicht mit Entscheidungsbefugnissen über deren Arbeit, irgendwann sogar über deren Arbeitsplatz ausgestattet sind. Und diese „neuen Plätze" gewähren neue Ein- und Aussichten auf Realitäten des organisationalen Alltags.

Die Kehrseite dieser vermehrten Macht und Verantwortung auf der neuen Hierarchiestufe ist häufig emotionales Alleinsein. Und ich wage die These: Wer das nicht in Kauf nehmen will, wird als Leitung letztlich scheitern. Oder anders herum formuliert: Wer leitet, verliert ein Stück Zugehörigkeit (zum Team).

Auf der Leitungsebene ist zunächst niemand da, mit dem kollegial Fragen erörtern werden können. Es gibt keine Kollegin, die die Fragen des Arbeitsalltags aus der gleichen Position erlebt und sich gleichermaßen einfühlen kann. Es gibt keinen Kollegen, der im gleichen Zungenschlag über Vorgesetzte oder Mitarbeiter lästern kann, wie der frisch gebackene Leiter. Und es geht eine Rückmeldemöglichkeit und eine Feedbackschleife verloren, die vorher selbstverständlich gegeben war, deren Bedienen in der neuen Position aber gefährlich für die eigene Arbeit werden kann.

Auch die Nähe zur vermeintlich mächtigeren Vorgesetztenebene kann diesen Mangel an Kontakt, Beachtung und emotionalen Feedback nicht ausgleichen, sind die Vorgesetzten doch selbst in der gleichen Lage, auf ihrer Ebene allein zu sein. Zwar gehört die neue Leitungsperson – von unten gesehen – zu „denen da oben". Doch „die" haben eigene, andere Verantwortlichkeiten als die auf der nächst niedrigeren Hierarchiestufe, so z. B. die Verantwortung für die Personalauswahl und Personalentwicklung auf der nachgeordneten Ebene.

Diesen Schritt der Veränderung in den Positionen bewusst mit allen Chancen und Verlusten anzunehmen und den Wandel zu gestalten, gelingt umso besser, wenn der Abschied von der alten Kollegialität in ein neues Beziehungsgefüge bewusst gestaltet und, wie jeder Abschied, auch ordentlich betrauert und symbolisch mit dem Team inszeniert wird.

Zu rechnen ist mit Gefühlen der Verunsicherung und des Alleinseins, ja des Kommunikationsmangels: Leiten eben als „emotionaler Hungerjob". Lob von unten kommt selten, denn aus der nachgeordneten Ebene wirken „die da oben" in ihrer Macht so stark und „allwissend", dass sie den Anschein erwecken, als könnten sie gut für sich selbst sorgen und bedürfnislos ihren Job machen. Und vor den eigenen Vorgesetzten will man kompetent und stark erlebt werden. Gefühle und emotionaler Bedarf nach Unterstützung und Bestärkung scheinen da keinen Platz beanspruchen zu dürfen.

Manche Beziehungsfallen sind hier aufgestellt, geschieht hier kein ordentlich gestalteter Abschied aus der alten Position und kein bewusstes In-Kauf-Nehmen des Alleinseins. Eine Reihe von Botschaften ist bestens geeignet, den Schmerz des Abschieds zu verwischen, das Alleinsein zu überspielen.

Fußangeln werden von der früheren Kollegenebene ausgelegt, um den früheren Kollegen und jetzt neuen Vorgesetzten in seinen Entscheidungen zu binden. „Sei du unser Chef/Vorgesetzter! ... (... aber bleibe weiterhin Kollege!)", „Gehöre zu uns! (... und treffe Entscheidungen in unserem Sinn!)", „Entscheide selbständig! (... aber vergiss deine alte Heimat nicht!)", „Natürlich verstehen wir, dass du dich beruflich verbessern willst! (... aber hüte dich vor zu viel Nähe zu den „Oberen!")". Die Sorge, dass der ehemalige Kollege in gehobener Position auch Entscheidungen über meinen Arbeitsbereich und auch über mich treffen kann, dass er sicher auch andere Fach- und Sachlichkeiten berücksichtigen muss als die, die auf der früheren gemeinsamen Ebene wichtig waren, und dass er deswegen vielleicht gelegentlich gegen seine früheren Kollegen entscheiden muss, wird intuitiv geahnt, die Verletzungsgefahr aber mit solchen Fußangeln vermeintlich reduziert.

Aber auch von der neuen Hierarchieebene aus kann man durch Versprechungen die Veränderung negieren, Zugehörigkeiten in Aussicht stellen, die in dieser Klarheit nicht einzuhalten sind, alte Seilschaften pflegen, die Verwirrung stiften und nicht der Bewältigung der neuen Aufgabe gerecht werden.

Ehrlicherweise muss noch hinzugefügt werden, dass es im beruflichen Alltag oft nicht so einfach ist, wie hier dargestellt. Dann nämlich, wenn Personen zusammenarbeiten und gleichzeitig in verschiedenen Bereichen verschiedene Hierarchieebenen zu vertreten haben. Oder wenn die Kollegin in Abwesenheit der Chefin deren Stellvertretung übernimmt und plötzlich mit geänderten Macht-, Verantwortungs- und Entscheidungsmöglichkeiten der übergeordneten Ebene ausgestattet ist und gleichzeitig neben der (Ex-)Kollegin die gleiche Arbeit erledigt. Hier entsteht zwischen den beteiligten Personen im beruflichen Alltag ein Beziehungsmix von Gleichheit und Über-/Unterordnung, der kaum ohne Verletzungen zu steuern und nur durch hohe Selbst- und Organisationsbewusstheit, deutliche Transparenz in den Rollen, Positionen und Entscheidungsbefugnissen und einem hohen Maß an Metakommunikation zu bewältigen ist.

Das verändert nichts an der oben beschriebenen Einsamkeit derer, deren Platz sich in der Hierarchiestufe unterscheidet. Es verkompliziert allenfalls, wenn in ein und derselben zwischenmenschlichen Beziehung beide Dimensionen, die kollegiale und die Vorgesetztenebene, zu berücksichtigen sind. Es macht vielmehr deutlich, welch hohe emotionale Fähigkeit zusammen mit der Team- und Organisationskompetenz erwartet werden muss, soll die Aufgabe erfüllt werden.

Leitung ist also immer gefordert, dieses Alleinsein, die fehlende Zugehörigkeit zu Gleichen bewusst zu halten und sich Orte der Zugehörigkeit in der Arbeit und in einem gepflegten Privatleben zu suchen. Orte der gleichen Zugehörigkeit findet sie auch – falls in der Organisation vorhanden – auf gleicher Hierarchieebene bei

Teamleitungen der gleichen Ebene, seien es Gruppenleitungen oder Abteilungsleiter. Eine dann kollegiale Beziehungsstruktur kann z. B. im Setting von Gruppensupervisionen für das Coaching von Leitungen gezielt genutzt werden.

Eine optimale Lösung der Andersartigkeit der Leitung und ihrer Zugehörigkeit sei noch betont (vgl. Eidenschink 2002, S. 17): das Dazugehören der Leitung im Team *mit* ihrer Andersartigkeit. Nicht durch Verbrüderung, Verschwesterung, durch Vertraute im Team, nicht durch Verwischung des Unterschiedes des verschiedenen hierarchischen Platzes, sondern in der selbstbewussten Akzeptanz der eigenen Verschiedenartigkeit als notwendiger Teil des Teams. Reife Teams sind durchaus in der Lage, die Doppelbindung (Gerhard Schwarz spricht von „Doppelverräter" in Schwarz 1997, S. 166) der Leitung nach unten und nach oben zu verstehen, zu akzeptieren und die Andersartigkeit der Einordnung für sich und die Aufgabenstellung zu nutzen. Sie wissen, dass die Teamleitung einen eigenen Ort in der Hierarchie der Organisation braucht, um sich das Vertrauen des Teams wie das der vorgesetzten Ebene erwerben zu können und effektiv die Steuerungs- und Verknüpfungsaufgabe zu lösen. Dann kann sie die Scharnierfunktion gehaltvoll gestalten.

Sie stoßen sie damit nicht aus dem Team aus, sondern integrieren sie in der Unterschiedlichkeit ihrer Position, „hierarchieübergreifend", ins Team. Dann kann eine gute Vernetzung der Hierarchieebenen zugunsten des Auftrages und der Klienten und unter Berücksichtigung der Verantwortungs- und Machtebenen gelingen.

7.7   Geklärte Struktur schafft Vertrauen

In manchen Arbeitsteams werden die Struktur der Zusammenarbeit und der Bezug zur organisationalen Dimension des Handelns genauso eloquent wie fanatisch ausgeblendet. Es wird so getan, als ob Vertrauen die nötige Eintrittskarte für die Zugehörigkeit zum Team ist. Dazu ein Beispiel.

Beispiel Zugehörigkeit durch Vertrauen

Ein Team der Jugendhilfe trifft sich zum Dienstgespräch. Seit Monaten gibt es Spannungen zwischen der Hausleitung und dem Team, das eine Wohngruppe von Jugendlichen betreut. Die Gruppe, nennen wir sie „Morgenschein", sei – so wird in einer Supervision erzählt – schon zum Sündenbock der Gesamteinrichtung geworden. Immer seien ihre Mitglieder an Schwierigkeiten schuld. Die Gruppenleitungen der vergangenen Jahre wechselten mehrmals, alle Versuche der Gesamtleitung, in verschiedenen, durchaus kreativen Ansätzen und

Konstellationen das Leitungsproblem und das Team in den Griff zu bekommen, scheiterten nach kurzer Zeit.

Nach dem Arbeitsbeginn einer neuen Gruppenleitung werden im Dienstgespräch Wünsche an die weitere Zusammenarbeit im Team geäußert und gesammelt: Offenheit im Miteinander, absolute Ehrlichkeit, weiteres Zusammenwachsen und eben Vertrauen zueinander. Nur mit dieser Prämisse sei überhaupt an eine konstruktive Zusammenarbeit zu denken. Anderes sei unmenschlich.

Auch die neue Gruppenleitung wird einbezogen. Ihr müsse man natürlich und zuallererst vertrauen können, auch wenn man mal über „die da oben" schimpfe. Man will über alles reden können, auch weil die Arbeit so schwierig und belastend sei und auch oder gerade wenn sie als Gruppenleitung dabei ist. Die da oben müssten ja nicht alles erfahren.

Für die Gruppenleitung gestaltet sich eine einladende Ouvertüre. Neu im Team, ist es verlockend, dazuzugehören, zum Team, zu den „alten Hasen". Zumal sie in den Anfangswirren ihrer neuen Rolle sich viel alleine fühlt und ihr damit ein guter Zugang zu den Seelen ihrer Mitarbeiter möglich wird. Das Angebot zählt: Vertrauen als absolute Stellgröße in der Zusammenarbeit. Der Aufruf an die Gruppenleitung ist klar: „Wir vertrauen dir voll und ganz", „Du kannst auch voll und ganz uns vertrauen", „Sei eine von uns!", „Gehöre zu uns!", „Entscheide dich, und zwar, natürlich und zuallererst, für uns, deine Kollegen!"

Ein verlockendes Beziehungsangebot. Allerdings garniert mit einigen bösartigen und subtilen Fußangeln. Denn unausgesprochen bleibt, was geschieht, wenn die Gruppenleitung die Prioritäten nicht so setzen will, nicht setzen kann und es auch nicht darf. Die Drohung lautet: „Wenn du unser Vertrauen enttäuschst, unserer Beziehungsdefinition nicht übernimmst, dich ganz auf unsere Seite stellst, gehörst du nicht mehr zu uns. Dann bist du gegen uns. Dann gehörst du zu den ‚Bösen', zu denen ‚da oben', die gegen uns sind, unnötig in unsere Arbeit pfuschen, ja unsere Arbeit nicht nach unseren Vorstellungen gestalten lassen."

Bald merkt die Gruppenleitung, dass sie sich doch nicht so wohlfühlt. Sie erinnert sich an die letzte Begegnung mit der Hausleitung und „beichtet" im Team von einem Gespräch, bei der man ihr doch einen Hauch von Kritik an den Mitarbeitern aus der Nase gezogen und sich dann lange dabei aufgehalten habe.

Das wird von den Teammitgliedern sofort als Verrat an der eben so leidenschaftlich propagierten Vertrauensbeziehung interpretiert. Resignation macht sich breit, so könne das doch nicht gehen.

Was übersehen wird ist, dass – obwohl die Gruppenleitung natürlich den Mitarbeitern verpflichtet ist – sie sich nicht einfach vereinnahmen lassen und in ihrer Zugehörigkeit auf die Ebene des Teams beschränken darf. Auch die übergeordnete Leitung erwartet von ihr zu Recht Zugehörigkeit, Vertrauen und Loyalität. Und zwar in diesem Beispiel sogar genauso massiv, einseitig und genauso ausschließlich, wie vonseiten des Teams.

Wie sie mit diesem Dilemma umgehen kann, werden wir später noch sehen. Hier aber noch einmal der Hinweis auf die Ausblendungen der organisationalen Wirklichkeit: Ausgeblendet wird, dass das Team als Teil einer Organisation überhaupt erst seine Daseinsberechtigung durch einen durch die Organisation übermittelten Auftrag erhält. Das Geschehen im Team ist also nur in einem sehr viel größerem Kontext zu deuten und zu verstehen, als würde es alleine und abgeschlossen nur für sich und die eigenen Bedürfnisse existieren. Übersehen wird auch, dass man sich natürlich auch in einem arbeitsrechtlichen Kontext bewegt, dem auch die Gruppenleitung unterworfen ist. Ignoriert wird ferner die Existenz eines Geflechtes von abgestuften (hierarchisch verknüpften) Verantwortlichkeiten – auch im Team –, bei denen die Leitung eine ganz besondere z. T. unterschiedliche Verantwortung für die Arbeit im Team hat. Ganz zu schweigen davon, dass die Leitung mit ihren größeren Möglichkeiten der Macht „oben" sitzt und in anderer Weise Einfluss auf Arbeitsergebnisse und Arbeitsabläufe des Teams nehmen kann.

Da sie diesem Kontext der Organisation nicht wirklich entkommen können und auch nicht der unterschiedlichen Verteilung von Macht und Verantwortung, da aber andererseits eine wirkungsvolle Zusammenarbeit ohne Vertrauen auch nicht vorstellbar ist, müssen die Mitarbeiter lernen, ihr Vertrauen reflektiert zu riskieren, es immer wieder wagen und gleichzeitig wissen, dass blindes 100-%iges Vertrauen nicht gut und auch nicht nötig ist, um in einer Organisation zu arbeiten. Vielmehr gilt „gebotenes", im Sinne der Organisationsstruktur bewusstes und reflektiertes, realistisches Vertrauen, das sich bewusst bleibt, dass man auch auf einer Ebene des Arbeitsrechtes zusammenarbeitet. Zu anderem aufzurufen, wäre Scharlatanerie.

Die gleiche Möglichkeit, Vertrauen zu riskieren, hat natürlich auch die Leitungsseite. Bei geklärter Vorgesetztenstruktur und -verantwortung Vertrauen in die Mitarbeiter zu setzen, bewusst reflektiert, begrenzt, gerahmt durch die nötige „Geschwistertugend"-Kontrolle (hier ließe sich wieder aussagekräftig das Wertequadrat von Schulz v. Thun (1981) für die Beschreibung nutzen), ist ein wesentliches Führungsmittel zu einem erfolgreichen und humanen Arbeiten.

Mit anderen Worten: Ist die Struktur und mit ihr die Macht und Verantwortung als Untergrund der Beziehungen geklärt, dann kann auf der Beziehungsebene (in unserem Kommunikationsmodell die mittlere Ebene) Berechenbarkeit einziehen und Vertrauen entstehen. Das Verhalten des anderen, sein Verantwortungsdenken und sein Umgang mit seinen Befugnissen können transparent werden. Vertrauen ergänzt dann das Wissen und die noch nötige Vorsicht und umgekehrt. Vertrauen muss reflektiert bleiben, begrenzt bleiben und darf nicht in symbiotische Einheitsfantasien münden.

Vertrauen muss und kann nur freiwillig geschehen, vom Individuum aus, gleich auf welcher Position. Es bleibt persönliches Risiko und entzieht sich damit Anweisungen und Anordnungen. Wohl aber kann durch transparente Kontrolle und geklärte Struktur ein Milieu für das Entstehen von Vertrauen geschaffen werden.

7.8 „Wir sind doch alle gleich": der Kollektiv-Mythos vertreibt den Chef

Fantastisch ist, in wie vielen Variationen die Idee von der Gleichheit aller im Alltag von Teams vorkommt und mit welcher Hartnäckigkeit dieses Bild verteidigt wird. Der Kollektivmythos wird zum Chef (vgl. Pühl 1989, S. 15), mit aller Borniertheit, Vehemenz und vielleicht gnadenloser als das ein realer Chef jemals sein kann. Fast wird er zum alleinigen Götzen in vielen Gruppen- und Arbeitsprozessen hochstilisiert.

Obwohl in anderen Zusammenhängen oben schon beschrieben, möchte ich, dieser Vehemenz folgend, den Gleichheitsmythos noch einmal hervorheben und für sein Vorkommen sensibilisieren.

Vielfältig sind die Variationen, die im Alltag zu hören sind. Dabei wird von „dem Team" gesprochen und der alten Ideologie aus der Pionierphase gefolgt, nach der alle Personen (vermeintlich) gleich sind. Es gilt die Prämisse, dass die Gleichheit alleroberste Priorität hat und die Gemeinsamkeit zur obersten Instanz in allen Entscheidungsprozessen wird.

Lässt sich diese Gemeinsamkeit aller nicht herstellen, wird gelegentlich die – in diesem Kontext pseudo-demokratische – Variante der Abstimmung (zu unterscheiden von dem Entscheidungsmodus 3 des hierarchiebewussten Teams in Abschn. 6.4) gewählt, bei der die Mehrheit gewinnt, aber deutliche Verlierer produziert werden.

Es entstehen Fraktionierungen in der Gruppe und Verlierer, die sich auf diesem Wege nicht durchsetzen können, seien sie „zu neu im Team" oder mit „zu wenig Erfahrung", seien sie „nur Mann" oder „nur Frau", „zu alt" oder „zu jung".

Eine andere Version des Abspaltungsmodus setzt die Leitung außer Gefecht, indem sie als „zu identifiziert" mit denen da oben beschrieben wird und in das „Team-Abseits" gestellt wird, und mit ihr die hierarchische Struktur und Einbindung in die Organisation.

So kommt es gelegentlich zu zwei Machtzentralen in Arbeitsteams: die informelle, oft gewachsene Macht mit ihren Propagandisten auf der einen Seite, tituliert als „Wir" und als eigentliches „Team" und auf der anderen Seite die formale Macht mit ihrem organisationalem Auftrags- und Verantwortungsmandat in der Rolle der Leitung. Dazwischen wird gestritten und gelitten.

Ist der Gleichheitsmythos aktiviert, wird Macht informell geregelt nach geheimen, informellen Hierarchien. Er folgt nicht den formalen Vorgaben mit den entsprechend legitimierten Verantwortungsräumen und Gestaltungspflichten. Es gelten die Prämissen der informellen Kommunikation: Wer sich durchsetzt, sei es auf welche Art auch immer, gewinnt das Rennen. Stillschweigend wird vorausgesetzt, dass die anderen dann folgen. Das führt zu Cliquenbildung und Seilschaften in Teams und einem idealen Nährboden für mikropolitische Machtspiele im Rahmen der Organisation.

Diese werden gleichzeitig tabuisiert und entziehen sich einer transparenten Bearbeitung. Es gibt aus der beschränkten Sicht der vorinstitutionellen Zeit, wie oben beschrieben, keine Idee, wie es anders gehen könnte. Der Sprung aus der Zweidimensionalität in die Dreidimensionalität (vgl. Neun-Punkte-Problem in Abschn. 5.2) ist mit dem beschränktem Denken und den mentalen Modellen aus der Pionierzeit noch nicht möglich. Das Denken über die Zusammenarbeit bleibt horizontalen Modellen verbunden.

Man kann sich die Wandlung hin zu einer dreidimensionalen Organisationsstruktur und dem sachdienlichen Einbezug der vertikalen, hierarchischen Dimension von außen im Teamgeschehen nicht vorstellen und infolgedessen auch nicht nutzen. Die Lösungsversuche mit einem Mehr-Desselben verfestigen sich, verkrusten, bis die Sklerosen im schlimmsten Fall zu Mobbing und Burn-out führen und nur noch von außerhalb des Teams mit arbeitsrechtlichen Mitteln, Therapie oder Kündigung „zu lösen" sind.

Einen letztlich positiven Verlauf, mit dem Abschied aus dem Gleichheitsmythos, beschreibt folgendes Beispiel:

Beispiel zum Gleichheitsmythos

Ein Team in der Behindertenhilfe kommt zur Supervision. Der Gruppenleiter klagt über Personalschwierigkeiten am Wochenende. Bei sonst eh schon hohem Arbeitsdruck und engem Personalschlüssel sei eine Mitarbeiterin plötzlich krank geworden und er sei alleine auf Station gewesen. Er habe verzweifelt versucht, einen Ersatz für die ausgefallene Mitarbeiterin zu finden. Aber niemand aus dem Team war erreichbar. Auf den Festnetz-Telefonen waren nette und durchaus kreative Ansagen der Anrufbeantworter zu hören, die privaten Handynummern seien nicht bekannt oder die Geräte waren ausgeschaltet. So blieb er alleine und fühlte sich von allen verlassen. Deutlicher Ärger macht sich breit über so viel Abschottung und offensichtliches Desinteresse aufseiten der Mitarbeiter. Besonders ärgere ihn, dass die Handys ausgeschaltet sind, zumal auf der Arbeit das Handy für private Notanrufe geduldet ist.

„Wie wollen wir das in Zukunft handhaben?" fragt er in der Supervision und versucht, zu einer gemeinsamen Lösung zu kommen. Es sei ja auch für andere Mitarbeiter, denen ähnliches passieren kann wie ihm am Wochenende, hilfreich zu wissen, wie man die Kollegen im Notfall erreiche, sodass man nicht alleine arbeiten muss. Ein solches Verhalten sei letztlich zutiefst unkollegial.

Lösungen, Vorschläge werden diskutiert, mit mehr oder weniger Erfolg. Viel Gefühl schwingt mit. Alle Ideen aber werden wieder verworfen.

Bei der Diskussion gehen die Vorstellungen, wie sehr sich ein Einzelner für die Notwendigkeiten der Arbeit außerhalb der Arbeitszeit zur Verfügung halten soll, weit auseinander. Elisabeth, die alleinerziehende Mutter von drei Kindern sieht kaum eine Möglichkeit, sich „bereit" zu halten. Peter, als Single im Team, propagiert, dass er mit der Entscheidung für eine Teilzeitstelle bewusst Freiräume für sich eingeplant habe, die er nicht einfach aufgeben möchte. Frieda hilft zu Hause ihrem Mann bei der Ausführung von Verwaltungsaufgaben in dessen Betrieb und, da die Abrechnung ansteht, ist sie dort nicht abkömmlich. Nur Berthold ist eigentlich immer ansprechbar, ist aber gerade krank.

Der Gruppenleiter versucht, zu überzeugen, wie wichtig doch eine gemeinsame Regelung für jeden sei. Er hofft, durch Diskussion und Einsicht zu einem gemeinsamen Ergebnis in der Gruppe zu kommen und sieht sich mittendrin im Klub der Diskutanten. Doch es kommt zu einer frustrierenden Endlosdiskussion…

Erklärung: Die im Beispiel unterlegte „Alle-sind-gleich-Philosophie" sieht die Mitarbeiter und den Gruppenleiter gleichberechtigt auf einer Ebene, wie in einem Kreis. Das impliziert, dass bei Entscheidungen alle einverstanden sein müssen und suggeriert, dass Handlungen erst ausgeführt werden können, wenn alle überzeugt sind von einer Entscheidung und infolgedessen bereit sind, die daraus folgenden Handlungen auszuführen. Das implizierte Organisationsmodell ist das des Kreises (siehe Abb. 7.11).

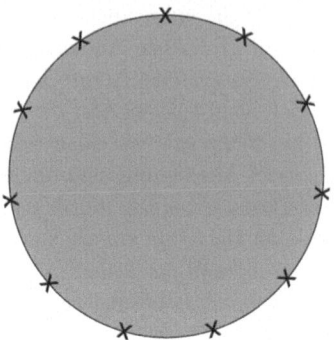

Abb. 7.11 Der Kreis als Organisationsmodell

Das mag in manchen Teams, in bestimmten Entwicklungsphasen eines Teams, bei bestimmten Fragestellungen natürlich tauglich sein. Bei unserem Team aber greift es nicht.

Beispiel zum Gleichheitsmythos – Fortsetzung 1

... Der Supervisor fragt den Gruppenleiter, was er denn von seinen Mitarbeitern an dieser Stelle erwarte. Er denkt dabei an eine Lösungsdimension, die den Gruppenleiter nicht auf gleicher Ebene zu den Mitarbeitern sieht, sondern ihn in seiner besonderen Verantwortung für die Gruppe anspricht und ihn auf seine von den Gruppenmitgliedern unterschiedliche Macht und Position hinweist. Das, so weiß er, klärt die Kommunikation und ist der Schlüssel für die Lösung des Entscheidungsproblems im Team.

Dabei kommt ein hierarchisches Bild von dem Gefüge des Teams in der Organisation ins Spiel, in dem der Gruppenleiter in einer besonderen Position über den Mitarbeitern steht (siehe Abb. 7.12).

Sein Modell geht jetzt nicht mehr von einer Gleichheit aller aus, sondern beinhaltet eine Antwort auf die Frage, wer welche Verantwortung und infolgedessen die Macht hat, Entscheidungen zu treffen und Lösungen im Team durchzusetzen. Natürlich weiß Peter, dass er auf unterschiedlichen Wegen Entscheidungen treffen kann (siehe Abschn. 6.4). Nach den frustrierenden Diskussionen nutzt er die Kraft seines Ärgers vom Wochenende, übernimmt Verantwortung für seine Position und wählt einen Entscheidungsweg, bei dem er – seiner Verantwortung entsprechend – sein Machtpotenzial nutzt, um zu Ergebnissen für die Arbeit zu kommen. Er stellt klar, wie er in Zukunft das Problem lösen wird.

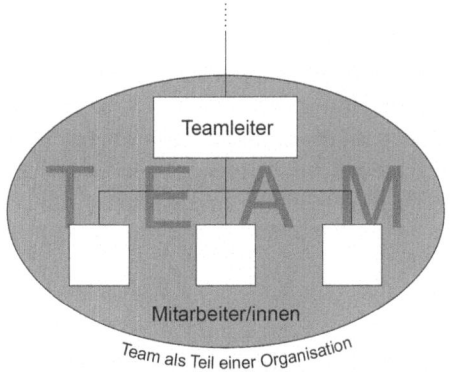

Abb. 7.12 Hierarchisches Organisationsmodell eines Teams

Beispiel zum Gleichheitsmythos – Fortsetzung 2

… Nach einiger Zeit des Schweigens macht Peter klar, wie er den Konflikt lösen möchte: Er erwarte, dass nach einer noch festzulegenden Reihenfolge die Mitarbeiter auch zu dienstfreien Zeiten erreichbar seien. Die arbeitsrechtliche Frage der Bezahlung von Rufbereitschaften kläre er mit dem nächsthöheren Vorgesetzten und er werde sich dort auch die Erlaubnis holen, dieses Vorgehen anzuweisen. Die Endlosdiskussion im Team verstummt. Das Gespräch fällt in sich zusammen. Fast erleichtert nehmen die Teammitglieder wahr, dass es im bisherigen Sinne nichts mehr zu diskutieren gibt. Zumindest nicht mit der Fantasie einer gleichen Machtbeteiligung für alle. Jeder wird so in gleichem Maße gefordert und seine Privatinteressen geschützt. Jetzt ist aus dem (Leiter-)Kollegen auf vermeintlich gleicher Hierarchiestufe ein Vorgesetzter einer anderen Hierarchiestufe geworden. Das verändert die aktuelle Kommunikation im Dienstgespräch deutlich. Zum Schluss bittet der Leiter noch einmal um Wortmeldungen zu seiner Lösungsidee, stellt aber klar, dass er diese als Beratung interpretiert und die Informationen nutzen will, seine Entscheidung zu überprüfen und qualifiziert zu treffen. Er stellt auch klar, dass er sich die Entscheidung vorbehält und sie mit den Vorgesetzten bespricht. Sein Vorgehen begründet er mit dem Verweis darauf, dass er ja eine besondere Verantwortung für die Abläufe im Team habe und für die Erfüllung der gestellten Aufgabe sorgen werde.

So wurde aus der vermeintlichen Gleichheit in der Anfangsphilosophie des Teams eine „Ungleichheit", die die formale Struktur des Teams für die Lösungsfindung und deren Durchsetzung nutzt. Oder vielleicht besser ausgedrückt: Die Gleichheit

im Sinne der Gleichberechtigung der Personen wird gewandelt zu einem Team-
modell mit verschiedenen Plätzen. Gleich bleibt die gemeinsame Aufgabe. Verschieden sind die Verantwortungs- und Machtpotenziale, die mit der jeweiligen
Position und Rolle verknüpft sind. Auf der einen Seite reduziert Hierarchie somit
die Komplexität der Vielzahl der Stimmen (einer Ebene), gleichzeitig schafft sie
damit eine neue Komplexität verschiedener Ebenen, auf deren Grundlage ein
Team dazu geführt wird, seinen Auftrag zu erledigen.

Literatur

Bayr. Staatsministerium für Arbeit und Sozialordnung, Familie, Frauen und Gesundheit
(Hrsg.). (1994). *Mitarbeiterführung in Wirtschaft und Verwaltung. Anstöße zur Ermu-
tigung* (2. Aufl. Verfasst von Rosenstil, von, Prof. Dr. Lutz). München: Bayerischen
Staatsministerium für Arbeit und Sozialordnung, Familie und Frauen.
Eidenschink, K. (2002). Führen ist Stress. Zur Psychologie des Führens. *Gestalttherapie.
Forum für Gestaltperspektiven, 2,* 3–20. Bergisch Gladbach: Edition Humanistische
Psychologie (EHP).
Gehm, T. (1997). *Kommunikation im Beruf. Hintergründe, Hilfen, Strategien* (2., überarbei-
tete Aufl.). Weinheim: Beltz.
Künkel, A., & Watermann, R. (1993). *Management im Kindergarten Grundlagen für Lei-
tungsaufgaben.* Freiburg: Herder.
Pühl, H. (1989). Alternativprojekte. Der Kollektivmythos als Chef. *Supervision, 15,* 15–27.
Schulz von Thun, F. (1981). *Miteinander reden. Störungen und Klärungen* (Bd. 1). Ham-
burg: Rowohlt Taschenbuch.
Schwarz, G. (1997). *Konfliktmanagement. Sechs Grundmodelle der Konfliktlösung*
(3. Aufl.). Wiesbaden: Gabler.

Ein Lob der Hierarchie … und ihren Grenzen

8

Zusammenfassung

Hierarchie kann sinnvoll genutzt werden, wenn sie mit Maß und Ziel eingesetzt und sachdienlich gestaltet wird. Die wesentliche Prämisse für ein Gelingen formaler Hierarchie in Arbeitsteams und Führungsprozessen liegt im Anerkennen der Organisationsrealität und ihrer Wirkweisen. Das hat Auswirkungen auf die Klärung beruflicher Kommunikation und für das Passungsgeschehen zwischen Organisation und Mensch. Wird hier einseitig nach einer Seite hin ausgelegt, kommt es zu Störungen und Hierarchie an ihre Grenzen. Neben engagierter Veränderung, Akzeptanz von Nicht-Veränderbarem, kleinen und großen Fluchten hilft dann vielleicht nur noch ein Schuss Humor.

Schlüsselwörter

Stabilität · Veränderung · Humor · Organisationsbewusstsein · Kommunikation · Partizipation · Netzwerke · Synodale Strukturen

Zusammenfassend will ich die positiven Möglichkeiten der Hierarchie benennen und die Voraussetzungen deutlich machen, unter denen sie zur Wirkung kommen können. Und, es bleibt ein notwendiger Blick auf die Grenzen und Gefahren strukturell hierarchischen Denkens sowie Hinweise auf einen möglichen Umgang damit und Ausgänge daraus.

© Springer Fachmedien Wiesbaden GmbH 2017
H. Happel, *Hierarchie als Chance*,
DOI 10.1007/978-3-658-15789-0_8

8.1   Bedingungen für das Gelingen formaler Hierarchie

1. **Bedingung: Entwicklung von Organisationsbewusstsein**

Man muss sich *bewusst* sein, *in einer Organisation* und nach deren Regeln zu arbeiten und dafür an einen bestimmten Platz in der Hierarchie gestellt zu werden. So einfach und selbstverständlich sich das anhört, so oft trifft man in Organisationen Organisationsblindheit und Organisationsverweigerung an. Das gilt leider besonders in Non-Profit-Organisationen. Der antiinstitutionelle/ antihierarchische Affekt in Sozialberufen tut hier sein Übriges.

Ein Bewusstsein dafür ist notwendig, dass ein Team nicht zuerst Freundeskreis ist, nicht nach den Regeln von Gruppe oder Familie „tickt". Vielmehr ist es eine Sozialform, die sich konstituiert zu dem Zweck, im Kontext einer Organisation eine Aufgabe zu erledigen. Dieses Verständnis wird den Beziehungen zwischen Mitarbeitern und zwischen Mitarbeitenden und Führenden den rechten Rahmen geben und diese Beziehungen in die richtige Priorität setzen. Zusammenarbeit im Team dient eben zuerst einer Aufgabe (und einer Zielgruppe), nicht dem einzelnen Menschen/Mitarbeiter. Das mündet in den zielführenden Tipp an Mitarbeitende und Führende: „Ihr müsst euch nicht lieben, ihr müsst zusammenarbeiten!"

Zum Organisationsbewusstsein gehört auch, anzuerkennen, dass die Organisation den Mitarbeitenden benötigt, seine Person in den Dienst nimmt, seine Arbeitskraft instrumentalisiert. Damit wird die Bedeutung des einzelnen Menschen relativiert und es werden die Aufgabe und Ziele der Organisation priorisiert.

2. **Bedingung: Auseinanderlaufen von Befugnissen und Verantwortung im Blick behalten**

Weil in einer Organisation eine große Gesamtaufgabe erledigt werden muss, schneidet diese ihren Auftrag in kleine Teile, Subsysteme, Arbeitsebenen, Rollen und verknüpft diese wieder zu einem arbeitsfähigen Ganzen. Dazu verteilt sie Befugnisse auf jeden Platz und stellt ein inneres Gefüge her. Für jeden Platz gibt es Pflichten, Erlaubnisse und Befugnisse, etwas von diesem Platz aus für das Gesamte zu tun. Und es gilt, die Teil-Verantwortung für die Erledigung der großen Gesamtaufgabe auf dem jeweiligen Platz zu tragen. Zu einem Gelingen von Hierarchie gehört es, ein *Auseinanderlaufen von Befugnissen und Verantwortung* im Auge zu behalten.

In der Praxis (psychosozialer Berufe) steht immer wieder ein Überhang von Verantwortung einem klein geschnittenen Ausmaß an Befugnissen gegenüber.

Man muss dann Dinge verantworten, für deren Gestaltung man keine Befugnisse hat. Ein Burn-out-Faktor par excellence. Die Frage und die Klärung: „Was darf ich bei einer konkreten Aufgabe entscheiden?", „Was sind meine Befugnisse auf diesem Platz?" kann zum wichtigen Burn-out-Schutz in der alltäglichen Team-Zusammenarbeit werden.

3. **Bedingung: Stabilität und Wandel zeitgerecht und aufgabenbezogen gestalten**
Positiv genutzte Hierarchie ist immer passager und auf Wandel angewiesen. Sie hat kein Recht auf absolute Dauer, wohl aber auf vorübergehende Beständigkeit. Sie hat kein Recht, starr zu werden und zu sklerosieren. Sie muss zur je aktuellen Zeit auf die Kontextanforderungen der Organisation ausgerichtet sein und wandelbar bleiben, um die Erfüllung ihrer Aufgabe in der aktuellen Zeit zu gewährleisten. Mit einem prozessorientiertem Verständnis von Organisationsentwicklung müssen die aktuellen Strukturen immer überprüft werden und die Möglichkeit genutzt werden, vorübergehende *Stabilität und Wandel* in Organisationen zeitgerecht, aufgabenbezogen und situativ zu gestalten.

4. **Bedingung: Akzeptanz struktureller Kommunikation**
Letztlich muss akzeptiert werden, dass die *Kommunikation in Organisationen* anderen Prämissen folgt, als die zwischenmenschliche Alltagskommunikation. Die strukturelle Komponente mit dem Vorrang der hierarchischen Platzierung ist grundlegend auch für die Kommunikation auf der Beziehungsebene. Dieser Fakt ist vorgegeben und nicht wählbar, auch nicht moralisierend einzufordern. Es ist ein Existenzial der Organisation und der Kommunikation in ihr.
Ist das akzeptiert, können sich die (Arbeits-)Beziehungen entfalten und Platz machen für die Inhalte des organisationalen Geschehens. Die Sachdienlichkeit der Organisation macht diese Unterscheidung und Ordnung notwendig für ein gelingendes Kommunizieren und Kooperieren in Team und Organisation.

8.2 Lob für die Wirkungen der Hierarchie

Worin liegt aber nun der *Nutzen der Hierarchie?* Wofür gebührt ihr Lob, was ist ihr Plus beim Organisieren der Kommunikation und Zusammenarbeit in Teams?
Eine Überschrift für die Wirkung der Hierarchie wäre wohl ihre doppelte Ausrichtung: Sie ermöglicht und sie begrenzt … Beide Dimensionen stellen die Grundlage für ihre Bewertung dar.

1. **Hierarchie und Macht**

Hierarchie ordnet Macht in ein sachdienliches Gefüge mit dem Ziel der Bewältigung einer Organisationsaufgabe. Was in gruppendynamischen Aushandlungen oft nur schwer erarbeitet werden kann, gerinnt über die Dauer und über Größerwerden zu Strukturen formaler Macht. Macht wird damit im günstigen Fall klein geschnitten in die Positionen und Ebenen eines hierarchischen Organigramms. Das macht Macht alltagstauglich und Machtausübung transparent. Und: Es ermöglicht eine der vornehmsten Aufgaben von Macht: Die Besitzer der Macht können sich selbst begrenzen, Machtverzicht üben und Macht teilen. Eine hervorragende Grundlage für Prozesse des Führens und des Delegierens, und die Einladung, mit geteilter, partieller Macht Partizipation im beruflichen Alltag zu gestalten.

Gleichzeitig können durch den geordneten Gebrauch formaler Macht informelle Hierarchien gewürdigt und relativiert werden. Diese können dann für die Aufgabenstellung der Organisation genutzt werden. Gleichzeitig können Missbräuche informeller Macht reduziert oder – wenn nötig – machtvoll beendet werden.

2. **Hierarchie und Zugehörigkeit**

Mit dem je eigenen Platz in einem *hierarchischen Gefüge wird die Zugehörigkeit* zu einem Team und zu einer Organisation geregelt. Nicht Sympathien entscheiden, nicht die Beziehungsnähe zur Leitung, nicht die informelle Beziehungsmacht unter den Kollegen, sondern letztlich der Arbeitsvertrag für eine bestimmte Stelle. Der aber wird funktional mit Blick auf die Aufgabe entschieden und von außerhalb des Teams verantwortet.

3. **Hierarchie und Begrenzung**

Hierarchie bietet die *„Gnade der Begrenzung"* und des begrenzten Platzes. In einer Zeit vielfältigster Entgrenzungen und in einer Welt diversester Globalisierungen bietet sie den begrenzten Ort der jeweiligen Position im hierarchischen Gefüge der Hierarchie als Ausgang zur Mitwirkung an: einen Platz, der schützt vor individuellen und institutionellen Allmachtsfantasien und Größenwahn. Einen Platz, der selbst ernannten „Letztverantwortlichkeiten" gegenüber misstrauisch macht, Verantwortung klein schneidet auf menschlich bewältigbare Formate und *partielle* Verantwortung. Diese Begrenztheit des eigenen Platzes bietet Schutz und lädt ein zur *„Selbstfürsorge"*[1].

---

[1]*Eine* mögliche Antwort auf die Risiken der Arbeitswelt und ein Auftrag an die Supervision. Laut Schlussplenum der Tagung „Riskante Arbeitswelten" 29.02.–01.03.2012 in der Evang. Akademie Tutzing.

4. **Hierarchie und Fürsorgepflicht der Vorgesetzten für die Mitarbeiter**
   Eine weitere *protektive Funktion* hat Hierarchie in der Fürsorgepflicht der Vorgesetzten für die Mitarbeiter. Sei es aus der Philosophie gerade von Non-Profit-Organisationen, oder sei es auch „nur" aus betriebswirtschaftlichen Gründen. Oder aus der Einsicht, dass Organisation konstitutionell Mitarbeiter braucht, um zu handeln. Das schließt auf der übergeordneten Ebene das Hören auf Mitteilungen über Verantwortungsgrenzen der unterstellten Mitarbeiter ein. Die Sicherheit, dass diese geäußert werden dürfen, das Vertrauen, von Vorgesetzten gehört und angemessen berücksichtigt zu werden, stellt einen hohen institutionellen Resilienzfaktor[2] dar.

5. **Hierarchie und Kommunikation**
   Positiv zu benennen ist die Wirkung geklärter hierarchischer Struktur auf die *Klarheit der Kommunikation*. Das schafft Transparenz und Sachdienlichkeit in Beziehungen und Inhalten. „Organisationsbewusstsein" über den eigenen Platz in der Hierarchie hilft, zu unterscheiden zwischen gleichberechtigtem Diskutieren, Verhandeln, Beraten auf der einen Seite und dem Anweisen, Delegieren, Sich-Beraten-Lassen in komplementären Rollen auf der anderen Seite. Hierarchie reduziert auf der einen Seite die Menge an zwischenmenschlicher Kommunikation und begrenzt Endlosdiskussionen. Bergknapp bringt das auf den Punkt, wenn er Hierarchie als „Diskussions-Beendigungs-Institution" (Siehe Abschn. 6.3) beschreibt. Auf der anderen Seite schafft sie neue Kommunikationsarten, wie Anweisen, Bitten und Delegieren. Dabei sind Machtverhältnisse und Verantwortungsgefüge inkludiert. Sie bietet damit ein Ende einer rein horizontalen Kommunikation und eine Ergänzung durch die vertikale, formalisierte Dimension der Kommunikation in geklärter Hierarchie.

6. **Hierarchie und Arbeitsbeziehungen**
   Mit geklärten Rollen und Positionen schafft sie die Basis für geklärte Beziehungen im beruflichen Alltag. Sie regelt sachdienlich „Nähe und Distanz" und trägt zu einer *„institutionellen Hygiene"* in den Arbeitsbeziehungen bei. Bei freier Fahrt für das Anliegen der Organisation und den Arbeitsauftrag für das Team. Diese transparente Ordnung bietet eine wesentliche *Grundlage für Vertrauen*, einen wunderbaren Katalysator und „Enabler" menschlicher Potenziale, der zu Freude an der Arbeit verhelfen kann, Produktivität erzeugt und Arbeit als Sinnquelle zur Geltung kommen lässt.

---

[2]„Resilienz" meint die Fähigkeit, auch Widrigkeiten des Lebens und der Arbeit zu bewältigen und an ihnen zu wachsen.

7. **Hierarchie und Orientierung**

In der Komplexität des Alltags grenzt Hierarchie Handlungsspielräume ein und gibt dadurch Orientierung. Auch wenn es gelegentlich „zwickt": Selbst „erwachsene" Fachkräfte und ausgewiesene Experten ziehen Nutzen aus dieser ordnenden Funktion. Auch sie brauchen in einer überbordenden Komplexität Führung durch die in der Hierarchie Vorgesetzten. Letztlich wird auch ihr Expertentum durch die Vorgesetztenebene getragen und verantwortet.

Damit entstehen *durch die Führung verantwortete Spielräume und (relative) Freiheiten* auf nachgeordneten Ebenen, die zu Subsidiarität einladen. Sie eröffnen Partizipation und Gestaltungsmöglichkeiten für das Individuum und deren Kompetenzen und verknüpfen sie mit dem Gesamt einer Organisation. Sie ermöglichen horizontale Netzwerke, setzen Voraussetzungen für hierarchieübergreifende Projektorganisationen und bieten im kirchlichen Kontext die Basis für synodale Strukturen. Das ist wohl angenehmste Aufgabe, notwendige Ergänzung und tiefster Sinn der Hierarchie.

8. **Hierarchie und Entscheidungen**

Hierarchie bietet eine Plattform für unterschiedliche Entscheidungsmodi und eine Folie für die *Transparenz von Entscheidungen in Teams.* Konsensuale und delegative Formen der Entscheidungsfindung müssen ergänzt werden durch individuelle und schnelle Entscheidungen durch die Leitung. Die Aufgabe einer Teamleitung ist, das Team mit qualifizierten Entscheidungsstrukturen zu versorgen.

9. **Hierarchie und Entscheidungsfähigkeit**

Mit hierarchisch abgestuften Entscheidungen (Siehe Abschn. 6.4) lassen sich *Entscheidungsprozesse* beschleunigen oder entschleunigen. Sicher wird die schnelle Entscheidung durch hierarchische Strukturen in manchen Fällen von Nöten und nützlich sein. In der Beschleunigung stecken aber die Gefahr ihres autoritären Missbrauchs und die Abspaltung vom Alltagshandeln und Entscheiden in Teams und Organisationen. Die Investition von Zeit – oder deren ausdrückliche Begrenzung – wird dabei in vielen Fällen über den positiven oder negativen Nutzen des hierarchischen Prinzips entscheiden.

Auf jeden Fall trägt die Entscheidungsfähigkeit in einem Team wesentlich zu einem *erhöhten Gefühl der Selbstwirksamkeit* eines Teams bei und bewirkt deutlich positive Auswirkungen auf die Psyche der handelnden Akteure.

8.3 Die Grenzen formalisierter Hierarchie

An die *Grenze* ihrer positiven Auswirkungen kommt Hierarchie, wenn die eingangs benannten Bedingungen gelingender Hierarchie übersehen werden. Dabei wird die *Dialektik von Mensch und Organisation aufgelöst* und die gegenseitige Abhängigkeit einseitig zu einer Seite hin zweckentfremdet.

Geschieht das zum Bereich des Persönlichen hin und wird die geronnene Macht der formalen Hierarchie und ihre Sachdienlichkeit für persönliche Zwecke missbraucht, dann verliert Organisation ihr Wesen und ist in engerem Sinne nicht mehr „Organisation", „Werkzeug" für die Bewältigung einer gestellten gesellschaftlichen Aufgabe. Sie wird zweckentfremdet von den Zielen und Aufgabenstellungen eines Teams hin zu persönlichen Interessen Einzelner. Dann kann sie zum gefährlichen Spielball dessen werden, der einseitig autoritär und machtversessen seinen Platz in der Hierarchie für eigene Narzissmen und Egoismen sowie persönliche Willkür missbraucht. Dann kann sie in Verquickung mit informellen, „geheimen" Hierarchien Unklarheit, Verwirrung und Schmerz stiften. Mobbing, Bossing und Burn-out-Karrieren bleiben die traurigen Folgen.

Eine Auflösung der Doppelbindung der Organisation zwischen Mensch und Organisation zum Persönlichen hin geschieht auch, wenn die Organisation innerpsychisch für private Zwecke missbraucht, Arbeit zum emotionalen Ersatz für Privatleben in Familie und Freundschaft wird. Dann fehlt eine gesunde Work-Life-Balance[3]. Wenn die Arbeit in der Organisation zum alleinigen Lebensinhalt, der Platz und die Bedeutung in der Hierarchie zum alleinigen Merkmal individueller Wirksamkeit wird, dann verkümmern berufliche (und persönliche) Prozesse und es wird Tür und Tor geöffnet für Willkür und persönlich motivierten Machtmissbrauch.

Leider scheinen aufgrund der ideell hochstehenden Wertschätzung des Menschen und menschlicher Arbeit Non-Profit-Kulturen hier besonders gefährdet, den Menschen zu verabsolutieren und zu ideologisieren und das relativierende Element „Organisation" auszublenden.

Wird andererseits in dem dialektischen Abhängigkeitsverhältnis von Mensch und Organisation die Struktur in ihrer Funktionalität verabsolutiert, die Organisation „entmenschlicht", der Mensch zum „Störfall" der Organisation erklärt, dann wird es unmenschlich und unnötig kalt in der Zusammenarbeit.

---

[3]Oder besser: „Life-Work-Balance".

Der Mensch ist und bleibt die „einzige Chance" für die Organisation, ihren Auftrag zu erfüllen. Organisationen sind keine Maschinen. Sie sind Sozialformen, die für ihre Aufgabe den Menschen konstitutionell brauchen. Anders funktionieren Organisationen nicht. Sie nutzen die Arbeitskraft des Menschen, müssen aber auch auf deren Grenzen in genügendem Maße Rücksicht nehmen. Werden die Bedürfnisse des Menschen ausgeblendet und der Mensch nur für die Organisation instrumentalisiert, kommt es zu verletzenden Störungen mit den entsprechenden Schädigungen für den einzelnen Menschen. Er wird der Organisation entfremdet und seiner Identifikationsmöglichkeiten mit ihr beraubt.

Das widerspricht aber gerade in Non-Profit-Organisationen deren ethischen Grundlagen und elementaren Ansprüchen, aus denen heraus sie ihre Entstehung, Geschichte, Gegenwart und Zukunft speisen.

Doch was tun, wenn man unter der Hierarchie leidet und der Arbeitsalltag zu allem anderen als zum Bleiben einlädt? Wenn die Organisation sich langsamer bewegt, als das persönlich gewünscht oder für nötig erachtet wird? Wenn die Möglichkeiten des Einflusses aufgebraucht sind und die Zeiten für das Individuum zu schmerzlich und enttäuschend werden? Wenn das Leiden an der Organisation nicht enden will und Davonlaufen als einziger Ausweg erscheint?

Kränkungen geschehen leider immer noch und immer wieder. Sie sind erschreckende Alltagserfahrung vieler Menschen in Teams und Organisation. Diese leidvollen Erfahrungen sollen auch nicht geleugnet und durch Ignorieren verschlimmert werden.

Manchmal wird es nötig sein, Dinge zu akzeptieren, auch wenn sie schmerzlich sind. Es gilt, sich mit ihnen anzufreunden, weil es zu akzeptierende Vorgaben sind und man vom eigenen Platz in der Hierarchie nicht die Macht hat, an dieser Stelle etwas zu verändern. Allein die Akzeptanz der begrenzten Wirksamkeit kann entlasten und die Kraft auf die Punkte richten helfen, an denen man dann doch wirkmächtig ist.

Das „Davonlaufen" in verschiedensten Variationen kann eine durchaus erlaubte Lösung sein und Impulse für individuelle und institutionelle Weiterentwicklungen geben: Das Lösen des Problems durch Lösung *vom* Problem wird dann zu einer durchaus ehrenwerten Möglichkeit des Selbstschutzes gegenüber der Organisation. Es ist eine „Lösung zweiter Ordnung", die berücksichtigt, dass auch eine Organisation nicht alle Macht über den einzelnen Menschen hat.

Das „Sich-Lösen-Von" kann dann im äußeren „Davonlaufen" aus der konkreten Stelle in der Organisation geschehen und einen Wechsel des Arbeitsplatzes innerhalb der Organisation und ein Verlassen des kränkenden Arbeitsplatzes zur Folge haben.

Es kann ein „inneres Davonlaufen" und Lösen von alten Einstellungen beinhalten wie von überzogenen Verantwortlichkeiten, von zu hoher Identifikation. Deren Lockerung und Aktualisierung kann erheblich zur Entlastung und Gesundung beitragen.[4] Eine Überprüfung des Stellenwerts der Arbeit im eigenen Leben[5] kann hier genauso Perspektiven eröffnen wie ein zeitweiser „Dienst nach Vorschrift", der ein Übermaß an Engagement filtert und ins rechte Maß einer „Life-Work-Balance" setzt.

Banal, aber durchaus hilfreich ist ferner, vieles was kränkend ankommt, nicht zu persönlich zu nehmen. Häufig werden Begrenzungen und Enttäuschungen im organisationellen Kontext persönlich attribuiert und dabei übersehen, dass vieles aus dem Wesen von Organisation und ihren Notwendigkeiten entsteht. Eine Organisation „tickt" anders als ein Freundeskreis oder eine Familie. Sie folgt zunächst sachlogischen Zwängen, die ihre Aufgabenstellung priorisiert und die Arbeitskraft des Menschen dafür in Beschlag nimmt. Viele der sich daraus ergebenden Kränkungen kommen dann wohl beim Menschen an, sind aber nicht gegen diesen gerichtet.

Ein fortdauernder grenzenloser Missbrauch von Hierarchie und Struktur zum Schaden des Einzelnen aber – so meine positive Sicht und Zuversicht – wird aus dem Selbstverständnis, der Sachdienlichkeit und der Überlebensstrategie der Organisation heraus auf Dauer keinen Bestand haben. Denn dann kommt es zu Störungen in der Aufgabenerfüllung und, über Rückmeldeschleifen, zu Veränderungen in Richtung des Überlebens der Einrichtung, der Weiterentwicklung und einer positiven Nutzung der Hierarchie.

Auf Dauer, so lehren mich meine Erfahrungen, hat die Organisation aus sich heraus letztlich *keine* Chance, sich nicht sachdienlich weiterzuentwickeln, notwendige Ausbalancierungen zu gewährleisten und eine funktionale Ausrichtung der hierarchischen Struktur zu verhindern. Stabilität und Wandel müssen auf Dauer sachdienlich ausbalanciert werden. Täten das die Organisation und die in ihr Handelnden nicht, widerspräche das dem tiefsten Sinn und dem Überleben der Organisation.

Viele kennen sicher die Lebensweisheit für den Umgang mit den Widrigkeiten einer Lebens- oder Arbeitssituation: Sie lautet:

„Love it, change it, or leave it!"
(„Freunde dich mit ihr an, verändere sie oder verlasse sie!")

---

[4]Eine altersspezifische Betrachtungsweise kann hier äußerst zielführend sein.
[5]Vielleicht unterstützt durch eine Supervision.

Als letzte Möglichkeit bleibt jenseits dieser genannten Optionen eine vielleicht supervisorische Variante für den Umgang mit den Widrigkeiten der Organisation und ihrer Hierarchie:

> „Love it, change it, or leave it! *Or laugh about it!*"
> („Freunde dich mit ihr an, verändere sie oder verlasse sie. Oder lache über sie!")

Anhang: Ausblick

Die Beschäftigung mit formaler Hierarchie in Organisationen hat mich gelehrt, Entstehung, Sinn, Nutzen aber auch Gefahren von Hierarchie besser zu verstehen und ihre Wirkweisen für die jeweils gestellten Aufgaben zu nutzen. Mein durchweg positiver Blick auf den „Faktor Hierarchie" als Chance für die Gestaltung menschlicher Zusammenarbeit hat sich im Wesentlichen erhalten und erhärtet. Hierarchie bietet ein Riesenpotenzial für die Gestaltung effizienter menschlicher Arbeit. Sie ist alltagstauglich für die Praxis und bleibt wesentliche Möglichkeit des Organisierens von Zusammenarbeit. Das gilt insbesondere, wenn sie nicht absolut gesetzt wird, transparent gehandelt wird, einer Aufgabe dient und eben „sachdienlich" gestaltet wird.

So wird sie nicht zum Gegner egalitärer Vernetzungsversuche und kollegialer Zusammenarbeit, sondern ermöglicht diese, rahmt sie ein, klärt ihre Spielräume, ergänzt sie, führt sie fort in der geänderten Sozialform der Organisation, in der wieder kollegiale Ebenen freigesetzt, gestaltet und verantwortet werden.

Hierarchie, sachdienlich genutzt, eröffnet vielfältigste Formen der Führung, von klaren Direktiven über verantwortete Delegationen und partnerschaftlich-kooperativen Stilen bis hin zu lateralem Führen. Sie lädt ein zur partizipativen Teilung von Macht und Verantwortung und wird zum Gewinn für menschliches Organisieren heute und für die Zukunft. In dieser Weise relativiert und angewandt, kann sie die berufliche Kommunikation – unter Beachtung ihrer Eigenart und mit Einbezug der beschriebenen strukturellen Dimension – zu transparenter Verständigung führen und die Grundlage für gebotenes Vertrauen in einer produktiven Zusammenarbeit bilden.

© Springer Fachmedien Wiesbaden GmbH 2017
H. Happel, *Hierarchie als Chance*,
DOI 10.1007/978-3-658-15789-0

The manufacturer's authorised representative in the EU is Springer
Nature Customer Service Centre GmbH, Europaplatz 3, 69115 Heidelberg,
Germany. If you have any concerns regarding our products, please
contact ProductSafety@springernature.com

Printed and bound by CPI Group (UK) Ltd, Croydon, CR0 4YY
27/04/2026
02097614-0003